Jutta Ditfurth

ZEIT DES ZORNS

Jutta Ditfurth

ZEIT DES ZORNS

Streitschrift für eine
gerechte Gesellschaft

DROEMER

Die Folie des Schutzumschlags sowie die Einschweißfolie
sind PE-Folien und biologisch abbaubar.
Dieses Buch wurde auf chlor- und säurefreiem Papier gedruckt.

Originalausgabe Mai 2009

Umschlaggestaltung: ZERO Werbeagentur, München
Satz: Adobe InDesign im Verlag
Druck und Bindung: CPI – Ebner & Spiegel, Ulm
Printed in Germany
ISBN 978-3-426-27504-7

2 4 5 3 1

Für meine Freundinnen und Freunde
und für Manfred

INHALT

1 Die große Wut 9

2 Der dünne Schleier 25

3 Wem gehört die Welt? 43

4 Was nützt eine Hütte, wenn
das Meer sie mitnimmt? 65

5 Menschenfresser 94

6 Auf dem Weg in die Diktatur 119

7 Der schleichende Faschismus 139

8 Sackgasse Linkspartei 163

9 Wir werden alles
selbst machen müssen 206

Anhang

Anmerkungen 236

Zur Autorin 263

Bücher der Autorin 264

Danksagung & Kontakt 267

1

DIE GROSSE WUT

Auf dem Weg zu einem Rockkonzert steigt der Mann in den Bus Richtung Taunus. In Frankfurt am Main, wo er lebt, wird seine Lieblingsmusik selten gespielt, obwohl es dort in den Clubs und Lounges zurzeit interessante Beobachtungen zu machen gibt. Die Weltwirtschaftskrise hat denen, die das soziale Klima in der Stadt so lange schon mit ihrem neoliberalen Geschwätz und mit ihren Entscheidungen vergifteten, ein wenig die Luft rausgelassen. Das erheitert ihn.

Der Passagier sieht hinaus in die Nacht, nach einigen Haltestellen ist er mit dem Busfahrer allein. Er denkt über Dinge nach, die er erledigen will, über private Sorgen und über politische Fragen, die er mit Freundinnen und Freunden diskutieren wird. Die Musik wird ihm helfen, sich zu entspannen. Draußen ist es kalt und trocken, eine klare Nacht. Plötzlich sagt der Busfahrer in die Stille hinein: »Schade, dass es heute keine Revolution mehr gibt« und schaut in den Rückspiegel. Er verliert, wie sich herausstellt, durch die Weltwirtschaftskrise sein Reihenhaus. Sein Hass ist riesengroß.

Staatliche Obrigkeit und Kapital ahnen, dass es in den Köpfen Hunderttausender, wenn nicht Millionen Menschen brodelt. Aber Politiker wie Manager sind so weit vom normalen Leben der Menschen entfernt, dass sie vom Ausmaß der großen Wut nichts wissen. Oft sind nur Chauffeure, Taxifahrer und Pförtner ihr stark gefilterter Kontakt zum wirklichen Leben, den Rest der Gesellschaft »erklären« ihnen die *Bild*-Zeitung und *Gala*.

Das menschliche Gedächtnis ist zwar kurz, und wo es das

nicht ist, wird hart daran gearbeitet. Aber viele Menschen erinnern sich noch daran, dass nach dem Fall der Mauer und dem Ende der DDR 1990 sowie nach der Auflösung der Sowjetunion 1991 das »Ende der Geschichte« beschworen wurde, der »Endpunkt der ideologischen Evolution der Menschheit«, so der US-Politologe Francis Fukuyama[1]. Der Kapitalismus, oft als »Marktwirtschaft« maskiert, habe »endgültig gesiegt«, schrien die, die von ihm profitierten.

Die Menschen versuchen sich von Herrschaft und Unterdrückung zu befreien, seitdem es menschliche Gesellschaften gibt. Ohne Protest, ohne Widerstand, ohne soziale Revolutionen gäbe es nichts von dem, was wir heute an sozialen Rechten und demokratischen Freiheiten zu retten versuchen. Sind wir dem Ziel der sozialen Gleichheit und Freiheit näher gekommen, ohne die auch Gerechtigkeit nicht zu haben ist? Die Antwort ist: nur im Schneckentempo – wobei jeder Erfolg, den wir Staat und Kapital abringen, sofort einkassiert wird, sobald unsere Kräfte nachlassen. Auch die Forderungen der Französischen Revolution von 1789 nach Freiheit, Gleichheit, Brüderlichkeit sind immer wieder auf der Strecke geblieben.

Ich gehöre zu den undogmatischen Linken, die in den 1970er Jahren in der Bundesrepublik Deutschland trotz Kritik an der DDR Linke wurden. Wir verachteten den Antikommunismus, die Massenreligion der Bundesrepublik, und kritisierten das Autoritäre, Undemokratische und Antiemanzipatorische an der DDR. Aber wir ahnten, was es für viele Menschen, die Konzentrationslager und Exil überlebt hatten, bedeutet haben muss, nach der Befreiung vom NS-Faschismus in und mit der DDR ein nichtkapitalistisches Land aufbauen zu können. Wir schätzten die bürgerlich-demokratischen Errungenschaften der Französischen Revolution von 1789 und verteidigen sie heute auch gegen ein Bürgertum, das sie – obwohl ebenjene Rechte und Freiheiten ihm zu so großem Vorteil gegen den Adel und die alte Obrigkeit gereichten – in den Dreck tritt. Wir rühmten die Pariser Kommune von 1871, die erste proletarische

Revolution, und versuchen sie dem Vergessen zu entreißen. Wir standen auf der Seite der russischen Oktoberrevolution von 1917, geißelten aber den Stalinismus und, unter anderem, die zuweilen katastrophale Außenpolitik der Sowjetunion.

Bei aller Kritik an den Fehlern und inhumanen Folgen mancher Revolutionen – was ging ihnen voraus? Wogegen richteten sie sich, und wie wäre es den Menschen im feudalistischen Frankreich und im zaristischen Russland ergangen, hätte es keine notwendigerweise auch gewaltsamen Erhebungen gegeben? Hat nicht ihre ungeheure »Gutmütigkeit« (Marx) die Pariser Kommune im Mai 1871 in ihrem Blut ertränkt? Hätte die Bastille 1789 mit einer Lichterkette erstürmt werden können? Ist die Oktoberrevolution von 1917 als gewaltfreie Sitzblockade denkbar? Die Befreiung vom Faschismus durch eine Love-Parade?

Eine Ursache des großen Rollbacks, in dem wir uns heute befinden, ist die Auflösung der Sowjetunion und der anderen Staaten des Rates für gegenseitige Wirtschaftshilfe (RGW). Ihr Niedergang ließ den Kapitalismus auf längere Sicht scheinbar konkurrenzlos zurück. Bei aller linken Kritik an der bürokratischen Kommandowirtschaft in der DDR und in der Sowjetunion hatte die Konkurrenz der Systeme nicht zu unterschätzende Vorteile.

Reibungen und Freiräume waren entstanden, die die Befreiungsbewegungen in der sogenannten Dritten Welt für sich nutzen konnten. Kuba wäre immer noch eine ausgehungerte Kolonie, missbraucht als Kasino, Bordell und Hinterhof der USA, wäre die erste Revolution Lateinamerikas hier nicht gelungen und hätte sich Kuba nicht, mangels anderer Alternativen nach dem Embargo durch die USA, entschieden, mit der Sowjetunion zu kooperieren.

Wäre der Prozess der Entkolonialisierung Afrikas nicht noch tragischer verlaufen, hätte die Sowjetunion nicht zahlreiche Befreiungsbewegungen politisch, aber eben auch mit Waffen unterstützt? Wie viel weitere militärische Überfälle der US

Army auf Trikontstaaten (unter ihnen zum Beispiel Korea, Guatemala, Indonesien, Kuba, Vietnam, El Salvador, Nicaragua, Grenada, Panama, Somalia, Sudan, Afghanistan, Jugoslawien und Irak) und wie viel mehr mörderische Anschläge der CIA als beispielsweise auf *gewählte* linke Präsidenten wie Salvador Allende (Chile, 1973) oder Patrice Lumumba (Kongo, 1961) hätte es gegeben?

Wir in der Bundesrepublik hatten den Sozialstaat auch dieser Systemkonkurrenz zu verdanken. Der kapitalistische Frontstaat des Kalten Krieges, in dem wir lebten, musste beweisen, dass sein System das sozialere System war. Heute, wo die Herausforderung durch den »realen Sozialismus« fehlt, wird abgeräumt, was vor allem die Arbeiterbewegung seit dem 19. Jahrhundert in langen, oftmals blutigen Kämpfen erreicht hat. Kampferfolge werden mit rasender Geschwindigkeit zunichtegemacht.

Nach dem Rollback kommt nun die Weltwirtschaftskrise, an deren Ende eine unvorstellbar große Zahl von Menschen schlechter dran sein wird als je zuvor, während kleine Kreise, auch dank unserer Steuergelder in Gestalt von staatlichen Rettungsfonds, die Chance zielstrebig genutzt haben werden, noch größere Teile des Kuchens zu fressen.

Wir finden uns zurückgeworfen auf die Grundfragen, auf die Erkenntnis, dass es im Kapitalismus keinen automatischen sozialen Fortschritt gibt, von dem alle profitieren. Heute leben weltweit mehr als eine Milliarde Menschen in Slums.[2] Etwa so groß war die Weltbevölkerung, als der junge Friedrich Engels zwischen 1842 und 1844 durch die Armenviertel von Manchester und London-St. Giles ging, um *Die Lage der arbeitenden Klasse in England* zu studieren.[3]

Fetische zerbrechen wie der vom Ende der Geschichte. Legenden platzen wie die vom überlegeneren System. Die Ärmsten haben es immer besser gewusst, aber große Teile der Mittelschicht, auch ihrer kritischeren Teile, wollten – bei allen Rückschlägen – an einen prinzipiell progressiven gesellschaftlichen Prozess glauben. Ob aus Naivität, mangelnder politischer Bildung oder dem Wunsch, keine Erkenntnisse im eigenen Kopf zuzulassen, die die eigene Existenz grundsätzlich in Frage stellten oder politische Praxis erforderten.

Der Busfahrer, den ich eingangs erwähnte, war im Grunde genommen kein militanter Mann. Er ist Mitglied einer Gewerkschaft, von der er sich eingelullt und »sozialpartnerschaftlich« verraten sieht. Die frühere SPD/Grüne-Bundesregierung, die er hoffnungsvoll gewählt hatte, hat ihn kalt lächelnd in die Armut gestürzt. Was soll er tun?

Über den Sinn unseres Lebens entscheidet kein »höheres Wesen«, keine Kirche, keine Regierung und nicht das Kapital. Darüber bestimmen wir selbst. Für jeden Humanisten und Linken ist der Mensch das zentrale Wesen, und es gilt, alle gesellschaftlichen Verhältnisse umzustürzen, in denen der Mensch seines Lebens, seiner Entfaltungsmöglichkeiten, seiner Gesundheit und seines Glücks beraubt wird. Karl Marx hat es vor mehr als 165 Jahren so formuliert: »Die Kritik der Religion endet mit der Lehre, dass der *Mensch das höchste Wesen für den Menschen* sei, also mit dem *kategorischen Imperativ, alle Verhältnisse umzuwerfen,* in denen der Mensch ein erniedrigtes, ein geknechtetes, ein verlassenes, ein verächtliches Wesen ist.«[4]

Das politische Ziel linker Politik ist es, gesellschaftliche Verhältnisse herzustellen, in denen der Mensch frei ist und sozial gleich. Erst dann kann das soziale Wesen Mensch selbstbestimmt mit anderen leben und zugleich alle seine verschütteten und drangsalierten Bedürfnisse und Fähigkeiten entdecken und entfalten.

Aber wie solche sozialen Verhältnisse herstellen, wie beginnen? »Wir müssen bei den voraussetzungslosen Deutschen damit anfangen, dass wir die erste Voraussetzung aller menschlichen Existenz, also auch aller Geschichte konstatieren, nämlich die Voraussetzung, dass die Menschen imstande sein müssen zu leben, um ›Geschichte machen‹ zu können. Zum Leben aber gehört vor allem Essen und Trinken, Wohnung, Kleidung und noch einiges andere. Die erste geschichtliche Tat ist also die Erzeugung der Mittel zur Befriedigung dieser Bedürfnisse, die Produktion des Lebens selbst, und zwar ist dies eine geschichtliche Tat, eine Grundbedingung aller Geschichte, die noch heute, wie vor Jahrtausenden, täglich und stündlich erfüllt werden muss, um die Menschen nur am Leben zu erhalten.«[5]

Was Marx hier sagt, formulierte Bertolt Brecht einige Jahrzehnte später, 1928 in der *Dreigroschenoper,* so: »Ihr Herrn, die ihr uns lehrt, wie man brav leben / Und Sünd und Missetat vermeiden kann / Zuerst müßt ihr uns schon zu fressen geben / Dann könnt ihr reden: damit fängt es an. / Ihr, die ihr euren Wanst und unsere Bravheit liebt / Das Eine wisset ein für allemal: / Wie ihr es immer dreht und immer schiebt / Erst kommt das Fressen, dann kommt die Moral. / Erst muß es möglich sein, auch armen Leuten / Vom großen Brotlaib sich ihr Teil zu schneiden.«[6]

Der Kapitalismus ist schon im Normalzustand eine Katastrophe für Mensch und Natur. Es gibt ihn nicht ohne Profit und nicht ohne Ausbeutung. Die beiden einzigen Quellen des Reichtums sind die Arbeitskraft des Menschen und die Naturressourcen. Der Kapitalismus strebt danach, sich diese Quellen allen Reichtums zu unterwerfen und sie maximal zu verwerten. Dass der Mensch dabei ruiniert, um Glück und Gesundheit und oft genug das Leben gebracht wird, dass die Natur dabei so vergiftet und zerstört wird, dass der Mensch in ihr nicht mehr gesund leben kann, ist dem Kapital vollkommen gleichgültig. »Die kapitalistische Produktion«, schreibt Karl Marx 1867 im ersten Band des *Kapitals,* »entwickelt daher nur die Technik und Kombination des gesellschaftlichen Produktionsprozesses, indem sie zugleich die Springquellen des Reichtums untergräbt: die Erde und den Arbeiter.«[7]

Das Kapital plündert und zerstört durch ihre Nutzung diese beiden einzigen Reichtumsquellen, immer auf der Jagd nach mehr Profit. Das ist sein Wesen, es ist der kapitalistischen Produktion immanent. Das Gequatsche, dass alles Schlechte nur an »gierigen« Bankiers und Managern läge, ist eben – Gequatsche. Gierig sind sie zwar oft auch. Aber die *Struktur* der kapitalistischen Produktionsweise zwingt sie zu dieser Jagd. Wer Mensch und Natur nicht maximal ausplündert, verliert in der kapitalistischen Konkurrenz.

Nur Klassenkämpfe, nicht moralische Vorwürfe, halten den Kapitalismus auf oder mildern seine Zerstörungswut. Umso ungehemmter wütet er aber anderswo. Ihm stößt keine Krise zu, er *ist* die Krise. Und irgendwo ist er immer, darüber hinaus, in einer Krise. Das ist seine normale Verfassung: Menschen leiden und sterben durch ihn. Meistens aber sind diese Opfer so weit weg von den kapitalistischen Zentren, zu denen ja auch die Bundesrepublik gehört, dass man sie ignoriert. Für Millionen, wenn nicht Milliarden von Menschen ist der hundsordinäre Kapitalismus ohne jede offizielle Krise nichts als die Katastrophe ihres gesamten Lebens: Wie Sklaven bewirtschaften sie Großgrundbesitz, erschaffen den gesellschaftlichen Reichtum in irgendwelchen Werkshallen der Welt, nähen die nächste Frühjahrsmode in Osteuropa, China oder Vietnam.

Die Ausbeutung der Arbeitskraft in der kapitalistischen Produktion hat ungeheuren Schaden am physischen und psychischen Zustand des Menschen angerichtet. Die Auswirkungen der Vernutzung des Menschen und seiner natürlichen Umwelt fahren ihm unter die Haut. Invalidität, Nerven- und Herzkrankheiten, Stress, Infektionen, Krebs, psychische und Suchtkrankheiten – eine endlose Liste von vermeidbarem Leid, das schließlich zum verfrühten Tod führt.

Der Fortschritt in der Medizin schuf neue Quellen des Profits für medizintechnische und pharmazeutische Konzerne, in der allgemeinen Qualität der Gesundheitsversorgung spiegeln die Errungenschaften sich kaum wider. Nur ein winziger Teil der Menschheit hat Zugang zum höchsten Stand des medizinischen Fortschritts. Dabei ist dieser Fortschritt auch noch januskopfig. Eine Abteilung der Naturwissenschaft, die Gentechnologie, ist sogar darauf ausgerichtet, auch den Menschen als Naturressource zu entdecken und auszubeuten. Das biologische Potenzial des Menschen wird gleichsam zu einer *dritten Springquelle* des Reichtums. Verwertet werden unsere Gene, unsere Zellen, Stoffwechselfunktionen unseres Körpers, unsere Organe und sogar unsere Reproduktionsfähigkeit.[8]

Allen wirklichen Fortschritt für die Mehrheit der Menschen gibt es nur als Resultat von sozialen Kämpfen. Nie ist eine grundsätzliche soziale *Reform* – die diesen Namen wirklich noch verdient hätte – im Parlament eines kapitalistischen Staates geboren worden. Immer waren ihre Voraussetzungen außerparlamentarische Kämpfe; manchmal, wenn diese Kämpfe stark genug waren, konnte politischer Druck entfacht werden, der auch Parlamentsparteien und Regierungen in Zugzwang brachte, so dass diese Institutionen die – meist verwässerten Versionen der ursprünglichen – Forderungen in Gesetze und Verordnungen gossen.

Diese waren aber nie von Dauer. Denn wenn die soziale Gegenmacht nachließ und die »Reformen« dem Kapital nichts nutzten, wurden sie wieder abgeschafft. Die Bildungsreform der 1970er Jahre zum Beispiel, Resultat der sozialen Auseinandersetzungen der 1960er Jahre, ist heute Makulatur. Arbeiterkinder, Kinder von Hartz-IV-Empfängern oder aus der unteren Mittelschicht finden kaum Zugang zu bestmöglicher Bildung. Und die Talare kehrten zurück an sogenannte Eliteuniversitäten.

Es gibt »Linke«, die sich einbilden, dass der Kapitalismus auf so sanfte Weise zu einer humanen Gesellschaft »umzubauen« ist, dass das Kapital es nicht merkt und nicht zuschlägt. Was für ein Irrtum! Im besten Fall. Sehr oft handelt es sich nicht um Naivität, sondern um ein Täuschungsmanöver von Salonmarxisten oder Reformisten, die Angst davor haben, den vermeintlich festen Boden unter den Füßen zu verlieren. Aber

Kapitalismus gibt es nie ohne Klassenkampf. Solange die Unterdrückten sich nicht wehren, bleibt es ein Klassenkampf von oben – den können wir zurzeit en détail beobachten.

Der Kern des Kapitalismus ist Profit und Maximierung des Profits. Er besteht auf der maximalen Verwertung und Vernutzung des Menschen. Nichts, was wir am Kapitalismus beklagen, ist zu bändigender »Missbrauch« oder zu korrigierende »Randerscheinung«. Die weltweiten Unterschiede in der Verfasstheit kapitalistischer Staaten haben mit ihrem Platz in der imperialistischen Weltordnung – liegen sie im Zentrum oder an der Peripherie? – und mit dem Grad der Klassenkämpfe zu tun. In der Sprache der sozialen Bewegungen: dem Grad und der Qualität der Gegenwehr.

Der Kapitalismus ist nicht reformierbar, aber er ist enorm wandlungsfähig, selten zum Vorteil der Menschen. Manchmal aber fallen dabei humane Nützlichkeiten ab. Die nennt man Fortschritt. Ist unser Maß aber nicht der Vergleich zu früher – früher war die Kindersterblichkeit größer, früher gab es keine Krankenversicherung –, sondern nehmen wir als unseren Maßstab, was an Freiheit, Glück, Entfaltungsmöglichkeiten, Gesundheit, Selbstbestimmung für den Menschen *unter heutigen Verhältnissen,* auf dem heutigen Stand der technologischen Entwicklung, möglich wäre, sieht die Sache schon ganz anders aus.

So viele verlorene Kämpfe. Und nach jeder großen Auseinandersetzung pumpt sich die Bestie vor uns auf, hat sich das Brauchbare, das Verwertbare aus unseren Kämpfen einverleibt, hat der Kapitalismus sich modernisiert. Wie kein anderes Herrschaftssystem zuvor ist er in der Lage, ältere Herrschafts- und Unterdrückungsformen aufzusaugen und in neue umzuwandeln – den Rassismus zum Beispiel, oder die patriarchale Herrschaft. Beide sind Unterdrückungsformen, die es schon lange vor dem Kapitalismus gab. Aber heute gibt es ebenso wenig einen Kapitalismus ohne Rassismus wie einen nichtpatriarchalen Kapitalismus; und es gibt eben auch keinen nichtkapitalistischen Rassismus und kein vom Kapitalismus losgelöstes Patriarchat.

In regelmäßigen Wellen lutscht dieser Kapitalismus neue Subkulturen aus, durchfilzt soziale Bewegungen nach neuen Ideen, sucht nach neuer Kunst und Musik, Mode, Lebensformen, Erfindungen, die sich zur Ware formen und kommerzialisieren lassen. Ihr antihierarchischer, subversiver Gehalt bleibt als Abfall zurück.

Gegenkultur, Opposition, sogar vermeintliche Subversion kann gebrochen und – sofern die Widerstand Leistenden sich nicht stark genug wehren – in Innovatorisches für den Kapitalismus umgemünzt werden, so dass sich die zerstörerische Maschine mit neuem Schwung weiterdreht. Das gehört zu den »Begabungen« des Kapitalismus. Das haben viele Linke unterschätzt. So zum Beispiel wurde aus einem emanzipatorischen, die *Herrschafts*frage stellenden Feminismus ein *gender mainstream*-Programm, das einigen Frauen des Bürgertums beim Erklimmen leitender Positionen hilft, bei gleichzeitiger Stabilisierung der herrschenden, immer noch patriarchalen Verhältnisse.

Vor allem frühere, heute bereits ermattete Linke schnattern von einer durch die außerparlamentarische Revolte von 1968 »zivilisierten« Gesellschaft und davon, wie schön es sei, dass auch die Konservativen das Klimaproblem erkannt haben. Erkannt? Seine ökologische und soziale Dimension begriffen? Keineswegs. Das Meer wird bald das Urlaubssehnsuchtsziel Malediven überspülen. Den meisten Touristen sind, wenn sie dort zwischen Korallenatollen schnorcheln, die Menschen, die unter der Diktatur litten, gleichgültig. Der Untergang wird mit Neugier begafft werden, Hollywood vielleicht zwei bis drei Katastrophenfilme fabrizieren, das war's. Und ansonsten wird die Weltwirtschaftskrise als Alibi dafür herhalten müssen, dass Konzerne und Banken die Erde weiter zerstören.

Viele Leute hier haben am Kapitalismus nichts Grundsätzliches auszusetzen, weil sie von seiner Zerstörungswut profitieren. Sie reden von »Ausartungen«, von der »Gier« von Managern, vom »Raubtierkapitalismus« und ähnlichem Unsinn. Niemals geben sie zu, dass es der ganz gewöhnliche Kapitalismus ist, der seine nächste, erwartbare Überakkumulationskrise nun als »Finanzkrise« präsentiert. Jahrzehntelang wurde behauptet, im Allgemeinen funktioniere der Kapitalismus »störungsfrei« und prächtig. Das konnten nur sehr dumme Leute oder Profiteure behaupten. Es war immer schon eine fette Lüge und nichts als Propaganda.

Schon seit Jahrzehnten zerfallen in den USA nicht bloß Schulen und Brücken, sondern ganze Städte. Als ich 1972 kurze Zeit in Detroit lebte, in einem vorwiegend afroamerikanischen Stadtviertel, fuhr ich auf dem Weg zur Arbeit jeden Tag durch Slums, vorbei an verfallenden Holzhütten und verrottenden Industriebauten. Auf manchen Dächern sah ich noch Spuren der Luftangriffe der US-Polizei von 1967, durch die viele Menschen verletzt oder getötet worden waren.

Wie oft haben wir anlässlich der Wahl Barack Obamas Ausschnitte aus Martin Luther Kings »I have a dream«-Rede im Fernsehen gesehen? Gefühlte eine Million Mal? Um Obama als Heilsbringer zu mystifizieren, wird Kings Rede missbraucht, als sei sie sein letztes Wort zu den sozialen Verhältnissen in den USA gewesen, als sei der Kapitalismus heute plötzlich eine humane Lebensweise, bloß weil der US-Präsident ein Afroamerikaner ist. Irgendwer schrieb kürzlich, Obama sei Kapitän der Titanic geworden, *nachdem* diese mit dem Eisberg kollidiert sei. Jetzt muss den Passagieren, um im Bild zu bleiben, vorgegaukelt werden, dass der Retter da ist, dass das Wasser zwar lausig kalt ist, aber Unmengen rettender Schiffe ganz nah sind und dass der Eisberg in Wirklichkeit aus Hartgummi war.

Martin Luther King wurde am Ende seines Lebens für das weiße Establishment zu einer Bedrohung, weil er die soziale Frage in sein Programm aufnahm. Es ging ihm nicht mehr nur um demokratische Bürgerrechte – also darum, dass ein »schwarzes« Mädchen auf eine »weiße« Schule gehen oder ein Afroamerikaner Präsident werden kann –, sondern um die sozialen und demokratischen Menschenrechte für alle.

Im Juni 1967 kam es in 75 US-amerikanischen Städten zu Aufständen von Afroamerikanern und ihren politischen Freunden. Die Revolte erfasste Cincinnati, Memphis, Newark, Durham und Detroit. Die blutigsten Kämpfe erlebte Detroit. Die Regierung setzte sogar Fallschirmjäger und Panzer ein. Stadtviertel gingen in Flammen auf. Dreiundachtzig Menschen, vor allem Afroamerikaner, wurden getötet. 4000 wurden verletzt, 8000 verhaftet.

Martin Luther King sagte: »Ich habe jahrelang an der Idee gearbeitet, die bestehenden Institutionen der Gesellschaft zu reformieren – ein wenig Veränderung hier, ein bisschen Fortschritt dort. Doch jetzt bin ich zu einer anderen Überzeugung gelangt: Ich glaube, man muss die ganze Gesellschaft umstrukturieren – wir brauchen eine Revolution unseres Wertesystems!«[9] Er bereitete seinen großen »Feldzug der Armen« vor, die Poor People's Campaign, den Kampf gegen Armut und Rassismus. Schwarze, Indianer, Latinos und Weiße waren aufgerufen, quer durch das Land eine Vielzahl von Aktionen gegen Staat und Kapital durchzuführen: Protestmärsche, Besetzungen, gewaltlose Sitzstreiks in Regierungsbehörden, Boykotts von Konzernen und Einkaufszentren. Ein Sprecher des Weißen Hauses beschuldigte King, er würde »kriminellen Ungehorsam gegen die Regierung organisieren«.

Von seinem Traum einer bald zu erwartenden friedlichen und gerechten US-Gesellschaft hatte Martin Luther King sich verabschiedet. Von den Medien wird seine Radikalisierung fast immer verschwiegen. Was er 1967, vier Jahre nach seiner »I have a dream«-Rede, sagte, sehen und hören wir in deutschen Medien nie: »Ich musste erkennen, wie mein Traum zum *Alptraum* wurde, als ich durch die Ghettos unseres Landes ging und sah, dass meine schwarzen Brüder und Schwestern auf einer einsamen Insel der Armut dahinsiechen – in der Mitte eines riesigen Ozeans von materiellem Wohlstand, und ich sah, dass unsere Nation nichts unternimmt, um die Probleme der Schwarzen zu lösen.«[10] Zu Beginn der Poor People's Campaign wurde der 39-jährige Martin Luther King am 4. April 1968 ermordet. In 110 Städten kam es zu Aufständen.

Kapitalismus enthält immer Rassismus. Die Menschen sind nicht gleich viel wert. Als 1984 im indischen Bhopal eine Chemiefabrik des US-Unternehmens Union Carbide explodierte und einige zehntausend Menschen starben, manche sofort, manche Monate später, sprach niemand in den Hauptstädten der kapitalistischen Zentren von einer »Krise des Kapitalismus«. Es betraf ja auch nur Inder und dazu arme. Man stelle sich vor, das Gebäude wäre in New York, Paris oder Berlin explodiert. Hunderttausende Menschen sind bis heute gesundheitlich geschädigt. Weder wurde das Gelände saniert noch alle Opfer entschädigt. Der US-Konzern Dow Chemical kaufte den Betrieb und erklärte sich für das Vergangene für nicht zuständig.

Sie ist so riesengroß, die Zahl von Menschen, die in Afrika an Krieg, Hunger und Aids sterben, so unvorstellbar das Ausmaß, in dem sie ohne Bildung bleiben, Sklavenarbeit leisten, so mächtig die Gewalt, die ihren Freiheitsdrang und ihre Zukunftshoffnung an den Sicherheitszäunen der EU zerschellen lässt. Wenn sie »Glück« haben, landen sie lebend in Auffanglagern in Afrika oder Europa, für die auch Deutschland viel Geld ausgibt. Sie ertrinken in Scharen im Mittelmeer, gejagt von Frontex-Schiffen, auf denen auch deutsche Bundespolizisten Dienst tun.[11] Das System ersäuft sie, indem es ihre lächerlichen Boote von der rettenden europäischen Küste weg in Richtung Afrika zurückjagt. Ihr Menschenrecht auf ein gutes Leben in Europa oder Afrika, sogar ihr Recht auf ihr nacktes Leben, verlieren sie in Zeiten, in denen sich der Kapitalismus höchstoffiziell in überhaupt keiner Krise befindet. Diese Verbrechen gegen die Menschlichkeit sind »normal«.

Als 2005 der Hurrikan Katrina der Upper Class von New Orleans half, endlich die Schwarzen und die Armen loszuwerden, funktionierte der Kapitalismus bestens. Niemand sprach von seiner Krise. Die Stadt New Orleans wusste das Naturereignis für ihre Sozialpolitik und Stadtplanung zu nutzen. Als das Wasser gewichen war, durften etwa 20 000 Menschen nicht zurück in ihre größtenteils unbeschädigten Wohnungen, denn die standen ja in den überschwemmten und angeblich schwer zu schützenden Zonen. Die Behörden nagelten Fenster und Türen zu und zogen Zäune um die Grundstücke. Das waren die Fernsehbilder, in denen uns weisgemacht wurde, dass es in New Orleans Verrückte gab, die man zu ihrem eigenen Schutz davon abhalten musste, in einstürzende, seuchengefährdete Häuser zurückzukehren.

Wie hätten sie ihre Wohnungen zurückerobern sollen? »Ihre« Stadt stellte bewaffnete Polizisten vor die Eingänge. Aber dann kamen Interessenten, denen die Polizei gern wich. Private Immobiliengesellschaften rissen einige dieser Siedlungen ab und errichteten schmucke, staatlich subventionierte teure Apartmenthäuser.

Heute leben die meisten der 20 000 nicht von Katrina, aber von den herrschenden Kreisen in New Orleans vertriebenen Menschen verstreut überall in den USA, isoliert von ihren Freunden und von alten sozialen Strukturen. Die meisten sind heute arbeitslos. New Orleans aber ist durch die große Vertreibung eines Teils der eigenen Bevölkerung »weißer und wohlhabender geworden«[12], ganz ohne Weltwirtschaftskrise …

Manchmal schimmert in Verlautbarungen der Profiteure der kapitalistischen Verhältnisse eine Ahnung davon durch, was passieren könnte, würde sich eine große Menge Menschen das Verbrechen namens Kapitalismus nicht mehr gefallen lassen. Dieser Verdacht nötigt die deutsche Bundesregierung heute in bisher unbekanntem Ausmaß zu Propaganda, Besänftigung und einer Abwrackprämie. Viele wohlabgewogene Worte in den Abendnachrichten haben mit den realen Vorgängen oft wenig oder nichts zu tun. Sie sollen aber die Maßnahmen gegen die Weltwirtschaftskrise, die ausschließlich zum Ziel haben, das Kapital zu retten und die Grundfesten des kapitalistischen Staats zu betonieren, als vernünftig, einleuchtend und alternativlos erscheinen lassen.

Manche Wissenschaftler, Politiker und Journalisten ahnen, wie marode der Firnis und wie dünn die Schale der bis zum Übermaß gepriesenen »zivilisierten« Gesellschaft ist. Das Interesse von Inge Kloepfer in ihrem Buch *Aufstand der Unterschicht. Was auf uns zukommt*[13] ist es, das Besitzbürgertum vor denen da unten zu schützen. Ihr Kapitel über bettelnde Kinder und kleine Straßendiebe nennt sie »Bedrohung«. Nicht glückliche, selbstbestimmte, angstfreie Kinder sind ihr Anliegen, sondern die Gefahr, die diese Kinder für »uns« darstellen: »Ein Aufstand der Unterschicht – heute erscheint er noch wenig wahrscheinlich, auch wenn es bereits viele Anzeichen dafür gibt, dass sich die Menschen zu wehren beginnen.«[14] Mit utilitaristischem Blick auf die Kinder fordert sie, dass »zu unser aller Nutzen«[15] etwas aus ihnen werden solle. So oder so: »Es reicht schon ein gesunder Egoismus, um zu erkennen, dass sich Deutschland seine Unterschicht nicht leisten kann.«[16] Aber ist es nicht vielmehr so, dass sich Lohnabhängige und Unterschicht die Oberschicht, seit es sie gibt, nicht leisten können?

Die Erfahrung der Menschen, dass vormals positive Begriffe wie zum Beispiel »Reform«, »Selbstbestimmung« und »Gerechtigkeit« längst in Orwellscher Manier in ihr Gegenteil verkehrt wurden, steigert die Verachtung vieler Menschen für »die Politik« ins Unermessliche. Aus »Reform« wurde Hartz IV, aus »Selbstbestimmung« der selbstbestimmte Tod der Überflüssigen in einer neuen Euthanasiediskussionswelle. »Gerechtigkeit« ist heute zum Schleuderpreis zu haben: Von »Generationengerechtigkeit« schwadroniert die *Bild*-Zeitung, wenn sie – etwa in der Rentenfrage – »die Jungen« zum Kampf gegen »die Alten« aufhetzt.

Neidisch blickten deutsche Konzerne, vor der Weltwirtschaftskrise, auf China, das mit »ein bisschen Diktatur« immense Wachstumsraten einfuhr, während sich das Kapital in Deutschland noch mit den restlichen Errungenschaften einer befriedeten Arbeiterbewegung herumzuschlagen hatte. Ein kleines bisschen mehr Diktatur, verpackt als bürgerliche Demokratie, das hätten einige west- und osteuropäische Staaten doch gern.

Die realen sozialen Verhältnisse und die Erfahrung, von den »eigenen Leuten« (darunter den Parteien und Gewerkschaften) betrogen worden zu sein, haben die soziale Frage auch in Deutschland mit Wucht zurück auf die Tagesordnung katapultiert. Millionen Menschen sehen sich vermeintlichen Urgewalten des Kapitalismus ausgeliefert, fühlen sich machtlos, ja ohnmächtig und nicht Herr ihres Schicksals. Wer wird der Adressat ihrer Wut? Sozial Schwächere, wie es der deutsche Untertan so schätzt, weil er sich feige nicht gegen die Obrigkeit zu erheben wagt, außer er ist betrunken und randaliert ein wenig bei der ARGE? Was tut der Mensch, fortlaufend enteignet, durch Krisen, Gesetze und Verordnungen gebeutelt, für die er nicht verantwortlich ist, ohne soziale Netzwerke, früher hieß das Beziehungen, die in herrschende Kreise reichen?

Ist eine bundesdeutsche Gesellschaft denkbar, die trotz großer Armut und Perspektivlosigkeit einerseits und immensen Reichtums und Korruption andererseits unerschüttert bleibt? Wird es diesmal die historische Rolle der Linkspartei sein, der Wut ein Ventil zu bieten? Als neue reformistische Illusion, die dämpft, was anderenfalls vielleicht zur Revolte und zu wirklich grundlegenden gesellschaftlichen Veränderungen drängte?

Und wenn diese Kalkulation nicht aufgeht – treibt die Bundesrepublik dann noch weiter nach rechts? Gibt es dazu wirklich keine anderen linken Alternativen? Welche Verwerfungen und Unruhen sind vorstellbar? Wohin treibt der Zorn die Wütenden?

2

DER DÜNNE SCHLEIER

Welche Folgen birgt die Weltwirtschaftskrise? Katastrophale für die Ärmsten und für die Natur. Ein immer größerer Teil der Weltbevölkerung wird für den Profit nicht mehr gebraucht. Sie sind, in der Logik des Kapitalismus, überflüssig.

Bricht der Kapitalismus zusammen? Leider nicht. Aber die bürgerlichen Demokratien werden noch autoritärer und diktatorischer.

Drohen immer mehr Kriege? Ja. Der Kapitalismus wird seine Probleme auch dadurch dämpfen wollen, dass er sich noch ungehemmteren Zugang zu Rohstoffen, Absatzmärkten und Billigstarbeitskräften in fernen Ländern verschafft. Weil die Bevölkerungen der betroffenen Länder sich wehren könnten, nützt es dem Kapitalismus und seinen Staaten, »regionale« Konflikte zu schüren und, falls das nicht genügt, hie und da eine kleinere oder größere »humanitäre Intervention« einzuplanen. Selbstverständlich schleppt die innerkapitalistische Konkurrenz immer die Gefahr von Kriegen mit sich herum. Was das Rüstungskapital nicht stört, denn je schneller seine Produkte verbraucht sind, desto fixer steigt die Nachfrage. Krieg ist sein profitabelstes Geschäft.

Die Vernichtung der deutschen und europäischen Juden und andere deutsche Verbrechen gegen die Menschlichkeit, nicht nur in Europa, verzögerten die Militarisierung der Bundesrepublik. Aber seit dem von SPD und Grünen 1999 ermöglichten NATO-Krieg gegen Jugoslawien ist der Bann »endlich« gebrochen, ist die deutsche Vergangenheit »bewältigt« und historisiert.

Noch 1949 hatte der Bundestag die nationale Wiederbewaffnung abgelehnt. Vierundvierzig Jahre lang hatten Pazifisten und Antimilitaristen jeden Schritt hin zur erneuten Kriegsfähigkeit leidenschaftlich bekämpft: die Wiederbewaffnung und Gründung der Bundeswehr von 1955, den Beitritt zur NATO im selben Jahr und den NATO-Doppelbeschluss von 1979, der die neue Friedensbewegung auslöste.

Ein Jahr nach der Auflösung der Sowjetunion und zwei Jahre nach der sogenannten Wiedervereinigung veränderte das Bundesverteidigungsministerium mit den *Verteidigungspolitischen Richtlinien* von 1992 den Charakter der Bundeswehr. Aus der angeblichen reinen »Verteidigungsarmee« wurde eine, die die »vitalen Sicherheitsinteressen« Deutschlands aggressiv und offensiv durchzusetzen hat. Ihr Ziel wurde die »Aufrechterhaltung des freien Welthandels und des ungehinderten Zugangs zu Märkten und Rohstoffen in aller Welt«.[17]

Mit den *Verteidigungspolitischen Richtlinien* von 2003 wurde die Sache noch bedrohlicher: Die Bundeswehr kann seitdem auch unabhängig von »Spannungsfällen« im Inneren der Bundesrepublik eingesetzt werden.[18] Die Landesverteidigung – die große Rechtfertigung in Zeiten des Kalten Kriegs – schrumpfte zur Nebensächlichkeit.[19] Die Bundeswehr hatte nun »weltweit« und grenzenlos deutsche Interessen durchzusetzen. Die Grenzen im »Anti-Terror«-Kampf zwischen »friedenserhaltenden« und Kriegseinsätzen sind so fließend wie schwer durchschaubar.[20] Das Bundesverteidigungsministerium konstruiert ein unentwirrbares Bedrohungsszenario, das geeignet ist, jede Art von Kampfeinsatz und Krieg gegen jede Art von Konflikt, auch soziale Revolten, zu legitimieren: »Ungelöste politische, ethnische, religiöse, wirtschaftliche und gesellschaftliche Konflikte wirken sich im Verbund mit dem internationalen Terrorismus, mit der international operierenden Organisierten Kriminalität und den zunehmenden Migrationsbewegungen unmittelbar auf die deutsche und europäische Sicherheit aus.«[21]

Von 1992 bis 2007 waren insgesamt etwa 200 000 deutsche Soldaten im Ausland. Zurzeit ist die Bundeswehr mit etwa 7200 Soldaten in zehn Ländern der Welt[22], dazu kommen militärische Berater und eine unbekannte Anzahl von Polizisten und Polizeiausbildern.

Eine Weltwirtschaftskrise mit ihren sozialen Umwälzungen ist für den Staat auch ein sicherheitspolitisches Problem. Ein Staat, der sich in der innerimperialistischen Konkurrenz durchsetzen will, der wie Deutschland – auch eine militärische – Führungsnation in der NATO und in EU-Europa sein und bleiben möchte, weiß, dass er für seine außenpolitischen und geostrategischen Pläne Ruhe an der Heimatfront braucht.

Der Kapitalismus produziert fortwährend Krisen, das gehört zu den vielen wichtigen Dingen, die wir nicht in der Schule lernen. Die immer wiederkehrenden, im ökonomischen System Kapitalismus liegenden Krisen beruhen auf den antagonistischen, das heißt unversöhnlichen Interessen der verschiedenen Kapitalfraktionen. Ihre Konkurrenz treibt den Kapitalismus an und führt zur chronischen Überproduktion.

Diese Einzelinteressen können nicht rational sein, da einzig Profite zählen, und so muss im kapitalistischen Gesamtinteresse der »ideelle Gesamtkapitalist«, der Staat, immer wieder korrigierend eingreifen, ohne das grundlegende Prinzip der Konkurrenz jedoch außer Kraft setzen zu können, denn das liegt nicht in der Macht des bürgerlichen Staates.

Im *Kommunistischen Manifest* von Marx und Engels heißt es zutreffend: »Die moderne Staatsgewalt ist nur ein Ausschuß, der die gemeinschaftlichen Geschäfte der ganzen Bourgeoisieklasse verwaltet.«[23] Der Staat im Kapitalismus muss eine soziale Ordnung herstellen, die das kapitalistische System stabil hält. Das heißt, er muss mögliche Klassenkämpfe der Lohnabhängigen befrieden, und er muss die Infrastruktur für das Kapital bereitstellen.

Die Korrekturen des Staates schwanken im Verlauf der Geschichte. Sie reichen von keynesianistischen Eingriffen wie Konjunkturprogrammen, Kontrollen und Beschränkungen der Geschäfte bis hin zu Deregulierungen und Privatisierungen, der Illusion einer (tatsächlich unmöglichen) »freien Marktwirtschaft«. In den 1990er Jahren schlug das Pendel immer weiter in Richtung zurückhaltender Staat aus. Er sollte sich raushalten und zum Wohle des Kapitals so viel wie möglich deregulieren. So wurden zum Beispiel im Finanzsektor reine Investmentbanken zugelassen so wie Derivate, das sind Wertpapierbündel von Kreditrisiken und Wettscheinen auf die zukünftige Entwicklung von Warenpreisen und Aktienkursen.

Als vor etwa zehn Jahren Forderungen laut wurden, dass Derivateverkäufer ihre Geschäfte offenlegen und verpflichtet werden müssten, Kapitalreserven anzulegen, um Verluste ausgleichen zu können, wiesen die Notenbank und die Regierung der USA dies zurück. Zu viele Regeln, hieß es, würden der Wall Street schaden und Banken dazu veranlassen, ihre Geschäfte ins Ausland zu verlagern.

Dazu kamen Hedgefonds und Cross-Border-Leasing-Geschäfte. Gigantische Papierwerte wurden am Schreibtisch geschaffen, deren reale Grundlage, Produktionen oder Immobilien, im Dschungel der Finanzkonstruktionen bald nicht mehr aufzufinden waren oder gar nicht mehr existierten. Die waren Treibstoff und Zündung für die jetzige Weltwirtschaftskrise.

Eine kleine Warnung war das Zerplatzen der Dotcom-Blase von 2000/2001, rasant stürzten die jungen Helden des Neue-Medien-Hypes in den Keller, eine kleine Welle von Insolvenzen hinter sich herschleppend. Die Warnung blieb ungehört.

Der *Anlass* für die jetzige Weltwirtschaftskrise war zu Beginn nichts als eine Immobilienblase in den USA. Ungesicherte Hypotheken, Gegenstand von Spekulationen von so abstrakter Form, dass selbst in großen Banken nur wenige verstanden, was sie da taten. Aus der »amerikanische Hypothekenkrise« von 2007 wurde die »amerikanische Finanzkrise«, die Deutschland angeblich nicht betreffen würde. »Ich sehe keine Indizien für eine neue Weltwirtschaftskrise«, sagte Josef Ackermann, Chef der Deutschen Bank, noch im Mai 2008.[24] Da steckten schon mehrere Banken, die IKB und einige Landesbanken, in der Krise.

Ackermann war nicht der Einzige, der die kommende Weltwirtschaftskrise – jedenfalls öffentlich – leugnete. Der deutsche Konsument sollte so lange wie möglich getäuscht werden. Auch als in den USA große Banken zusammenbrachen, Investmentbanken sich auflösten und die Börsenkurse sich im freien Fall befanden, gelang die Täuschung immer noch ziemlich gut.

Obwohl Ende 2008 bekannt wurde, dass 2009 weitere Milliarden Euro für ein nächstes »Rettungspaket« spendiert werden müssten, dass allein im ersten Quartal mindestens einige hundert Insolvenzen drohten sowie der Verlust von ungezählten Arbeitsplätzen, kauften die meisten der eigentlich doch über die Maßen sicherheitsbedürftigen Deutschen fast so viele Weihnachtsgeschenke wie sonst auch. Als sei nichts geschehen und als ginge sie all dies nichts an. Vielleicht war es eine Art Galgenhumor, das wäre die sympathischste, aber leider in Deutschland unwahrscheinlichste Antwort.

Dabei umfasste im Oktober 2008 der Umfang des staatlichen Rettungspakets für Banken und Konzerne bereits 480 Milliarden Euro. Die Europäische Investitionsbank (EIB) hat zinsbegünstigte Darlehen für EU-europäische Autokonzerne in Höhe von 40 Milliarden Euro zusätzlich in Aussicht gestellt.[25] Im November 2008 wurde schließlich zugegeben, dass auch Deutschland von einer Rezession erfasst worden war, das böse Wort von der Weltwirtschaftskrise mochte trotzdem noch kaum ein Politiker aussprechen.

Die zusätzlichen Schulden werden in einer Art Nebenhaushalt versteckt, der »Sondervermögen« genannt wird.[26] Die Fonds bedeuten, dass der Staat einer Kapitalfraktion die Verluste erstattet, indem er sie als staatliche Schulden sozialisiert.

Indem der Staat Steuern und Abgaben dazu verwendet, die Verluste zu decken, verteilt er die Gelder innerhalb seines Haushaltes im großen Stil um – zuungunsten sozialer, gesundheitlicher, ökologischer und kultureller Leistungen und mit der Folge, dass die Einkommen der Lohnabhängigen weiter schrumpfen.

Zu den Rettungspaketen kommen noch andere Maßnahmen hinzu, die die Krise mildern und das Finanzsystem vor dem totalen Kollaps bewahren sollen. Dazu gehört das partielle Verbot sogenannter Leerverkäufe von Aktien. Das sind Wetten auf den weiteren Kursverfall der Aktien. Gewährt wird auch eine Bilanzierungshilfe für Banken. Aufgrund neuer Regeln können die Finanzkonzerne ihre Bilanzen schönen, indem sie Verluste in die Zukunft verschieben.[27] Außerdem wird in der BRD das Insolvenzrecht für Betriebe gelockert.[28]

Schon im kapitalistischen Normalbetrieb herrscht Elend. In der Krise werden weitere Hunderte Millionen Menschen auf der Welt in die Armut gestoßen. Allein in diesem Land werden Hunderttausende, wenn nicht Millionen, erwerbslos. Ungefähr ebenso viele werden ihre Wohnungen, Häuser und Betriebe verlieren. Millionen Bürger gehen auf die Rente zu, einen Lebensabschnitt, in dem sie nicht mehr genug Geld für ein würdiges, selbstbestimmtes Leben haben werden. Das galt für viele schon vor der Weltwirtschaftskrise, und nun werden es noch mehr Menschen.

Es ist noch nicht ausgemacht, wo die exakte Grenze verlaufen wird zwischen denjenigen, die sich noch in eine halbwegs gesicherte soziale Existenz werden retten können, und denjenigen, die in die Perspektivlosigkeit stürzen. Niemand kann den exakten Verlauf dieser Krise vorhersagen.

Kann der Staat uns vor dem Kapitalismus retten? Nein. Es ist der Staat des Kapitals, und der Kapitalismus ist nicht planbar. Zwar erstellt jedes einzelne kapitalistische Unternehmen Pläne, aber es befindet sich in permanentem Konkurrenzkampf um den größten Profit. Weil dabei regelmäßig Menschen unter die Räder kommen, finden, seit es Kapitalismus gibt, Klassenkämpfe statt, die sich – je nach ihrer Quantität und Qualität – nur mit Gewalt lösen lassen.

Dieser Grundwiderspruch zwischen Kapital und Arbeit ist der Boden, auf dem sich der Kapitalismus bewegt. Kapitalismus ohne Klassenkampf gibt es nicht. Wehren sich die Unterdrückten und Ausgebeuteten nicht, gibt es trotzdem Klassenkampf, dann allerdings hauptsächlich von oben. Genau das können wir zurzeit in den Zentren des Kapitalismus beobachten.

Aus politischer Opportunität wird dieser Staat, egal welche Parteienkombination ihn gerade regiert, den Versuch machen müssen, einen Teil der bedrohten Mittelschicht zu retten. Er hat auch aus vielen Gründen kein Interesse an Aufständen, an isländischen oder griechischen Verhältnissen. Denn vergleichbare Straßenkämpfe oder militante Aufstände hätten in Deutschland eine viel größere Bedeutung als in jenem peripheren europäischen Ausland. Die Repressionen des deutschen Staates wären härter, weil es die Interessen der drittgrößten Exportnation zu verteidigen gilt. Und vergleichbare politische Auseinandersetzungen hier könnten ansteckende Auswirkungen auf die Opposition in anderen wichtigen kapitalistischen Staaten haben. Das gilt es zu verhindern. Darin sind die Regierenden aller kapitalistischen Staaten sich einig: Freie Fahrt fürs Kapital, aber kein Funke der Rebellion soll über die Grenze.

Damit die sozialen Probleme in Deutschland nicht zum Aufstand führen, muss versucht werden, die Folgen der Krise in andere Teile der Welt, vor allem in den Trikont, die drei unententwickelt gehaltenen Kontinente Afrika, Asien und Lateinamerika – die sogenannte Dritte Welt –, zu verschieben. Falls das nicht oder nicht ganz gelingt, müssen die Betroffenen zur Ruhe gebracht werden. Bewährt haben sich fünf Instrumente der Unterdrückung, und die sind alle ausbaufähig:

- *Befriedung,* zum Beispiel durch Billigkonsum, das heißt den Import billigster, oft auch qualitätsarmer und gesundheitsgefährdender Waren nach Deutschland. Oder durch die öffentlichkeitswirksam herausgekrähte Behauptung, bestimmte Arbeitsplätze würden erhalten, als geschehe dies den Lohnabhängigen zuliebe und nicht immer ausschließlich aus Profitinteressen. Die Arbeitenden finden sich dann oft schlechter bezahlt als zuvor wieder, drangsaliert mit Kurzarbeit und Lohnverzicht und durchdrungen von noch mehr Angst um den gänzlichen Verlust der Erwerbsarbeit. Dann sollen sie sich auch noch glücklich schätzen, weil es ihnen noch nicht so elend geht wie den Leiharbeitern oder Ein-Euro-Jobbern.
- *Propaganda,* also Ablenkung und die Täuschung über die realen Zustände. Horst Köhlers Weihnachtsansprachen an die Nation sind einfach zu fade und wirkungslos (»Wir brauchen Anstand, Bescheidenheit und Maß«, 2008[29]), es bedarf eines vielstimmigen Chors sonstiger Politikererklärungen und der passenden Begleitmusik in den Medien. Es gibt Tage, an denen kein Satz in den Nachrichten der sozialen Wirklichkeit angemessen ist – vielleicht bis auf die Wettervorhersage. Eher erfährt man etwas über ein Busunglück in Indien als über die Arbeitsbedingungen in Fabriken mit deutschen Eigentümern in China oder über die gesundheitlichen »Nebenwirkungen« deutscher Chemieprodukte in aller Welt oder über Streiks in den USA.
  Der Desinformation nützt auch die Beförderung mancherlei Spielarten der Antiaufklärung, des Irrationalismus, der Religion, der Esoterik und des Kreationismus, am besten schon in den Schulen beginnend. Wer sich die Welt nicht erklären kann, kann sich schlechter wehren.
- *Überwachung und Bespitzelung:* Eine Flut von Gesetzen und technischen Vorrichtungen erlaubt die umfassende Ausforschung der Menschen, ihrer Bewegungen im öffentlichen Raum, ihrer Telefonate, Briefe, E-Mails und Online-Kon-

takte. Der früher einmal rechtsstaatlich erforderliche Nachweis strafbarer Handlungen ist nicht mehr nötig. Der Verdacht genügt, manchmal noch weniger als das: das schlichte Interesse der Strafverfolgungsbehörden. Großer Lauschangriff, »Anti-Terror-Gesetze«, BKA-Gesetz – die Liste der neuen Angriffe des Staates auf seine Bürgerinnen und Bürger ist sehr lang. Manche dieser Gesetze wurden gewissermaßen auf Vorrat erlassen. Würden sämtliche antidemokratischen Möglichkeiten dieses Staates auf einmal und zur gleichen Zeit eingesetzt, lebten wir sichtbar in einer Diktatur.

- *Repression* gegen diejenigen, die aufmucken und sich nicht befrieden lassen wollen. Dazu gehören zum Beispiel psychische Bedrohung, Denunziationen bei Ausbildern und Betriebsleitungen, Berufsverbot, Schläge, Prügel, Einkesselung, Freiheitsberaubung, Überwachung, Psychiatrisierung, Sicherheitsverwahrung auch von Jugendlichen. Aber der Staat hat gelernt, dass ein gleichzeitiges und zu offen brutales Vorgehen gegen unterschiedliche soziale Milieus nach hinten losgehen kann.
  Heute hat er beinahe für jedes soziale Milieu die passende Repression, für streikende Gewerkschafter eine andere als für Junkies, für Schülerinnen eine andere als für Punks, für Wohnsitzlose wiederum eine andere als für protestierende Christen. Das verschärft die soziale Spaltung einer entsolidarisierten Gesellschaft.
- *Militarisierung* nicht nur der Außenpolitik der Bundesrepublik Deutschland, sondern auch im Inneren des Landes. An vielen Orten der Erde stehen deutsche Soldaten, und es werden mehr. Geheime Kommandos Spezialkräfte (KSK) kämpfen und töten in Afghanistan. Und Schritt für Schritt wird die Armee auch im Inland eingesetzt, gegen den inneren Feind, der »internationale Terrorismus« ist nur die Ausrede. Das zeigte zum Beispiel – wie wir sehen werden – der G-8-Gipfel von Heiligendamm im Juni 2007.

Das Ausmaß, in dem diese fünf Instrumente der Unterdrückung in den vergangenen Jahren ausgeweitet wurden, verrät uns, dass Kapital und Staat Pläne haben, die solche verschiedenartigen Repressionen gegen kritische Bürger und die linke Opposition nötig machen. Vielleicht ahnten die intelligenteren Vertreter sogar, dass eine Weltwirtschaftskrise mit unberechenbarem Verlauf auf uns zukommen würde.

Menschen werden auch durch verschleiernde Redewendungen und eine unaufrichtige Sprache verdummt und ruhiggestellt. Es gibt reformistische Linke, Autoren, Wissenschaftler, Politiker, Kirchenleute, Gewerkschafter, die den Kapitalismus in einen »bösen« und einen offensichtlich irgendwie »guten« Kapitalismus aufspalten wollen. Stephan Hebel *(Frankfurter Rundschau)* zum Beispiel beschwört diesen angeblich guten, zähmbaren Kapitalismus: »Das Kapital kann's nicht allein. Wenn er aber Zügel trägt, ist der Kapitalismus gar nicht so schlecht.«[30] Sie beschweren sich über den »Casino-Kapitalismus« oder »Turbo-Kapitalismus«[31] und wollen nicht zur Kenntnis nehmen, warum auch Konservative wie der US-Militärstratege Edward Luttwak (»Turbo-Kapitalismus«) oder CDU-Politiker wie Ludwig Erhard (»Manchester-Räuber-Kapitalismus«) – beide heftige Kapitalismusbefürworter – mit diesen und ähnlichen Kategorien hantierten und hantieren. Auch die Kritik an der »Raffgesellschaft« (Helmut Schmidt, Marion Gräfin Dönhoff, Edzard Reuter und andere, 1992[32]) meint nie den Kapitalismus in seinem zerstörerischen Kern.[33] Gern wird auch der Mythos beschworen, der kontinentaleuropäische Kapitalismus sei prima, solange er nicht unter schlechten, angloamerikanischen Einfluss gerate. Bundesfinanzminister Steinbrück (SPD) sagte im September 2008: Die Ursache der Krise sei eine »unverantwortliche Überhöhung des Laissez-faire-Prinzips, also dem von staatlicher Regulierung möglichst vollständig befreiten Spiel der Marktkräfte im anglo-amerikanischen Finanzsystem«.[34]

Das ist natürlich Unsinn. Lenin hätte ihm vielleicht geantwortet: »Die ›amerikanischen Sitten‹, vor denen europäische Professoren und wohlgesinnte Bürger so heuchlerisch die Augen zum Himmel aufschlagen, sind in jeder Epoche des Finanzkapitals buchstäblich zu Sitten einer jeden Großstadt in jedem beliebigen Land geworden.«[35]

Die künstliche Trennung in einen »neoamerikanischen« – wahlweise »angloamerikanischen« oder »Cowboy«-Kapitalismus *(Der Spiegel)* – einerseits und einen »rheinischen« Kapitalismus« andererseits unterstellt einen »bösen« Finanzkapitalismus zum einen und einen »guten« produktiven Kapitalismus zum anderen und ist nicht weit entfernt von der antisemitisch vergiftenden Aufspaltung in einen »raffenden« und einen »schaffenden« Kapitalismus. »Für das ›raffende Kapital‹ stehen traditionell im völkischen Jargon die Juden. Ob dies vergessen wurde oder nicht, der Code bedient den Antisemitismus.«[36]

Es gibt nur einen Kapitalismus. Überall wirken grundsätzlich die gleichen Gesetzmäßigkeiten. Natürlich gibt es unterschiedliche Staatseingriffe und unterschiedliche historische Entwicklungen. Die Begriffsverwirrungen sollen davon ablenken, dass es nur einen Kapitalismus gibt. Dieser hat zwar über die Jahrzehnte sich verändernde Erscheinungsformen, aber hinter den Fassaden geht es immer nur um die Profitmaximierung, die durch die gnadenlose kapitalistische Konkurrenz erzwungen wird.

Auch der Begriff »Globalisierung« verwirrt nur, ist nichts als ein dünner Schleier über dem realen Imperialismus. Den Schleier verwenden auch angeblich linke Organisationen wie Attac, die den Kapitalismus durch eine Steuerreform, die Tobinsteuer – und radikaler ist das Programm von Attac nie gewesen –, nicht abschaffen, sondern modernisieren wollten. Es gab seit 1945 sicher keine schneller befriedete und in die Interessen und Beziehungsgeflechte staatstragender Parteien integrierte Organisation als Attac.

Nehmen wir die Verschleierung also einmal fort und nennen die Sache, also die gegenwärtige Verfasstheit des Kapitalismus, Imperialismus. Nicht Globalisierung oder »Weltrisikogesellschaft« oder wie die Bluffkategorien von Modewissenschaftlern wie Ulrich Beck zurzeit gerade lauten, sondern Imperialismus. Und der durchdringt, ausgehend von den Zentren des Kapitalismus, die Welt bis in alle Sphären und in ihre äußersten Regionen. Seit es den Kapitalismus gibt, etwa seit 500 Jahren, zieht er hinaus in die Welt. Daran ändert auch all das »Globalisierungs«-Geblubber gar nichts, mit dem unterstellt wird, die weltweite Ausbreitung des Kapitalismus sei neu.

Lenin zitiert Robert Liefmann, einen »vorbehaltlosen Verteidiger des Kapitalismus«.[37] Liefmann schreibt: »Der Frankfurter Metallhandel [...] umfasst also mit seinen Unternehmungen, namentlich denen des Merton-Konzerns, tatsächlich die ganze Welt.«[38] Und Lenin zitiert Liefmann 1916 erneut. »Je entwickelter eine Volkswirtschaft ist«, schreibt Liefmann, »um so mehr wendet sie sich riskanteren oder ausländischen Unternehmungen zu.«[39] Lenin dazu: »Das gesteigerte Risiko hängt in letzter Instanz mit der ungeheuren Zunahme des Kapitals zusammen, das sozusagen überschäumt, ins Ausland strömt usw. Und zugleich bringt das beschleunigte Tempo der technischen Entwicklung immer mehr Elemente des Mißverhältnisses zwischen den verschiedenen Teilen der Volkswirtschaft, immer mehr Chaos und Krisen mit sich.«

Auch diese Erkenntnis ist schon mehr als 90 Jahre alt. Ist doch sonderbar, dass so viele kluge Einsichten immer wieder zu verschwinden scheinen. Woher das wohl kommt?

Auf dieser »überschäumenden« Tour führt der Imperialismus auch heute ein ganzes Arsenal von ökonomischen Waffen mit sich und ist dabei immer auf der Höhe der Technik. Da ist beispielsweise die Spekulation mit Warentermingeschäften, welche die Preise von Nahrungsmitteln bis zur Hungerkatastrophe hochtreibt. Zwischen 2007 und 2008 stiegen die Lebensmittelpreise weltweit, laut Welternährungsorganisation, um 52 Prozent. Deshalb halbierten die UN die Hilfsrationen für Menschen in den Flüchtlingslagern.[40]

Eine wesentliche Schuld am Hunger tragen Kriege und andere gewaltsame Konflikte, die nicht zuletzt von den kapitalistischen Zentren mit ihren imperialistischen Interessen immer wieder neu und an anderen Orten geschürt werden. Hinzu kommen die von diesen Zentren diktierten weltweiten Handelsabkommen, die den Trikont benachteiligen, sowie Agrarsubventionen für landwirtschaftliche Produkte, die aus den kapitalistischen Zentren kommen und mit denen dann die Märkte in den Ländern des Trikonts zerstört werden.[41]

In welchem Maß einzelne Kapitalfraktionen in die Welt dringen, hängt von nichts als ihrem überschüssigen Kapital und ihrem Interesse ab: Gibt es dort in der Ferne einen Absatzmarkt? Wertvolle Rohstoffe? Billige Arbeitskräfte? Des Weiteren wird die Verbreitung des Kapitals bestimmt vom Stand der Waffen, von Fortbewegungs- und Kommunikationstechnik. Ohne Segelschiffe kam schon früher keiner übers Meer, ohne sie also keine ursprüngliche Akkumulation. Ohne Dampfschifffahrt kein britisches Imperium. Ohne Internet, also ohne die zeit- und grenzenlose Kommunikation von Wort und Bild, kein moderner Kapitalismus.

Dem gelingt es über lange Zeiträume, dank der realen Herrschaftsverhältnisse und der internationalen Arbeitsteilung, seine Krisen in die Welt zu tragen, vorzugsweise in den Trikont. Das Kapital verlagert seine durch Maschinenproduktion und Automatisierung erreichte Überproduktion dorthin – und mit ihr die große Krise. Sowohl für seinen Warenabsatz als auch für seinen möglichst ungehinderten Zugang zu natürlichen Ressourcen erzwingt der Kapitalismus sich mit ökonomischer und, wenn es sein muss, auch mit militärischer Gewalt den Zugang.

Kann das Kapital mit Hilfe seiner Agenturen wie der Weltbank, dem Internationalen Währungsfonds (IWF), dem

GATT usw. ein Land wirtschaftlich erpressen, ihm seine Rohstoffe und Menschen auszuliefern? Oder sind noch härtere Mittel nötig? Ist das Land, das überfallen und dessen Reichtümer in Besitz genommen werden sollen, ausreichend schwach, ungeschützt, stigmatisiert und kriminalisiert, so wie etwa der ölreiche Irak? Dann kann Krieg das Mittel der Wahl sein.

Die öffentliche Meinung in den USA war Ende 1990 noch nicht von der »Notwendigkeit« eines militärischen Einmarsches in den Irak überzeugt, vielleicht weil die Erinnerungen an den Vietnamkrieg noch zu frisch waren. In solchen Fällen braucht ein Staat die Hilfe der Medien und, wie in diesem Fall, einer Public-Relations-Agentur. Die Organisation Citizens for a Free Kuwait zahlte an die Agentur Hill & Knowlton zehn Millionen US-Dollar. Die erfand eine tränenreiche Geschichte und ließ im Oktober 1990 die 15-jährige »Nayirah« vor dem Menschenrechtsausschuss des Repräsentantenhauses aussagen. Ihren Nachnamen brauchte das Mädchen nicht zu enthüllen, angeblich um ihre Verwandten zu schützen. »Nayirah« behauptete, in einem kuwaitischen Krankenhaus als Freiwillige gearbeitet und beobachtet zu haben, wie irakische Soldaten neugeborene Babys aus den Inkubatoren nahmen, auf den kalten Boden legten und sterben ließen. Ihre Aussage war das Kernstück einer Kampagne der kuwaitischen Regierung und ihrer Lobbyisten, abgestimmt mit dem Weißen Haus, die das Ziel hatte, die öffentliche Meinung zu kippen. »Nayirah« war in Wirklichkeit Nijirah al-Sabah, die von Hill & Knowlton bestens präparierte Tochter von Scheich Saud Nasir al-Sabah, Kuwaits Botschafter in den USA.[42] Die Geschichte lief über alle Fernsehsender und verfehlte ihre angestrebte Wirkung nicht. Präsident Bush erwähnte »Nayirahs« Story mehrfach, selbst Amnesty International stützte sich darauf. Senat und Repräsentantenhaus stimmten schließlich mehrheitlich für den Krieg der USA gegen den Irak, der im Januar 1991 begann.

Die kriegführenden Staaten exportieren ihre »humanitären Interventionen« keineswegs überall dorthin, wo Menschen überfallen und gequält werden. Das Land muss geostrategisch und ökonomisch interessant sein, so wie der Balkan oder Zentralasien. Offensichtlich nachteilig ist es, wenn die Betroffenen in den Augen der »Weißen« eine »schwarze« Haut haben und afrikanischer Herkunft sind.

Die Westsahara ist ein Land an der westafrikanischen Küste. Im Norden liegt Marokko, im Süden Mauretanien, im Westen der Atlantik. Gleich nachdem die Westsahara 1975 endlich von der Kolonialmacht Spanien in die Unabhängigkeit entlassen worden war, wurde das Land von Marokko und Mauretanien überfallen. Die Angreifer warfen Napalm und Phosphor, sie jagten und töteten auch Kinder, sie vergifteten die Brunnen auf den Routen der Flüchtlinge. Marokko siedelte Hunderttausende von Marokkanern in die Westsahara um und »marokkanisierte« das besetzte Gebiet. Mauretanien zog sich 1979 aus dem Krieg, der dann ausbrach, zurück.

Die Westsahara besitzt bedeutende Bodenschätze, vor allem Öl, Gas, Eisen, Phosphat, und ein fischreiches Meer.[43] Marokko liefert die Ressourcen der Sahraouis an zahlende Kunden aus. Zum Beispiel durchsuchte der US-Energiekonzern Kerr-McGee die sahraouischen Küstengewässer jahrelang völkerrechtswidrig nach Öl und Gas, 15 Aktionäre stammten aus Deutschland. Die norwegische Regierung hingegen verkaufte 2005 ihre Kerr-McGee-Anteile und bezeichnete die Aktivitäten des Konzerns als »ernste Verletzung fundamentaler ethischer Normen«.[44]

Ein besonders schmutziges Spiel spielt die EU. Sie schließt nicht nur mit Marokko Fischereiverträge, die die Plünderung der fischreichen Küstengewässer vor der Westsahara möglich machen, sie tut auch nichts gegen die völkerrechtswidrige Besatzung. Im Gegenteil: Sie profitiert von der diktatorischen marokkanischen Monarchie, die ihr hilft, die nordafrikanische Küste abzusperren und die südeuropäischen Grenzen vor »überflüssigen« Menschen aus Afrika zu schützen. Es stört vielleicht auch, dass die sahraouische Befreiungsbewegung Frente Polisario nach der erhofften Befreiung der Westsahara einen explizit demokratischen und unabhängigen Staat aufbauen will: die Demokratische Arabische Republik Sahara (DARS).

In der besetzten Westsahara leben die Sahraouis, tyrannisiert von marokkanischen Truppen, Polizisten und Behörden. Willkürliche Polizeiübergriffe, maßlose Freiheitsstrafen, Folter und Vergewaltigung machen ihr Leben bitter. Wenn die Lage in den besetzten Gebieten »eskaliert«, wenn sich die Sahraouis einmal wehren wie 2005 – sie nannten es »Intifada« –, dann sorgt Marokko dafür, dass keine Journalisten, Mitglieder von Menschenrechtsorganisationen oder kritische Parlamentarier einreisen.[45]

Die Sahraouis warten seit 1991 auf das von den UN versprochene Referendum, die Abstimmung über die Unabhängigkeit. Mit allen Mitteln verschleppt Marokko dieses Referendum bis heute und kommt damit durch.

Der andere Teil der sahraouischen Bevölkerung, 165 000 Flüchtlinge und ihre Kinder, lebt seit 30 Jahren in Flüchtlingslagern in der Sahara, etwa 30 Kilometer entfernt von der algerischen Stadt Tindouf. Die alten Sahraouis nennen diese dürre und steinige Landschaft die »Wüste zum Sterben«. Sie leben unter ärmlichen Bedingungen und sind angewiesen auf Spenden unter anderem vom World Food Programme und UN-Flüchtlingshilfswerk, die Ende 2007, noch vor der Weltwirtschaftskrise, ihre Unterstützung um mehr als 40 Prozent gesenkt haben.[46] Inzwischen sind die Programme noch weiter gekürzt worden.

Egbenaha Bani war 23 Jahre alt, als ich ihr 1990 in der Sahara begegnete.[47] Sie lachte gerne, war unaufhörlich in Bewegung, zum ersten Mal schwanger und liebte Stoffe in leuchtendem Tintenblau. Als sie acht Jahre alt war, floh sie mit ihrer Familie aus der sahraouischen Stadt Smara vor den Bomben Marokkos in die Wüste. Eine österreichische Organisation ermöglichte ihr Ende der 1980er Jahre eine Fortbildung als Erzieherin. Sie hätte in Wien bleiben können, aber hier, in der Sahara, leben ihre Familie und ihre Freunde. Sie sagte: »Ich habe dieses Leben sehr gerne, das sind meine Leute, vielleicht ist es ein sehr schweres Leben, was soll ich machen? Ich muss kämpfen und arbeiten und kann nicht in irgendeinem weit entfernten Land sitzen. Obwohl ich in Österreich nette Menschen kennengelernt habe und den Kontakt zu fremden Leuten gern mag.«

1990, als wir uns begegneten, herrschte seit 15 Jahren Krieg. Lastwagen holten die Männer ab, die eine kurze Pause vom Partisanenkampf gehabt hatten und die nun zurück an die Front in der Wüste fuhren. Frauen stellten ihnen Wasserkanister auf die Ladefläche. Egbenahas Mann war auch dabei. Er war fünf Jahre in einem mauretanischen Gefängnis gefangen gewesen und hatte nicht mehr gehen können, als sie ihn entließen.

Während des Partisanenkrieges gegen Marokko (1975–1991), als viele Männer im Kampf waren, organisierten die Frauen das zivile Leben in der Flüchtlingsstadt. Frauen waren in den höchsten Gremien der Befreiungsbewegung vertreten. Der Islam, sagte Egbenaha, habe den Frauen viel gebracht, und die Muslime, die aus dem Koran die Unterdrückung der Frau und ihre Rechtlosigkeit ableiten, sagten nicht die Wahrheit. Das sei der »falsche Islam«. Die Frau habe das Recht, zu arbeiten, um sich zu ernähren. »Wenn ich nicht selbst arbeite, bin ich arm und werde ich abhängig von meinem Mann, das geht nicht. Das will der Koran nicht.«

Ihren losen Schal trug sie nur draußen vor dem Gesicht, weil ihr sonst der Sand in Augen und Mund wehte. Sie mochte es nicht, dass es islamische Gesellschaften gibt, in denen die Frauen ihr Gesicht verbergen müssen. »Unser Gott hat uns zwei Augen gegeben, und wir benutzen nur eines – warum? Wir schützen uns mit dem Schleier, wenn ein Sandsturm kommt, Frauen und Männer. Oder wenn es sehr heiß ist. Sonst nicht.«

Egbenaha Bani hat sich 1990 nicht vorstellen können, dass »die Welt« ihr und ihren Leuten weitere 19 Jahre nicht helfen wird, weil die Rohstoffe und fragwürdige Sicherheitsvorstellungen für EU-Europa wichtiger sind als die Freiheit von Hunderttausenden.

Ein Jahr nach meinem Besuch, 1991, haben die Sahraouis auf das Referendum-Versprechen der UNO vertraut und ihren zähen Partisanenkampf gegen Marokko aufgegeben. Sie gaben damit im wahrsten Sinn ihre einzige Waffe aus der Hand. Seitdem werden sie von der »internationalen Völkergemeinschaft« betrogen. Es gibt manchmal heftige, strategische Auseinandersetzungen innerhalb der Frente. Viele jüngere Leute wollen den Kampf wieder aufnehmen. Viele ältere erinnern sich aber zu gut an das Leid und an die Toten. Und es gibt immer wieder Unruhen im besetzten Gebiet. Einige Sahraouis sagen: Hätten wir bloß Bomben geworfen wie andere, dann hätte man uns nicht vergessen.

Was erfahren wir in den Medien? Praktisch nichts über die Sahraouis. Kein Vergleich mit der gefühlvollen Berichterstattung in jenen Fällen, wenn irgendwo ein Kriegseinsatz aus »humanitären« Gründen, also zur Verteidigung deutscher Interessen, vorzubereiten ist.

Und kein TV-Filmchen über marokkanische Kultur, Geschichte, Küche, Tourismus oder das Königshaus kommt ohne das Klischee »Tausendundeine Nacht« aus. Die Unterdrückung der Sahraouis durch Marokko dauert schon ein wenig länger als 1001 Nacht, etwa 34 Jahre, und hat sehr wenig Glamour.

3

WEM GEHÖRT DIE WELT?

4111 Archwood, Cleveland/Ohio, ist die Adresse eines bescheidenen Einfamilienhauses mit zwei Etagen und einem Dachboden auf einem kleinen Grundstück. Vorn hat es eine Veranda, auf der niemand mehr sitzt, denn das Haus ist leer. Seine Fenster sind zugenagelt wie vor einem Hurrikan. Es war eine Art endloser Hurrikan, der 2007 und 2008 über Cleveland hinweggetobt ist, aber ein menschengemachter.

Ein Nachbar, der vier Blocks weiter wohnt, hat versucht zu rekonstruieren, wie es passieren konnte, dass die Deutsche Bank das kleine Haus zwangsräumen konnte, obwohl sie dem Hausbesitzer die Hypothek gar nicht gegeben hatte. Die Bank hatte in Cleveland nicht einmal ein Büro, das nächste lag in New York City. Trotzdem gelang es dem Deutsche Bank Trust durch eine verflochtene, undurchsichtige Konstruktion von Beteiligungen, Eigentümerin Tausender von Immobilien in Cleveland zu werden.[48]

In harten Jahren hatten sich die Stadtverwaltung und Bürgerinitiativen bemüht, das Leben in der Stadt freundlicher zu gestalten, sie hatten Parks angelegt und Nachbarschaftszentren aufgebaut. Aber mit der Hypothekenkreditkrise von 2007 stand bald jedes zehnte Haus leer, und Straßen, die einmal als gute Adressen gegolten hatten, wurden Slums. »Seitdem zehntausend Häuser leerstehen, verkommen ganze Stadtteile zu Geistervierteln. Die Mordrate in Cleveland hat mittlerweile ein Rekordniveau erreicht. […] Die verlassenen Häuser ziehen Plünderer magisch an«, sagt der WDR-Journalist Ralph Sina.[49] Warum standen so viele Häuser leer?

Die Deutsche Bank hat 7000 Häuser in Cleveland zwangsräumen lassen.[50] In diesen Häusern lebten keine wohlhabenden Menschen, es waren vorwiegend ärmere, Afroamerikaner und Hispanoamerikaner. Auf einer Website der BBC kann man auf vier Landkarten von Cleveland die Relationen zwischen Kreditvergabe, afroamerikanischer Bevölkerungsdichte, Zwangsräumungen und dem Immobilienbesitz der Deutschen Bank erkennen.[51] Als der Finanzjournalist Greg Newton diese Karten sah, fragte er erstaunt: »Die Deutsche Bank besitzt Cleveland. Wer wusste das?«[52]

Wenn ich in deutschen Medien von irgendwelchem Sponsoring der Deutschen Bank höre, fällt mir das ein. Aus meinem Fenster sehe ich die Türme ihrer Zentrale. Viele zwangsgeräumte Häuser in Cleveland waren Mehrfamilienhäuser. Wo leben die vielleicht 20 000 bis 100 000 Menschen, die einst dort wohnten, heute?

Es ist zynisch, den Menschen, denen die Banken billige Kredite für Häuser anboten, vorzuwerfen, sie hätten wissen müssen, dass die Kreditzinsen steigen und die Hauspreise fallen würden. Nicht mal Banker wussten das – angeblich. In den Augen von Clevelands Bürgermeister Frank Jackson haben die Banker »wie profitgierige Drogendealer agiert und die Kunden gezielt süchtig gemacht […] süchtig nach scheinbar billigem Geld […] Im skrupellosen Mafiastil hätten die Banken Millionen von Kunden und deren Heimatstädte ins Unglück gestürzt.«[53] So begann die Weltwirtschaftskrise.

Die Stadt Cleveland hat inzwischen wegen des Verfalls von Stadtvierteln und wegen der Steuerausfälle 21 Kreditinstitute verklagt, darunter die Deutsche Bank.[54] Die Stadt argumentiert, dass die Bank Verbrauchern Hypothekenkredite gewährt hat, »von denen sie wusste oder hätte wissen müssen, dass die Schuldner nicht leistungsfähig und damit der Zwangsvollstreckung ausgesetzt waren«.[55]

US-amerikanische Städte leben wesentlich von der Eigenheimsteuer. Die Höhe der Steuer wird berechnet nach dem

Wert der Häuser. Der Bankrott der Hausbesitzer bedeutet langfristig den Bankrott ganzer Städte und damit auch ihrer Sozialleistungen.[56] Das Elend der Zwangsgeräumten und all der anderen Armen wächst unaufhörlich.

Die Lohnabhängigen in den USA verloren zwar schon vor der Hypothekenkrise an Einkommen, trotzdem waren sie als Kreditnehmer hochwillkommen. Viele Menschen verschuldeten sich hoffnungslos, aber ihr Konsum hielt die kapitalistische Konjunktur am Leben. Sie machten sich Hoffnung auf eine bessere Zukunft, aber ihre Aussichten waren miserabel. Millionen Hausbesitzern wurden Kredite aufgedrängt, die sie überhaupt nicht bedienen konnten. Es kamen Fälle vor Gericht, wo vom ersten Moment an die Monatsraten das Einkommen des Kreditnehmers überstiegen und die Bank sich dessen bewusst war.

Die meisten aber verloren ihre Häuser, als die Zinsen stiegen, womit viele von ihnen nicht gerechnet hatten. Sie konnten die Kreditraten nicht mehr bedienen. Man hatte ihnen erzählt, dass der Wert ihrer Häuser und Wohnungen immer weiter steigen würde, dass sie sogar noch weitere Hypotheken aufnehmen könnten, um ihre Konsumbedürfnisse zu befriedigen – ein Leben auf Pump, deutlich über den miesen Verhältnissen, die ihnen anhand ihrer Löhne zugestanden wurden.

Natürlich war auch der Staat an diesem indirekten Konjunkturprogramm beteiligt, und zwar in Form einer Geldschwemme der Notenbanken[57], die vor allem den Banken und ihren Refinanzierungsmöglichkeiten bei niedrigem Eigenkapital zugutekam. Das Problem jeglicher Konjunkturprogramme für die kapitalistische Wirtschaft aber ist, dass sie zwar eine Zeitlang die Wirtschaftstätigkeit lebendig halten, letztlich aber nicht refinanzierbar sind und in Schuldenkrisen enden. Diese Darlehensverträge waren die Grundlage für finanzielle Luftgeschäfte. Als durch die allgemeine Krise immer mehr Menschen die Zinsen nicht mehr bezahlen konnten und die Papierwerte wertlos wurden, weil sie keinen Gegenwert in Gestalt von Häusern und Grundstücken hatten, brach dieses Finanzierungssystem zusammen.[58]

Die riesige Zahl von Zwangsversteigerungen ließ den Wert der spekulativ überbewerteten Objekte zusätzlich verfallen. Damit platzte auch jene Form der Spekulation, die auf dem Handel mit Risikoabsicherungen beruhte. Die zu Wertpapieren umgewandelten Kreditversicherungen waren wertlos. Reihenweise gingen Banken pleite. Der Zusammenbruch der Investmentbank Lehman Brothers im September 2008 erschütterte die Weltwirtschaft. Er war mit ausstehenden Forderungen in Höhe von etwa 600 Milliarden US-Dollar (460 Milliarden Euro) einer der größten Konkurse aller Zeiten. Die weltweiten Folgen dieses Konkurses, die Kettenreaktionen, sind ein Grund, warum die Bundesregierung Anfang 2009 wie besessen versuchte, die Hypo Real Estate (HRE) zu retten.

Ohne Beispiel ist auch die Verstaatlichung der US-amerikanischen Immobilienfinanzierer Fannie Mae und Freddie Mac, die größten Hypothekenbanken der Welt. »Fannie Mae und das kleinere Schwesterunternehmen Freddie Mac garantieren direkt oder indirekt knapp die Hälfte der US-Hypotheken im Gesamtwert von zwölf Billionen Dollar.«[59] Die beiden Hypothekenbanken hatten 2008 ein Schuldenvolumen von etwa 5 Billionen oder 5000 Milliarden US-Dollar (3850 Milliarden Euro) angehäuft. Ihre Schuldenpapiere betrugen damit etwa 55 Prozent der gesamten Staatsschuld der USA (9 Billionen Dollar).[60] Das wird die teuerste staatliche Sanierungsmaßnahme aller Zeiten. – Vor der Krise, als so gut wie alle großen Finanzkonzerne mit der enormen Zunahme von spekulativen Geschäften in den USA hohe Profite gemacht hatten, floss nichts davon freiwillig in öffentliche Kassen.[61]

Insgesamt standen Ende 2008 in den USA Immobilienkredite von etwa 8,5 Billionen Euro aus, fast so viel wie das Bruttoinlandsprodukt der USA.[62] Ab dem Spätsommer 2008 misstrauten die Banken einander so sehr, dass sie sich kaum noch gegenseitig mit Krediten aushalfen. Der sogenannte Interbankenverkehr kam zum Erliegen. Die Weltwirtschaftskrise war nicht mehr aufzuhalten.

Die drei großen US-Autokonzerne General Motors (GM), Ford und Chrysler[63] brauchten und bekamen schon vor der Weltwirtschaftskrise einen staatlichen Kredit in Höhe von 25 Milliarden US-Dollar. GM ist der größte Autokonzern der Welt (und das neuntgrößte Unternehmen der Welt). Er stellte im Jahr 2008 8 350 000 Autos her, 30,5 Prozent davon in den USA. Er beschäftigt 266 000 Menschen und besitzt Fabriken in 35 Ländern. In Deutschland arbeiten 25 000 Menschen bei der GM-Tochter Opel. Ende 2008 stand GM vor dem Absturz, die US-Regierung gewährte GM und Chrysler ein Darlehen in Höhe von zusammen 17,4 Milliarden US-Dollar.

Chrysler, der zwölftgrößte Autohersteller der Welt, produzierte zuletzt 2 536 000 Autos im Jahr (2008), davon 65 Prozent in den USA. 49 000 Mitarbeiter. Ende 2008 stand der Konzern »vor dem Abgrund«, in den er gestürzt wäre, hätte der Staat ihn nicht gerettet.

Ford ist der drittgrößte Autohersteller der Welt (und dreizehntgrößte Konzern der Welt), produzierte 6 247 000 Fahrzeuge (2008), davon 34,8 Prozent in den USA. 224 000 Menschen arbeiten für Ford.

Der Staatskredit von Ende 2008 wäre fast geplatzt. In kabarettreifer Abgehobenheit reisten die drei Konzernchefs – anfangs erhob auch Ford Anspruch auf Staatshilfe – im November 2008 nach Washington, nicht in einem ihrer Autos, nicht mit dem Flugzeug, sondern zur Verblüffung vieler jeweils getrennt in privaten Jets. Das ist sicher nicht ihre schlimmste Tat, aber es veranschaulicht ihr Selbstverständnis.

Das Rettungspaket fiel in Washington erst einmal durch. Die Autogewerkschaft hatte die von den Republikanern geforderten Lohnkürzungen abgelehnt. Beim nächsten Mal aber klappte es. GM und Chrysler boten sogar eine Fusion an. Die

Verwendung des staatlichen 17,4-Milliarden-Kredits soll eine »task force« des Finanzministeriums überwachen. Die Konzerne mussten bis zum 17. Februar ein Sanierungskonzept vorlegen. Es muss damit gerechnet werden, dass es nicht bei den 17,4 Milliarden US-Dollar bleibt. GM hat im Februar vorgelegt, dass sie insgesamt 30 Milliarden Dollar brauchen. Die Entwicklung ist offen.

Unklar ist zum Beispiel, ob Opel-Werke in Deutschland dichtgemacht, zerlegt oder verkauft werden. Flugs versprachen das Land Hessen und der Bund Mitte Februar 2009 Opel Deutschland zu unterstützen. Möglicherweise läuft hinter den Kulissen ein vielschichtiger Poker. GM könnte mit der Drohung, Opel-Werke zu schließen, in Deutschland so viel Druck entfalten, dass der Staat Geld und es am Ende für GM einen guten Deal gibt: Der US-Autokonzern wird Opel los, und VW oder ein ausländischer Autokonzern kauft günstigst fette Beute und sich zugleich die Konkurrenz vom Markt – oder Opel wird ein europäischer Konzern, gestützt von immensen staatlichen Zuschüssen. Natürlich muss Opel vorher noch »verschlankt« werden, das werden die von Arbeitslosigkeit Bedrohten doch einsehen. Wie auch immer der Verlauf sein wird: Bei Veröffentlichung ist dieses Buch in diesem Punkt *nicht* mehr aktuell – in solchem Tempo verändern sich zurzeit Weltkonzerne.

Ihre Situation haben sich die drei Autokonzerne selbst eingebrockt: Selbst in den USA sank in den Krisenzeiten vor der Weltwirtschaftskrise die Nachfrage nach teuren, überdimensionierten Benzinfressern, und das seit Jahren. Am Ende der Weltwirtschaftskrise werden sich einige Autokonzerne mit Hilfe von Steuergeldern restrukturiert und konzentriert haben, aber es wird dann nicht mehr alle geben.

Kaum einer aber spricht davon,

- dass die Autokonzerne (und die von ihnen abhängigen Politiker und Gewerkschaftsfunktionäre) an den sozialen und ökologischen Folgen eines falschen Verkehrsystems schuld sind,

- dass die Autokonzerne seit Jahrzehnten das Klima ruinieren und nicht nur die USA vom Öl abhängig gemacht haben (mit all den geostrategischen und militärischen Folgekonflikten für die Welt),
- dass sie die Gesundheit der Menschen schädigten: Mehr als eine Million Menschen in Deutschland sind seit der Einführung des Autos durch Verkehrsunfälle zu Tode gekommen, die gesundheitlichen und oft auch tödlichen Folgen durch die Luftvergiftung kommen noch hinzu,
- dass sie Städte durch Highways, Straßen und Parkflächen zerstörten und Landschaften zerschnitten,
- dass sie, nicht zuletzt, die Mobilität armer Leute einschränkten.

Warum gibt es zum Beispiel in den USA kein dichtes Eisenbahnnetz und nur sehr wenige Städte mit einem schienengebundenen Nahverkehrsystem? 1974 erschien der Senatsbericht *American Ground Transport,* kurz »Snell-Report« genannt, der beschreibt, wie General Motors, Ford und Chrysler sowie der Reifenhersteller Firestone durch ein »Komplott« in den Jahren 1920 bis 1950 das Verkehrswesen der USA zu ihrem Profit umbauten. Sie erzwangen die Zurückdrängung des schienengebundenen Nahverkehrs in den meisten US-amerikanischen Städten zugunsten ihrer Lkws und Autos.

Der verschwenderische Umgang mit Energie und die Abhängigkeit vom Öl, so führt der »Snell-Report« aus, beruhten auf der »ökonomischen und politischen Kontrolle des gesamten Verkehrssystems durch drei mächtige Autokonzerne«.[64]

Für 35 Millionen Menschen in den USA herrscht »Lebensmittelunsicherheit«, wie es im Bürokratenjargon genannt wird, das heißt, sie haben nicht genug Geld, um regelmäßig zu essen. Von gesundem, ökologisch wertvollen Essen ist da ohnehin nicht die Rede.

Den Hunger hat US-Präsident Bush in seiner Amtszeit einfach abgeschafft, indem er ihn in »sehr niedrige Lebensmittelsicherheit« umtaufte. Noch in seiner Amtszeit, noch *vor* der Rezession, stieg der Anteil der Empfänger von Lebensmittelkarten um vier Millionen Menschen.

Allein in der Stadt Philadelphia – hier wurden die USA einmal gegründet – hat ein Viertel der Bevölkerung nicht genug zu essen, das sind 352 000 Menschen. So sehen sie aus, die Verhältnisse im gelobten Land der »working poor«, der arbeitenden Armen. Natürlich existieren in Philadelphia noch keine Verhältnisse wie im ärmsten Afrika. Wer ein kompliziertes Antragsverfahren übersteht, kann im Monat Lebensmittelmarken im Wert von maximal 176 US-Dollar erhalten. Aber ohne die 40 000 privaten und kirchlichen Suppenküchen im Land herrschten Verhältnisse wie in Somalia, sagt ein Aktivist.[65]

Barack Obama hat im Wahlkampf versprochen, bis zum Jahr 2015 den Kinderhunger zu beseitigen. Das sind, wenn es überhaupt geschieht, sechs lange Jahre bis zum Ende des Hungers, also 2190 Tage, eine Zahl, die einem Kind schwer zu erklären ist. Das gleichfalls im Wahlkampf versprochene Bildungsprogramm für arme Kinder hat Obama im Februar 2009 zu großen Teilen der Kritik der Republikaner geopfert, um sein Konjunkturprogramm durchzusetzen.

Der Truppeneinsatz für Agfhanistan hingegen wird erweitert. Präsident Obama will im ersten Halbjahr 2009 das US-Truppenkontingent in Afghanistan um rund 50 Prozent erhöhen: von 35 000 Soldaten auf 53 000. Dafür werden auch Truppen aus dem Irak abgezogen. Afghanistan, sagte Obama, ist »wichtiger strategischer Partner« der USA, der Kampf sei noch zu gewinnen.[66]

Insgesamt 43 von 50 US-Bundesstaaten litten Ende 2008 unter stark gestiegenen Haushaltsdefiziten, einigen drohte der Finanznotstand, Kalifornien rief ihn im Dezember aus.[67]

In den USA ist Sponsoring, mangels sozialstaatlicher Sicherung, eine wesentliche Grundlage der sozialen Leistungen von Wohltätigkeitsorganisationen. Sponsoring ist Ablasszahlung von Reichen, die zu wenig Steuern bezahlen. Bleiben die Spenden aus und sinken die Steuereinnahmen noch weiter, weil die Wall Street wankt, Banken einstürzen und Betriebe schließen, hat das drastische Folgen für die kommunalen Haushalte und ihre ohnehin unzureichenden Sozialprogramme. Elende Lebensverhältnisse werden noch elender.[68]

Ein großer Teil der Konsumgüter für die Armen der kapitalistischen Zentren kommt aus China. 80 Prozent des Spielzeugs für Kinder in Deutschland – Modellautos, Puppen, Ritterburgen und Plüschtiere – kommt aus der chinesischen Provinz Guangdong, die nur so groß ist wie Baden-Württemberg. Unter Arbeitsbedingungen wie zu Zeiten der Industrialisierung in Europa wird hier das Spielzeug in mehr als 10 000 Fabriken produziert: sieben Tage die Woche, 16 Stunden am Tag, vor Weihnachten auch drei Tage durchgehend. Die Gesundheit der meist jungen Leute vom Land wird schwer beeinträchtigt.

Auftraggeber sind, jedenfalls bis zur Weltwirtschaftskrise, »fast alle namhaften deutschen Marken. Zapf, Steiff, Simba, Ravensburger«, dazu kommen Hasbro, Mattel und Disney. Die Durchschnittslöhne lagen 2006 angeblich bei 70 Euro im Monat. Die Fabriken werden mit Sicherheitskräften und Zäunen gegen neugierige Besucher gesichert. Es herrscht Menschenschinderei in diesen »Blut- und Schweißfabriken«. Prügelstrafe ist an der Tagesordnung. Für »zu häufigen« Toilettengang gibt es Strafen, Schutzvorrichtungen gegen giftige Lösungsmittel existieren nicht. Das Essen in den meisten Kantinen ist miserabel, für viele Arbeiter gibt es tagsüber nichts zu trinken. Es gibt eine Untergrundgewerkschaft, die brutal verfolgt wird. Es herrschen Verhältnisse wie in einer modernen Sklavenwirtschaft.[69]

»Kinder«, sagt John Langley, 39, Geschäftsführer von Tolo Toys, in Hongkong jovial, »lernen durch unsere Produkte die Welt begreifen.« Er meint sicher nicht die Kinder, die in seinen Fabriken in Guangdong arbeiten. Langley sagt auch: »Am extremsten ist der deutsche Markt. Die Deutschen wollen es nur noch billig, billig, billig.«[70]

Die Plünderung der unterentwickelt gehaltenen Länder, der sogenannten Dritten Welt, macht nicht nur die Reichen reicher, sondern hilft ihnen in den Zentren des Kapitalismus auch, also etwa in Deutschland, ein paar Brosamen fallen zu lassen und so die sozialen Konflikte zu dämpfen. In Zeiten massenhafter Verarmung ist es sehr günstig, wenn das vermeintlich kommunistische China seine arbeitende Bevölkerung so versklavt, dass Konsumenten in Deutschland billigste Textilien, Haushaltswaren und Kinderspielzeug zu Dumpingpreisen kaufen können statt gar nichts. Für die Lohnabhängigen in den kapitalistischen Zentren bleibt auf diese Weise auch ein bisschen mehr vom Lohn übrig. Und ohne Chinaware könnten Hartz-IV-Empfänger erst recht nicht überleben. So lassen sich die Verlaufskurven der Krisen in den kapitalistischen Zentren abflachen und die Klassenkämpfe, jedenfalls die von unten, in Grenzen halten.

Die 130 Millionen Wanderarbeiter in China stellen nicht nur Spielzeug her. 20 Millionen von ihnen haben Anfang 2009 aufgrund der Weltwirtschaftskrise ihre Arbeitsplätze verloren. So viele Einwohner hat Australien. Bis Ende 2009 können es 40 Millionen sein. Von den Einkünften der Wanderarbeiter leben große Teile der Landbevölkerung. Millionen Arbeitslose streifen inzwischen durch das Land auf der Suche nach Arbeit. Hungerrevolten sind absehbar.[71] Als die chinesische Regierung 1989 die Preise für Lebensmittel freigab und diese stark stiegen, gab es einen Aufstand, den die Armee am 4. Juni auf dem Platz des Himmlischen Friedens blutig niederschlug.[72] Was jetzt auf die Menschen in China zukommt, hat größere Dimensionen. Schon vor Beginn der Weltwirtschaftskrise nahmen die Streiks zu und auch militante Demonstrationen.[73] Die Menschen wehrten sich gegen den Verkauf von Ackerland an Investoren oder gegen die Schließung von Fabriken.[74] 2007 soll es nach Angaben der chinesischen Regierung »84 000 Zwischenfälle« gegeben haben.[75] Der Staat, die sogenannten Kommunisten, standen Seite an Seite mit dem ausländischen und inländischen Kapital gegen die Arbeiter.

In der Konkurrenz mit den USA, EU-Europa und Japan hat China das meiste Kapital in küstennahe Sonderwirtschaftszonen investiert, wo – zur Freude westlicher Investoren – moderne Produktionstechniken mit frühkapitalistischen Arbeitsbedingungen kombiniert wurden. Ein Streikrecht gibt es auch nicht. Während des chinesischen Booms stieg die Umweltzerstörung ins Unermessliche. 20 der 30 Städte mit der schlimmsten Luftvergiftung liegen in China. Die Volksrepublik drohe zur Müllhalde der Welt zu werden, sagte der Vizeumweltminister.

Man kann sich wochenlang in China aufhalten, ohne jemals blauen Himmel zu sehen. Den sieht man dann im 4500 Meter über dem Meeresspiegel gelegenen Hochland von Tibet. Der klare blaue Himmel dort und der höhenbedingte Sauerstoffmangel befördern offensichtlich das esoterische Delirium manch eines westlichen Touristen, den die soziale Lage der Tibeter und ihre Unterdrückung – auch zu Zeiten der feudalherrschaftlichen Klöster – einen feuchten Kehricht schert. In China beobachtete ich noch in der Umgebung großer Städte Kleinbauern, die, weil sie sich die primitivsten Maschinen nicht leisten können, ihr Getreide auf die vielbefahrenen Straßen werfen, um es so von Autoreifen »dreschen« zu lassen. Reifenabrieb und Asbest werden kostenlos mitgeliefert.

Chinas wirtschaftliches Wachstum hängt stark am Export seiner Waren in die USA. Der Import billigst produzierter chinesischer Konsumgüter half auch dem US-Kapital, die Kosten für die Ware Arbeitskraft zu senken, schlechtbezahlten Lohnabhängigen Konsum zu ermöglichen und davon zu profitieren. China hat den USA sogar Kredite gegeben, damit die so den Import der chinesischen Waren finanzieren konnten. Mit dem Zusammenbruch von US-amerikanischen Banken waren (und sind) diese Kredite bedroht. China hatte allein bei den Banken Freddie Mac und Fannie Mae mehrere hundert Milliarden Dollar angelegt und nutzte jeden Einfluss, damit die beiden Banken von der US-Regierung gerettet wurden.[76]

Die großen Devisenreserven Chinas in Höhe von etwa 1,5 Billionen Euro sind durch Verluste auf dem US-Finanzmarkt bereits geschrumpft.[77] Gleichzeitig sinkt die Nachfrage nach chinesischen Produkten, Textilien, Sportsachen, Computern, Spielzeug weltweit weiter.[78] Die Weltwirtschaftskrise, aber auch die Skandale um Sicherheitsmängel (der Spielzeuge, nicht der Arbeitsplätze) haben Chinas größten Spielzeughersteller Smart Union (Hongkong) im Oktober 2008 in die Insolvenz getrieben. Smart Union belieferte unter anderem die US-Konzerne Mattel und Disney. Fabriken des Konzerns im südchinesischen Guangdong wurden geschlossen. 7000 Arbeiter standen von einem Moment auf den anderen auf der Straße. Niemand zahlte ihnen ihre ausstehenden Löhne. Die amtliche Nachrichtenagentur Xinhua berichtete, dass rund 53 Prozent der mehr als 3600 chinesischen Spielzeugunternehmen 2008 bankrottgegangen seien.[79] Im chinesischen Industriehafen Qinhuangdao wachsen die Kohlehalden, im Norden Chinas stehen die Stahlwerke vor dem Bankrott. Der Baubranche gehen die Käufer aus. Die Preise der Immobilien verfallen wie die von Aktien, mit beidem glaubte eine neue chinesische Mittelschicht ihr Alter abzusichern.[80]

Dreihundert Millionen von 1,3 Milliarden Chinesen lebten schon vor der Weltwirtschaftskrise in bitterer Armut und von nicht mehr als 1,50 Euro am Tag. Von ungefähr 750 Millionen Bauern und Bäuerinnen bestellten nur noch etwa 350 Millionen ihr Land. Immer wieder brachen soziale Aufstände aus, die von manchen Medien gern in ethnische und religiöse Konflikte umgedichtet werden, um die dahinterstehenden sozialen Interessen zu verbergen.

Die sozialen Krisen in China werden von den Konkurrenten Chinas genutzt. Hinter manchen Menschenrechtskampagnen stehen zwar oft auch zutreffende Probleme – wobei viele Menschenrechtsprobleme in China niemanden in den kapitalistischen Zentren interessen, wenn sich daraus kein Vorteil ziehen lässt –, sie werden aber überlagert und verformt von geostrategischen Interessen der USA und einiger EU-Staaten. Die USA zum Beispiel schüren seit langem immer wieder Sezessionsbestrebungen, auch mit Geld und Plänen, welche die CIA beisteuern, indem sie vorgeben, für die Rechte verfolgter Minderheiten einzutreten. Das zeigte sich etwa am Beispiel des Dalai Lama und Tibets.

In Wirklichkeit ging es oft um die Destabilisierung Chinas und die Infragestellung seiner Grenzen. Im Vordergrund steht, seit der Auflösung der Sowjetunion 1991 umso mehr, das geostrategische Interesse nicht nur der USA an Zentralasien. Aus keinem anderen Grund stand der ausgewiesene »Menschenrechtskämpfer« George W. Bush auch an der Seite der Uiguren und warf China vor, »kulturellen Völkermord« zu begehen.[81] Diese Sezessionsbestrebungen sind keineswegs marginal. Die Regionen etwa, für die die tibetische (!) Unabhängigkeit gefordert wird, umfassen auch Siedlungsgebiete von Tibetern in den chinesischen Provinzen Gansu, Sichuan und Qinghai. Alle zusammen wären dann ein fast so großes Land wie der Rest der Volksrepublik China.[82]

Der Aufstand tibetischer Jugendlicher und Studenten richtete sich gegen ihre Ausgrenzung und Perspektivlosigkeit, gegen soziale Ungleichheit und gegen ihre Benachteiligung innerhalb Chinas. Die Ursache der Revolte dieser jungen Tibeter ist nicht zu verwechseln mit dem reaktionären Aufstand der Mönche und Anhänger des Dalai Lama, deren erklärtes Ziel es ist, das frühere Feudalsystem wiederherzustellen.[83]

Die Weltwirtschaftskrise schwappt über die USA nach China und auch von dort nach Afrika. China hat zu Boomzeiten Kredite an afrikanische Staaten gegeben – ohne die brutalen Auflagen der Weltbank und des IWF. Es hat so versucht, Rohstoffgebiete unter seine Kontrolle zu bringen, um seine imperiale Stellung auf dem Weltmarkt zu sichern. Dabei ging China auch über Leichen, so wie im Sudan bei der Unterstützung der brutalen Massaker in Darfur. In Lateinamerika fährt China aber eine andere Strategie, zeigt sein fortschrittliches Gesicht und unterstützt linke Regierungen.

Was das Kapital »Krise« nennt, ist der Zustand, in dem seine Profite sinken. Aber seine Krise ist nicht unsere Krise. Das massenhafte menschliche Leid, das damit verbunden ist, spielt für das Kapital keine Rolle, solange es nicht zu Revolten, Aufständen und Revolutionen kommt.

In den letzten Jahrzehnten haben die jeweiligen deutschen Bundesregierungen, auch die SPD/Grüne-Bundesregierung (1998–2005), den Lohnabhängigen und der öffentlichen Hand gewaltige Beträge entzogen, zum Beispiel durch Privatisierungen und durch Steuersenkungen für Kapital und Vermögen. Eine ausführliche Auseinandersetzung findet sich in meinem Buch *Das waren die Grünen* (2001)[84].

Das so angehäufte Kapital blieb bei den großen Konzernen und Banken oder gelangte in andere »Kapitalsammelstellen«, wie zum Beispiel die Hedgefonds, die besonders aggressive Spekulationen mit dem investierten Geld betrieben, oder wie den Private-Equity-Gesellschaften, die sich mit dem eingesammelten Beteiligungskapital auf bestimmte Zeit an nicht börsennotierten Betrieben beteiligen, um aus ihnen nach dieser Zeit beim Weiterverkauf möglichst viel Profit zu schlagen. Der Kapitalüberschuss wurde also, mangels anderer Möglichkeiten, die ähnlich hohe Profite versprachen, in spekulative Geschäfte investiert.[85]

Aber auch in der EU wurde vieles nicht getan, was in der Macht der Staaten gelegen hätte, nicht einmal eine bessere Kontrolle von Hedgefonds war durchzusetzen.[86] In der Bundesrepublik gab (und gibt) es keine funktionierende Bankenaufsicht. Die Banken müssen nicht einmal ausreichend haften. Der halsbrecherische Handel mit Krediten wurde nicht gestoppt. Es existiert kein Schutz der Verbraucher vor riskanten Zertifikaten und vor irreführender Werbung.

Im Gegenteil. Die jeweiligen Regierungen, auch die angeblich fortschrittliche SPD/Grüne-Regierung, haben darüber hinaus die Lohnabhängigen dem Finanzmarkt als Opfer zugeführt. Das Geschwätz von der »Eigenverantwortung« in Form privat finanzierter Rentenversicherungen hat viele Menschen zu riskanten Geldanlagen verführt.[87] Die rot-grüne Bundesregierung ließ auch Hedgefonds und Leerverkäufe zu und tat nichts dagegen, dass deutsche Banken Immobilienkredite an den US-Investor Lone Star verkauften, der dann Zwangsvollstreckungen über eine konzerneigene Inkassogesellschaft betrieb.[88]

Am besten, der Staat übernimmt das Risiko für angeschlagene Banken ganz, sagt der frühere Chef der Deutschen Bank, Hilmar Kopper: »Man sollte angeschlagenen Banken keine Garantien geben, sondern sie verstaatlichen. Der Staat übernimmt die Institute, rekapitalisiert sie und kann sie danach wieder privatisieren. Für den Staat kann es sich sogar lohnen: Er kauft in der Krise und verkauft, wenn es wieder besser geht.«[89]

Friedrich Engels durchschaute diese Vorgehensweise schon im März 1891: »Das ist ja grade der wunde Punkt, daß, solange die besitzenden Klassen am Ruder bleiben, jede Verstaatlichung nicht eine Abschaffung, sondern nur eine Formveränderung der Ausbeutung ist.«[90] Der Staat tut, was dem Kapital nützt. »Der moderne Staat«, führt Engels in seiner Schrift *Anti-Dühring* aus, »ist eine wesentlich kapitalistische Maschine, Staat der Kapitalisten, der ideelle Gesamtkapitalist. […] Das Kapitalverhältnis wird nicht aufgehoben, es wird vielmehr auf die Spitze getrieben.«[91]

Zuerst versuchte der Staat – in diesem Fall der US-amerikanische –, die Krise in den Griff zu bekommen, indem er einzelne Banken und den Versicherungskonzern American International Group (AIG), bei dem sehr viele Banken ihre Kredite versichert haben, rettete. Dann stellte sich heraus, dass das nicht reichte. Nach einigen Auseinandersetzungen hinter den Kulissen der kapitalistischen Zentren EU-Europa und USA wurden sogenannte Rettungspakete für Banken beschlossen, das sind Fonds mit Geldbeträgen in Milliardenhöhe. Ziel der Rettungspakete ist es, die Zahlungsfähigkeit und Kreditwürdigkeit der Banken wiederherzustellen, aufrechtzuerhalten und/oder zu verbessern. In der BRD wird der sogenannte Finanzmarktstabilisierungsfonds (SoFFin) durch eine neugebildete Finanzmarktstabilisierungsanstalt, die der Bundesbank angegliedert ist, verwaltet.[92]

Für diese Rettung der Notleidenden werden mal eben parlamentarisch-demokratische Spielregeln ausgehebelt. Das Finanzmarktstabilisierungsgesetz (FMStG)[93] hat der Bundestag unter extremem Druck der Regierung in solchem Eilschritt verabschiedet, als sei es ein Anti-Terror-Gesetz der 1970er Jahre. In derselben Nachtsitzung wurde auch der Finanzmarktstabilisierungsfonds (SoFFin)[94] ins Leben gerufen, der vollständig undurchsichtig ist. Sein Büro liegt in der Frankfurter Taunusanlage 6, nur sechs Hausnummern von der Deutschen Bank entfernt. Der Bundestag hat zum Finanzmarktstabilisierungsgesetz ein »parlamentarisches Kontrollgremium« (Finanzmarktgremium) aus neun Mitgliedern des Haushaltsausschusses (Mitglieder von CDU/CSU, SPD, FDP, Grünen und Linkspartei) installiert, das geheim tagt.[95] Wir erfahren nicht, wie unsere Gelder vergeben werden. Das Geld wird für Bildung, Gesundheit, Kultur, Soziales und Ökologisches fehlen.

Die Hypo Real Estate Holding (HRE) ist seit 2003 börsennotiert. Spätestens seit September 2008 drohte Insolvenz. Bis zum 11. Februar 2009 hat die HRE 102 Milliarden Euro an staatlichen Beihilfen und Garantien erhalten. Die HRE ist längst pleite und wird künstlich am Leben erhalten. Wie praktisch, dass die Bundesregierung das Insolvenzrecht für Banken suspendiert hat. Falls die HRE enteignet wird, wird das ein Geschäft für die Aktionäre. Anstatt alles zu verlieren, würde sie der Staat auf unsere Kosten entschädigen. Die Alteigentümer – die HRE entstand aus mehreren Banken – sind fein raus und haften nicht, weil das Finanzministerium, völlig unabsichtlich natürlich, die Verjährungsfrist am 29. September 2008 hat verstreichen lassen. Einer der großen Gläubiger ist die Deutsche Bank, die von diesem Fristverfall und von der staatlichen Unterstützung profitiert. Worum geht es noch?

Angela Merkel erklärt es uns: Die Bundesregierung habe »international versprochen«, dass sie keine Bank pleitegehen lasse, die andere mitreißen könne. Dies gelte auch für die HRE, die mit unzähligen anderen Banken verflochten sei.[96] Das »Rettungsübernahmegesetz« – es gibt zauberhafte Wortschöpfungen in der Krise – sei »alternativlos«. Finanzminister Steinbrück (SPD) sprang an ihre Seite und warnte, ein Zusammenbruch der Hypo Real Estate könne eine globale »Erschütterungsdynamik« auslösen.[97] Sie werden auch dieser Bank helfen, mit allen Mitteln. Mit allen unseren Mitteln.

Gekürzt wird bei den Schwächsten, bei denen, von denen man sich keinen Aufstand erwartet, weil der tägliche Kampf ums Überleben meistens all ihre Kraft absorbiert. Hartz-IV-Empfänger beziehen für ihre sieben- bis dreizehnjährigen Kinder 2,28 Euro am Tag für ihre gesamte Ernährung.[98] Wie viel Müsli, Obst, Gemüse, Brot, Käse, Wurst, Fleisch, Fisch, Schokolade, Joghurt gibt es dafür? Wie viel Saft und Tee, Milch oder Limonade? Stehen armen Leuten ökologisch hergestellte Lebensmittel zu? Oder bloß die von Aldi? Darf ein Kind herumtoben und Sport treiben, das ist ja so gesund, aber dann noch mehr Durst und Hunger haben? Ist so viel Kalorienverbrennen nicht unverantwortlich gegenüber der Allgemeinheit?

Laut Pommerscher Landeskirche sind 2,28 Euro ungefähr der Hartz-IV-Etat, der den Eltern für die Ernährung eines Säuglings zusteht: »Das Jugendamt griffe ein, wenn bekannt würde, dass Eltern ihrem 13-jährigen Kind die gleiche Menge an Lebensmitteln zukommen lassen, wie einem Säugling. Ihnen würde die Vernachlässigung ihres Kindes vorgeworfen.«[99] Die Landeskirche fordert kurzfristig 25 Prozent Erhöhung, also revolutionäre 57 Cent mehr, etwa ein Apfel.

Um »die da unten« ruhig zu halten, werden Staat und Medieneigentümer sich einiges einfallen lassen müssen. Sozialterror, Kontrollen, Drangsalieren mit immer mehr Bürokratie, Angst machen, bedrohen, spalten, spalten, spalten. Rassismus lenkt gut ab, und vielleicht wird im Jahr 2009, dem Jahr der vielen nationalen deutschen Jubelfeiern, auch die Dosis des hochwirksamen Giftes Nationalismus erhöht. Ein böser Verdacht sei formuliert: Vielleicht geht der Staat mancherorts so unsagbar nachlässig – selbst nach schweren Körperverletzungen und Morden – bei der Bekämpfung von Nazis vor, weil diese Konflikte zur Ablenkung gebraucht werden.

Es wird vorerst keine profitable Ausweitung der Produktion mehr geben, sondern wir beobachten das voraussichtlich stärkste Schrumpfen der kapitalistischen Wirtschaft seit dem Zweiten Weltkrieg. In der Bundesrepublik sank die Produktion von Waren und Dienstleistungen bereits seit dem zweiten Quartal 2008.[100]

Zum Nutzen des Kapitals und zum Nachteil der Lohnabhängigen hat die SPD/Grüne-Bundesregierung mit ihrer Agenda 2010 von 2003 neben allen anderen Schandtaten wie dem Hartz-IV-Gesetz auch die Möglichkeit der Leiharbeit ausgeweitet. »Seitdem dürfen Zeitarbeiter länger als ein Jahr in einem Unternehmen beschäftigt werden – eine Regelung, die die Konzerne gnadenlos ausgenutzt haben.«[101] Zwischen 2004 und 2008 hat sich die Anzahl der Leiharbeiter auf 750 000 verdoppelt, im Vergleich zum Jahr 1997 etwa verdreifacht. Sie sind spottbillig, erhalten meistens kein Urlaubs- und Weihnachtsgeld, und sie können in Krisenzeiten sofort gefeuert werden. Wie sagte Kanzlerin Angela Merkel in ihrer Regierungserklärung vom 30. November 2005? »Ich möchte Kanzler Schröder ganz persönlich danken, dass er mit der Agenda 2010 mutig und entschlossen eine Tür aufgestoßen hat, unsere Sozialsysteme an die neue Zeit anzupassen.«[102]

Bis zum 4. Februar 2009 waren aufgrund der Wirtschaftskrise schon 120 000 Leiharbeiter entlassen worden, 20 000 allein im Januar. Beinahe lautlos.[103] Darüber klagen dieselben Gewerkschaftsspitzen, die 1998 die SPD/Grüne-Bundesregierung an die Macht gebracht haben.

Autokonzerne entließen als Erstes Zehntausende von Leiharbeitern und führten Kurzarbeit ein. Die Nachfrage in der Chemieindustrie brach ein, desgleichen die Produktion von Rohstahl. Der Maschinenbau wird nachlassen, weil er überproduziert hat und die Exportaufträge zurückgehen.[104] Nicht viel anders sieht es bei den Konsumgütern und bei der Produktion von Elektrotechnik aus. Die Zahl der betrieblichen Konkurse steigt. Das alles löst weitere Reaktionen aus und schwappt zurück in den Finanzsektor: Kredite, die nicht mehr zurückgezahlt werden können, belasten die Kreditversicherungen.[105] Wertpapiere, mit denen sich die Banken gegen die Ausfallrisiken bei Krediten für Konzerne absicherten, werden wertlos.[106] Diese Krise der kapitalistischen Produktion und die des Finanzsektors verstärken sich gegenseitig. Weitere Dominoeffekte sind denkbar, schon deshalb, weil niemand heute wissen kann, wie sich die Rezession etwa in China, Indien und Japan auswirken wird und wie die Tatsache, dass der osteuropäische Markt schrumpft, der seit zehn Jahren wichtiger für den deutschen Export ist als der US-Markt.

Und dennoch wird der Kapitalismus nicht zusammenbrechen. Dazu bräuchte es organisierte soziale Kämpfe und Menschen, die sich des Charakters der Auseinandersetzungen bewusst sind.

Das deutsche Kapital kann und konnte so viel Waren exportieren, weil es im Vergleich zur Konkurrenz innerhalb des kapitalistischen Zentrums EU-Europa und zur übrigen internationalen Konkurrenz eine extrem verschärfte Ausbeutung der

Lohnarbeit betreiben konnte. Während die Reallöhne in der BRD zwischen 2000 und 2008 um 0,8 Prozent zurückgingen, stiegen sie in anderen Staaten Westeuropas um bis zu 40 Prozent. Die Klage über die angeblich zu hohen Lohnnebenkosten, besonders schrill zu Zeiten der SPD/Grüne-Regierung, war sehr erfolgreich. Mit Hilfe des staatlichen Sozialterrors sanierten die deutschen Konzerne ihre Profitraten und erhöhten die Konkurrenzfähigkeit ihrer Produkte. Die Lohnstückkosten in der Bundesrepublik fielen im Vergleich zum gesamten Eurogebiet seit 1999 um 14 Prozentpunkte, während sie in Italien und Spanien um mehr als neun Prozent und in Frankreich um drei Prozent gestiegen sind.[107]

Die deutschen Gewerkschaften stehen fest an der Seite ihrer Tarifgegner. Wegen der Finanzmarktkrise verzichtete ver.di im Tarifstreit mit den Banken auf Streiks und blies eine für November geplante Urabstimmung ab.[108] Die IG Metall ließ sich trotz anderslautender Beteuerungen von den Kapitalvertretern einseifen und verzichtete auf eine wenigstens am Produktivitätszuwachs und an der Inflationsrate orientierte Lohnerhöhung. Die IG Metall schließt seit Jahren, also nicht erst seit dem Beginn der Weltwirtschaftskrise, faule Tarifverträge ab, mit denen sie für ihre Mitglieder eine angebliche »Beschäftigungssicherheit« mit Lohnverzicht und längerer Arbeitszeit bezahlt. Schaut man sich die Verträge an, verzichten die Kapitalvertreter keineswegs auf betriebsbedingte Kündigungen.[109]

Die systemloyalen Gewerkschaften sind Gefangene der Kapitallogik: Läuft die Wirtschaft nach kapitalistischen Maßstäben prächtig und fahren die Konzerne Profite in Rekordhöhen ein, darf es keine hohen Abschlüsse geben, weil die Lohnsteigerung einen Abschwung provozieren könnte. Läuft die Wirtschaft angeblich oder tatsächlich schlecht, müssen die Löhne gleich bleiben oder sinken, um die Lage nicht noch weiter zu verschärfen.[110]

Die Weltwirtschaftskrise von 1929 hat mit der heutigen vor allem den Namen gemein. Damals stürzte die kreditfinanzierte spekulative Überbewertung von Aktien in den USA ab, und die dortigen Banken kündigten ihre Auslandskredite. Das hatte verheerende Folgen bis in die 1930er Jahre.[111] Weltweit gerieten Banken in Liquiditätsschwierigkeiten, die Anleger holten, solange es noch ging, massenweise ihr Geld von der Bank. Die Folge war eine lang anhaltende wirtschaftliche Schrumpfung, eine sogenannte Rezession, sowie Massenarbeitslosigkeit.

Natürlich haben Staat und Kapital die Weltwirtschaftskrise von 1929 vielfach analysiert und besitzen heute weiterentwickelte Instrumente. Das Wissen um die möglichen verheerenden Dominoeffekte führte dann auch früh zu einem Eingreifen des Staates. Dabei riefen auch solche Banken und Konzerne laut um Hilfe, die sonst das freie Spiel der Marktkräfte als Quelle des Wohlstandes mystifizieren. Je nachdem, wie schlecht es um eine Bank steht, muss der Staat nun, getreu seiner Funktion als ideeller Gesamtkapitalist, Banken verstaatlichen, ihnen uneinbringbare Kredite abkaufen, für ihre Schulden bürgen, ihnen über die Zentralbanken neue billige Kredite gegen fragwürdige Sicherheiten geben sowie für Spareinlagen staatliche Garantieerklärungen leisten.

Konjunktur-, das heißt Krisenverschiebungsprogramme werden aufgelegt, um dem Rückgang des Konsums entgegenzuwirken, einmalige Steuerrückzahlungen zu gewähren oder Steuererleichterungen. Ende 2008 wurde beschlossen: Damit wieder mehr Autos gekauft werden, verzichtet der Staat bei Neukauf für ein Jahr auf die Kfz-Steuer. Wer ein Auto kauft, das angeblich die Umwelt etwas weniger zerstört, kann es zwei Jahre steuerfrei fahren. Und das Wort »Abwrackprämie« ist unter den Top Ten für das Wort des Jahres.

CDU-Bundeskanzlerin Angela Merkel hat im Oktober 2008 ein Versprechen gegeben, von dem niemand weiß, wie sie es halten will: »Kein Sparer muss um seine Einlagen fürchten. Ich sage hier noch einmal: Diese Erklärung gilt.«[112] Das Versprechen betraf private Sparbücher, Giro- und Festgeldkonten und könnte den Staat im Zweifelsfall etwa 1600 Milliarden Euro kosten.[113]

Was eine der Ursachen der Krise war, das billige Geld der Zentralbanken, muss nun auch zur Aufrechterhaltung des Zahlungsverkehrs allgemein herhalten: Die Zentralbanken pumpen mit ihren Krediten noch mehr billiges Geld in das Bankensystem, indem sie die Leitzinsen senken.[114] Das soll auch verhindern, dass die Liquiditätsknappheit der Banken in Form verschärfter Kreditbedingungen an die Betriebe weitergegeben wird und damit die Investitionstätigkeit noch mehr lähmt und so die Rezession verschärft.[115]

Der Kapitalismus zerbricht nicht, sondern er verwandelt sich – einmal mehr. Der Staat wird eine Zeitlang einige Sektoren beeinflussen, er ist der Garant für das Fließen der Finanzströme und wird dafür sorgen, dass der bargeldlose Zahlungsverkehr aufrechterhalten wird. Ohne staatliche Regulierung ist der Kapitalismus noch nie ausgekommen, das ist ein ebensolcher Mythos wie der Glaube, der Kapitalismus könne durch staatliche Regulierung krisenfrei werden.

Ob all die Rettungsprogramme greifen, ist offen. Aus dieser Krise könnte sich die schwerste Krise in der 500-jährigen Geschichte des Kapitalismus entwickeln. Sie ermöglicht eine gigantische Umverteilung von unten nach oben.

Der Druck von unten ist längst nicht groß genug, um das aufzuhalten. Von einer nennenswerten Selbstorganisierung Betroffener ist noch nichts zu sehen.

4

WAS NÜTZT EINE HÜTTE, WENN DAS MEER SIE MITNIMMT?

In welchem Zustand finden wir heute die beiden einzigen »Springquellen« des Reichtums – den Menschen und die Natur? Glück und Leben des Menschen werden von der kapitalistischen Produktionsweise in einem so ungeheuren Ausmaß beeinträchtigt, dass jede einigermaßen realistische Vorstellung davon zur sozialen Revolution gegen ebendiese führen müsste.

Die kapitalistische Produktion ruiniert die Erde und die soziale Gesundheit des Menschen. Sie zerstört die Luft zum Atmen, das Klima, die Weltmeere, den Boden und die Nahrungsmittel. Sie zerstört ein gesellschaftliches Leben, in dem der Mensch nicht nur ohne Angst, sondern mit Freude leben könnte, nicht nur ohne unterdrückt zu werden, sondern selbstbestimmt, nicht nur bloß existierend, sondern seine lebendigen Bedürfnisse und Fähigkeiten voller Lust frei entfaltend.

Die Natur wird nicht »vernichtet«, denn in irgendeiner Gestalt wird sie weiter existieren, aber sie wird so verseucht, erwärmt, ausgedörrt und vergiftet sein, dass der Mensch in ihr nicht mehr gesund leben kann. So ist die ökologische Frage immer ein Teil der sozialen Frage. Wer die ökologische Frage lösen will, ohne die Lage des Menschen zu berücksichtigen, wird sich auf Seiten einer Diktatur wiederfinden.

Wer auf der anderen Seite die soziale Frage »lösen« will, ohne die ökologische zu berücksichtigen, hat auch nichts begriffen. Was nützen Arbeitsplätze, an denen Menschen Krebs bekommen? Was nützt eine bezahlbare Wohnung, wenn Baustoffe die Atemwege lähmen? Was nützt eine Hütte, wenn das Meer sie mitnimmt?

»Gesundheit«, sagt Ernst Bloch, »ist ein sozialer Begriff, genau wie das organische Dasein der Menschen, als Menschen, insgesamt. So ist sie überhaupt erst sinnvoll steigerbar, wenn das Leben, worin sie steht, nicht selber von Angst, Not und Tod überfüllt ist.«[116]

Die Bundesrepublik Deutschland gehört zu den reichsten Ländern der Erde. Aber wie krank ist die Gesellschaft, in der wir leben? Eine Flut von Gesetzen und Vorschriften regelt den Alltag der Armen. Die jeweiligen Bundesregierungen schwitzen unablässig einen Strom von kleinen und großen Demütigungen und Bösartigkeiten aus. Begleitet wird das von einem Chor von Verdächtigungen und Verunglimpfungen. Der schrille Gesang gegen sogenannte Faulenzer beherrscht so aufdringlich das Medienprogramm wie der *Musikantenstadl* die ARD.

Wirtschaftsvertreter, Politiker und Medien beleidigen Arbeitslose und Hartz-IV-Empfänger nicht, weil sie »böse« sind – manchmal ist auch das der Fall –, sondern weil dies Profit verspricht. Geduckte, in ihr Schicksal ergebene Arme sind ein Drohpotenzial, das sich auf die Nachgiebigkeit derjenigen auswirkt, die noch Arbeit haben und die manchmal auf die verwegene Idee kommen, dass ihnen höhere Löhne, kürzere Arbeitszeiten und bessere Arbeitsbedingungen zustehen. Dass manche dieser Politiker, Medienleute und Kapitalvertreter nicht wissen, weshalb sie schikanieren und beleidigen, ändert nichts daran. Sie agieren dann eben blind im Interesse des Kapitals, ihren Opfern ist der Unterschied ziemlich egal.

Je brutaler man Arbeitslose und Hartz-IV-Empfänger demütigt, umso mehr kann man ihnen wegnehmen, ohne dass die Gefahr besteht, dass die Solidarität anderer mit ihnen zu groß wird. Wer will sich schon für Loser und Faulpelze starkmachen? Dabei hilft, dass das immer ärmer werdende und zugleich wachsende Heer aus Erwerbslosen und modernen Sklavenarbeitern (»Leiharbeiter«) sehr wirkungsvoll als Druckpotenzial gegen diejenigen eingesetzt wird, die noch bezahlte, tarifvertraglich gesicherte Arbeitsverträge haben. Arbeit wird immer billiger, der Profit wächst. Die Angst auch.

Mit Kampagnen der Demütigung, Ausgrenzung und Entsolidarisierung von Arbeitslosen hatte auch die SPD/Grüne-Bundesregierung (1998–2005) schon derartig viel Erfolg, dass es von nachfolgenden Bundesregierungen dumm gewesen wäre, darauf nicht aufzubauen. Ich muss nicht erst erwähnen, dass auch die vorherige CDU/CSU/FDP-Regierung nicht besser war. Wer macht sich schon Illusionen über ihre unsoziale Orientierung?

Nach dem Übergang der Finanzkrise in eine Weltwirtschaftskrise, Ende 2008, wurden von heute auf morgen Zehntausende von Leiharbeitern, die längst in Betrieben Massen an vormals gesicherten Arbeitsplätzen besetzten, ins Nichts entlassen. Inzwischen sind es, wie bereits erwähnt, 120 000 Menschen, und es werden immer mehr. In den Medien und in den Gesprächen der Nocharbeitsplatzbesitzer waren sie nur Randnotizen. Die Entlassung der Vogelfreien wirkte lautlos: Festangestellte Lohnarbeiter begriffen, dass sie mit moderaten Tarifverhandlungen, Arbeitsstilllegungen und Kurzarbeit einverstanden zu sein hatten, wollten sie ihre Arbeitsplätze nicht auch verlieren. Gleichzeitig wurden große Rettungsprogramme fürs Kapital aufgelegt.

Es gab keine Proteste. Der Moment für große Streiks, für einen politischen Generalstreik gar, wurde wieder einmal verpasst. Die Unterwerfung der Gewerkschaften, die strukturell korruptive Einbindung ihrer Führer, wurde vom Kapital genau registriert.

Man kann sicher sein, dass seit vielen Monaten in Banken und Konzernen diskutiert wird, wie sich die Weltwirtschaftskrise – neben allem Ärger – nutzen lässt, um noch größerer Profite zu erzielen, während sich Politiker hysterisch die Haare raufen, wegen der »Abgründe«, in die sie »plötzlich« blicken.

Mit den Rettungspaketen werden Fusionen finanziert, mit

Hilfe der Angst soziale Rechte demontiert. Die Arbeit wird billiger. Der Profit steigt. Die Arbeits- und Lebensbedingungen der Menschen sacken ab. Wir können sicher sein, dass 2009, im Jahr der nationalen Besoffenheit, die Ideologie der »Volksgemeinschaft« einen fetten Schub erhält – Motto: »Wir müssen alle zum Wohl des Großen und Ganzen verzichten lernen.«

Die bundesdeutsche Gesellschaft nach der Weltwirtschaftskrise wird eine noch inhumanere sein. Vor allem auch deshalb, weil die Menschen sich nicht organisiert wehren. Es wird ja auch hart daran gearbeitet, dass sie sich nicht zusammenschließen und dass sie da, wo sie traditionell organisiert sind, in den Gewerkschaften, zu Ruhe und Ordnung gepfiffen werden, weil Gewerkschaftsführer seit langem durch ein eng verfilztes System von ideellen und materiellen Abhängigkeiten, bis zum Sauerstoffmangel, in die Interessen staatstragender und kapitalhöriger Parteien – und damit in die Interessen des Kapitals – eingeschnürt sind. Das nennt sich »Standortinteresse« und ist angeblich unser aller gemeinsames Interesse.

Jede Senkung der Lohnnebenkosten bringt dem notleidenden Kapital Milliarden Extraprofite. Für die Versicherten jedoch bedeutet das zum Beispiel noch weniger und begrenztere Vorsorgeuntersuchungen, Zahnersatzbehandlungen unter dem bestmöglichen medizintechnischen Niveau, Einschränkung der physiotherapeutischen Behandlungen, eine noch ausgebranntere, fehlerbehaftetere Krankenhausversorgung usw. usf. Vielleicht berichten die Medien ja deswegen so viel über abstruse Schönheitsoperationen, weil sie über das lebensgefährlich sinkende Niveau der deutschen Gesundheitsversorgung nicht ausführlich und regelmäßig berichten dürfen, wollen, können.

Seit dem Ende der Hochkonjunktur und dem Anstieg der Arbeitslosigkeit Mitte der 1970er Jahre wird, so lässt sich in den Archiven verschiedener Tageszeitungen gut verfolgen, das Gift des Rassismus mit großem Erfolg geschürt. Diese übelriechende Quelle war in Deutschland ohnehin nie versiegt. Wie viel

Überzeugungsarbeit war in den 1950er Jahren nötig gewesen, um »die Deutschen« davon zu überzeugen, dass Migranten für das Wirtschaftswachstum gebraucht wurden. Damals nannte die Propaganda sie »Gastarbeiter«, und man steckte sie in schäbige Container.

Ab Ende der 1970er, Anfang der 1980er Jahre spürten die deutschen Stammtische, dass sie ihre Ressentiments gegenüber den Fremden wieder lauter herausbrüllen durften. Eine der fast plötzlich auftretenden, durch Massenmedien gestützten und verbreiteten Parolen wurde: »Die Ausländer nehmen uns die Arbeit weg.« Die Phase der Hochkonjunktur war vorbei, der Rassismus wurde gebraucht. Die außerparlamentarische Revolte, mit ihr die Verheißung internationaler Solidarität, zähmte den Rassismus hie und da zwar noch ein bisschen, aber die rassistische Propaganda bot dem deutschen Untertan ein bequemeres Ventil als der Aufstand gegen oben. Der ist für ihn ohnehin eine beängstigende Vorstellung. Wie viel leichter ist es doch, auf den Schwächeren herumzutrampeln? Hätte die *Bild*-Zeitung getitelt: »Das Kapital nimmt uns die Arbeit weg«, hätte sich der deutsche Michel ja ein paar anstrengende und das eigene Leben unangenehm aufrüttelnde Gedanken machen müssen.

Der Rassismus, der so leicht wieder anzufachen war, beförderte Risse und Spaltungen zwischen den Arbeitenden. Die mancherorts bröckelnde Solidarität half Kapital, Bundesregierung, Parteien und Gewerkschaftsführung gleich noch bei einem anderen Problem. Die sozialpartnerschaftlich befriedeten Gewerkschaften, deren Führungsgremien mehr oder weniger an der langen Leine der »Baracke« liefen – so hieß die Parteizentrale der SPD in Bonn –, hatten nämlich manche Streiks in den 1970ern nicht mehr in den Griff bekommen, weil politisch bewusste Arbeiter aus Griechenland, Spanien, Italien und Portugal ihren braven deutschen Kollegen demonstrierten, wie man kämpft.

Auch die APO hatte gezeigt, wie man den Staat unter Druck setzt und ihn, wenn auch in gewissen Grenzen und nicht automatisch auf Dauer, zu Veränderungen zwingt. Nachfolgende Generationen hatten daraus gelernt. Es ging keineswegs nur um die RAF oder andere bewaffnete Gruppen, als der Staat im Deutschen Herbst zum Bürgerkrieg rüstete und seine Truppen in den bewaffneten Kampf gegen die Anti-AKW-Bewegung und gegen linke Verlage, Medien und Projekte führte. Auch dafür verehren viele Kleinbürger und Bourgeois heute den früheren Bundeskanzler Helmut Schmidt, der sich jetzt in der Rolle des altersweisen, weltläufigen Mannes gefällt. Niemand spricht ihn auf seine Hetze gegen Linke und auf die Zahl der Köpfe an, die unter seiner Kanzlerschaft blutig geschlagen wurden, und auf die Freiheiten, die wir verloren.

Die Arbeitslosigkeit stieg Anfang der 1980er und Anfang der 1990er noch einmal sprunghaft an und sank nicht mehr wesentlich. Die Hetze gegen die sozial Schwächsten hat auch deshalb nie aufgehört. Die antisoziale Propaganda holte noch weiter aus und zielte auf immer mehr Menschen. Das Trommelfeuer von »Schmarotzer«- und »Parasiten«-Berichterstattung füllte fast alle Medien, Kommentare, Reportagen, Talkshows; manchmal plump, manchmal subtiler, aber nicht weniger wirkungsvoll. Die Sendungen, die ja geschaffen wurden, um niederste Instinkte zu wecken und dann zu bedienen, also um Ventile zu schaffen, und um Teile des Subproletariats – das heißt derjenigen Menschen, die keine oder keine regelmäßige Erwerbsarbeit mehr haben und langfristig auf Sozialhilfe angewiesen sind – aufeinanderzuhetzen, werden heute verächtlich von denjenigen »Unterschichtfernsehen« genannt, denen genau dieses nützt.

Die Feinde der »Volksgemeinschaft« sind, diesen Hetzkampagnen zufolge, Menschen, die soziale Ansprüche haben: Arbeit, Krankenversicherung, angemessene Versorgung im Alter, eine gute Wohnung, Kultur, Bildungschancen für die Kinder. Die wachsende Arbeitslosigkeit konnte der Staat aber mit verschärften Kontrollen und erpresserischer Jobvermittlungspolitik nicht beseitigen. So viele Callcenter und vergiftete Rohrleitungen, die gereinigt werden müssen, gibt es nicht. So viele Kurse für »coaching«, »profiling« und »consulting« bieten die lokalen Einrichtungen der Bundesagentur für Arbeit einfach nicht an, um arbeitslose Menschen ganz und gar aus den Statistiken zu schummeln.

Manche Menschen schaffen es in dieser Gesellschaft mit Glück, Beziehungen, der Hilfe von Zufällen und Arbeit, sich aus miesen sozialen Verhältnissen »hochzuarbeiten«. Die freundlicheren unter ihnen wollen dann, dass es auch anderen nicht so schlecht ergehen soll, wie es ihnen einmal ging, die solidarischen tun was dafür. Die unsympathischen Typen aber denken nur: Nie wieder soll es *mir* schlechtgehen, und fahren die Ellbogen aus. Bekannte SPD- und Grünenpolitiker gehören zum dritten Typ.

SPD-Bundeskanzler Gerhard Schröder verspottete in seiner Amtszeit die Opfer seiner Sozialpolitik auch noch. »Es gibt kein Recht auf Faulheit in unserer Gesellschaft«, sagte er der *Bild*-Zeitung im April 2001. Er forderte die Arbeitsämter auf, härter gegen »arbeitsunwillige Erwerbslose« vorzugehen.[117] CDU und FDP applaudierten. Wirtschaftsminister Wolfgang Clement, damals SPD, verabschiedete sich 2005 mit der Broschüre *Vorrang für die Anständigen – Gegen Missbrauch, »Abzocke« und Selbstbedienung im Sozialstaat* aus dem Amt. Darin werden die Opfer des Sozialabbaus beleidigt, den der Minister mitzuverantworten hat: Rund 20 Prozent der Arbeitslosengeld-II-Bezieher seien Menschen, die »die Melkkuh Sozialstaat rücksichtslos missbrauchen«. Dass Clement, der ein halbes Dutzend Aufsichtsratsposten sein Eigen nennt, nach seiner Demission Vorsitzender des Adecco Institute wurde, vollständig finanziert vom gleichnamigen größten Global Player der Leiharbeitsbranche, ist so folgerichtig wie seine Kolumnistentätigkeit für Axel Springers *Welt am Sonntag*. »Nur wer arbeitet, soll auch essen«, sagte SPD-Arbeitsminister Franz Müntefering im Mai 2006.[118] Er ist wieder Parteivorsitzender. Das ist sozialdemokratische Sozialpolitik in ihrer höchstentwickelten Form.

Die alten sozialstaatlichen Strukturen sind dank der rot-grünen Agenda 2010 zerschlagen. Nach sechs Monaten Arbeitslosigkeit gilt inzwischen jede Arbeit als zumutbar. Hartz-IV-Empfänger, die jünger als 25 Jahre sind, bekommen nach einer ersten »Pflichtverletzung« drei Monate lang die Kosten zum Lebensunterhalt »gekürzt«, damit ist gemeint: gestrichen. Nur die Miete wird noch bezahlt. Seine Pflicht verletzt zum Beispiel, wer seine Arbeit – vielleicht aus gutem Grund wegen besonders unangenehmer ausbeuterischer Bedingungen – kündigt. Nach dem Motto »Jede noch so miese Arbeit ist zumutbar« darf der Hartz-IV-Empfänger auch eine neue Arbeit nicht ablehnen. Das gilt als weitere »Pflichtverletzung« und führt dazu, dass die Zuschüsse für die Unterkunft und für die Lebenshaltungskosten um weitere drei Monate gekürzt werden. Er bekommt dann möglicherweise auch kein Geld mehr für die Miete.

Die besondere Perfidie besteht nun darin, dass ein Hartz-IV-Empfänger, der nach dem Ablauf der Sanktion eine neue Arbeit aufnimmt, aufgefordert wird nachzuweisen, wie er überleben konnte. Natürlich nicht aus Sorge um sein Wohlergehen, sondern um herauszufinden, ob er in der Zeit der Sperre andere Einnahmen hatte, die man ihm nun anrechnen kann, so dass man sein Hartz-IV-Einkommen kürzen oder gleich ganz streichen kann.

Weigert er sich, seine Einkommensquellen offenzulegen, bekommt er sofort eine weitere Sperre, wieder weil er seinen »Mitwirkungspflichten« nicht nachgekommen ist. Außerdem wird in der Regel geprüft, ob er nach Ablauf der erneuten Sperre bereit ist, diesen Pflichten nachzukommen, indem man ihm zum Beispiel einen Ein-Euro-Job zuweist, den er anzunehmen hat.

Wenn ein Hartz-IV-Empfänger einen Termin bei seinem »Fallmanager« absagt und ein Attest schickt, weil er krank ist, hat er ein Problem. Hartz-IV-Kranke haben deutlich geringere Rechte als »normale« kranke Menschen. Es liegt im Ermessensspielraum des Fallmanagers, das Attest zu akzeptieren oder einen ärztlichen Nachweis über die Bettlägerigkeit anzufordern. Kann der Kranke diesen nicht beibringen, ist er wieder mal seinen Mitwirkungspflichten nicht nachgekommen und kann bestraft werden. Die Begründung ist doch ganz einfach: Er ist nicht so krank, dass er das Bett nicht verlassen kann, denn sonst hätte er sich ja nicht beim Arzt ein Attest holen können, klar? Wenn er aber in der Lage ist, zum Arzt zu gehen, ist er doch auch in der Lage, zum Termin bei der ARGE zu erscheinen. Das selbstverständliche Recht eines kranken Menschen, weder mit Arbeit noch mit unangenehmen offiziellen Terminen behelligt zu werden, gilt nicht für die neuen Sklaven.

Wer wenig Geld hat und krank ist, spürt schnell, wie menschenverachtend die Verhältnisse sind. Nehmen wir den Fall des Germanistikstudenten Thomas Resch* aus Rheinland-Pfalz. Er kommt aus einer Arbeiterfamilie und jobbte, um studieren zu können, als Kellner, wofür er nur einen winzigen Lohn erhielt. Nach einiger Zeit konnte er seine Krankenversicherungsbeiträge nicht mehr bezahlen, das waren rasch insgesamt ein paar hundert Euro geworden. Der Versicherungsschutz erlosch. Um sich fürs nächste Semester zurückzumelden, musste er krankenversichert sein, aber alle anderen Krankenkassen waren noch teurer.

Auch andere Probleme wuchsen dem Studenten über den Kopf. Schließlich versuchte er sich zu töten, was nicht gelang. Die Ambulanz fuhr ihn ins Krankenhaus, dann in die Psychiatrie. In der Psychiatrie sollte er eine Ergotherapie machen und bei »entspannender Musik« Mandalas ausmalen oder positive Bildchen zeichnen. Die Therapie war durchsetzt von esoterischem Blödsinn. »Positives Denken« war das Ziel des Konzentrationstrainings, die Lösungssätze infantiler Silbenrätsel stets optimistisch. In meditativen »Sporttherapien« versetzte der Trainer die Patienten in ein eingebildetes Mittelalter, passende

* Name geändert, J. D.

Musik vom Band. Diese Art von »Übungen« fand täglich statt. Für die brave Teilnahme gab es Häkchen auf dem Therapieplan. Wenig Häkchen, also die vernünftige Distanz zu idiotischen Therapien, bedeutete für den Chefarzt »wenig Krankheitseinsicht«. Noch schlimmer war es, verordnete Medikamente nicht zu nehmen. Man unterwies den ehemaligen Studenten auch moralisch: Drogen sind böse. Ein Psychiater wiederum, dessen Wissen über das menschliche Gehirn den Studenten interessierte, betreute die Patientengruppe, in der sich Thomas Resch befand, leider nur ein- bis zweimal in der Woche. Ansonsten gab es nichts zu tun. Lesen war fast unmöglich, weil er nie allein war und keine Privatsphäre hatte.

Thomas Resch lernte seine Mitpatienten kennen. Wenn ein gerichtliches Gutachten weiterhin bestehende Fremd- oder Eigengefährdung unterstellte, konnten sie auf unbegrenzte Zeit festgehalten werden. Menschen verloren dann nicht nur ihre Wohnung und sozialen Beziehungen, sondern auch jeglichen Sinn für Selbständigkeit. Viele bekamen Neuroleptika wie Haldol und wurden zu »Haldol-Zombies«, die sich längst an ihre täglichen drei Mahlzeiten und den immerwährenden geistigen Leerlauf gewöhnt hatten.

Die Kosten für die Ambulanz betrugen 450 Euro, für seinen kurzen Krankenhausaufenthalt stellte man dem Unversicherten 500 Euro und für vier Wochen Psychiatrie rund 11 000 Euro in Rechnung, er war ja nicht mehr versichert. Thomas Resch war jetzt ein Fall für Hartz IV. Sein Konto war gesperrt, und er hatte einen Eintrag bei der SCHUFA. Die psychiatrische Klinik versuchte das Geld mit Hilfe eines Gerichtsvollziehers einzutreiben, dazu kamen seine Anwaltskosten in dieser Sache. Ein Haftbefehl wurde ausgestellt, dessen Vollzug sich gerade noch vermeiden ließ, weil Thomas Resch eine Ratenzahlung vereinbarte. Das konnte er nur, weil er – er hatte auch mal Glück – sich ein kleines Erbe seines Großvaters, der Arbeiter gewesen und Bezieher einer schmalen Rente war, von seiner Großmutter auszahlen ließ. In Raten, damit es die ARGE nicht einkassierte. Das Erbe ging vollends für die Abzahlung der Schulden drauf.

Für ihren neuen »Kunden« Thomas Resch hatte die Fallmanagerin der ARGE einen ganz schlauen Vorschlag: Warum nicht einen Ein-Euro-Job als Hausmeistergehilfe an genau der Universität, an der er studiert hatte? Vor den Augen ehemaliger Kommilitonen, Professoren und Dozenten sollte er Hilfsdienste leisten. Daraufhin beging er seinen zweiten Suizidversuch und kam wieder in die Psychiatrie. Seitdem sind zwei Finger einer Hand leicht gelähmt. Diesmal war er versichert. Die Fallmanagerin ließ ihren Ein-Euro-Jobvorschlag diskret unter den Tisch fallen. Ein Gutachten der ARGE stellte eilig fest, ohne dass Thomas Resch medizinisch untersucht worden wäre, dass ihm körperliche schwere Arbeiten nicht zuzumuten waren, also auch kein Hilfshausmeisterjob.

Thomas Resch bezieht heute im Monat 666 Euro von der ARGE. Theoretisch hätte er, nach Abzug der Miete, 351 Euro zum Leben. Aber weil er ohne Erlaubnis der ARGE in eine Wohnung umzog, in der er sich wohl fühlt, bekommt er statt 390 Euro für die Miete nur 315 Euro, so dass sich das restliche Geld fürs Leben auf 261 Euro im Monat verringert. Er bewahrt sich seine Würde und weigert sich umzuziehen, »weil die neue Wohnung mehr zu meiner geistigen Gesundheit beiträgt als ein billigerer Wohnstall«.

Die bundesdeutsche Gesellschaft besteht aus Ghettos mit unsichtbaren Mauern. Wenn die Frankfurter Oberbürgermeisterin Petra Roth (CDU), wie ein Foto[119] zeigt, Wange an Wange mit dem Bankier von Metzler tanzt, tanzt die Verwalterin öffentlichen Eigentums mit dem Obermeister der Privatisierung. Sobald nach einer weiteren Privatisierung die Preise steigen, sagt sie der Öffentlichkeit tröstend: »Ich weiß, dass alle, die mit einem bescheidenen Einkommen leben müssen, solche Preiserhöhungen empfindlich spüren.« Dass das eine mit dem anderen zu tun hat, nicht der Tanz und die Wolke, auf der Roth der sozialen Realität entschwebt, sondern die Privatisierung und die höheren Preise, das hat sie zuzukleistern. Das ist ihr Job.

Vor Weihnachten geht die Oberbürgermeisterin mit der Sammelbüchse der Altenhilfe der *Frankfurter Rundschau* über Frankfurts zentrale Einkaufsstraße Zeil und lässt sich fotografieren. Es kommt dann auch das eine oder andere Scherflein in die Büchse, und einer völlig vereinsamten, behinderten Rentnerin wird die Küche tapeziert oder ein neuer Fernsehapparat gekauft. Das hätten alle Promis, die da sammeln, auch einfach so bezahlen können. Mal abgesehen davon, dass man den Objekten der Charity auch die Renten erhöhen könnte und sie damit auch vor der Mildtätigkeit solcher Leute schützen würde.

Niemand weiß genau, wie viele Erwerbslose es wirklich gibt. Die offizielle Zahl der Bundesagentur für Arbeit betrug im Januar 2009 3 489 000 Menschen. Seit Jahrzehnten aber wird die Zahl manipuliert. Zählte man alles zusammen, so sagt Joachim Möller, Direktor des Instituts für Arbeitsmarkt- und Berufsforschung (IAB), »kommt man in Deutschland auf gut fünf Millionen Menschen, die gerne arbeiten würden«.[120] Das sind Menschen, die sich zwar nicht aus der Arbeitslosigkeit retten können, aber mit schäbigen Tricks der diversen Bundesregierungen einfach aus der Arbeitslosigkeitsstatistik herausgekickt werden. Wahrscheinlich sind es noch mehr.

Zu den Arbeitslosen, die nicht gezählt werden, gehören allen Ernstes Ein-Euro-Jobber, des Weiteren Arbeitslose, die eine Weiterbildung machen oder die mit einem Zuschuss versuchen, eine Firma zu gründen (wir wissen, was aus solchen Projekten meistens wird). Nicht gezählt werden auch Menschen in ABM-Maßnahmen und in Trainingsprogrammen, Leiharbeiter, Altersteilzeitnehmer und Vorruheständler.

Wirtschaftsminister Wolfgang Clement (SPD) gab 2005 zu, dass etwa 6,5 Millionen Menschen in Deutschland »gravierende Probleme am Arbeitsmarkt« hätten, wenn man auch »die Betroffenen in Ausbildungs- und Förderprogrammen und im

Vorruhestand mitzählte«. Darüber hinaus fehlen in der Statistik noch rund 625 000 Menschen, die sich gar nicht erst bei den Arbeitsagenturen melden, weil sie jede Hoffnung verloren haben. Nie gezählt werden Frauen, die sich in ihre Familien verkriechen und wider Willen Hausfrau sind. Und wer zählt all die Praktikantinnen und Praktikanten und die illegal Beschäftigten?

Anfang 2009 waren also mindestens 5,6 Millionen Menschen in Deutschland arbeitslos, zählt man die erwähnten Frauen hinzu, die gern arbeiten würden, sich aber auch nicht arbeitslos melden wollen, und all die anderen, die aufgegeben haben, die sich schämen oder sich einfach nicht demütigen lassen wollen – so kommen wir auf eine weit höhere Zahl irgendwo zwischen 6,5 und 8 Millionen Menschen vermutlich.

Für den Sommer 2009 sagt die Bundesagentur für Arbeit eine weitere halbe Million allein an offiziell gezählten Arbeitslosen voraus. Zeitarbeitsfirmen haben außerdem im Dezember 2008 in 92 Prozent der bundesweit 176 Arbeitsagenturen Entlassungen angekündigt.[121]

Mehr als 18 Prozent der Menschen in der Bundesrepublik sind, nach Angaben des Deutschen Instituts für Wirtschaftsforschung (DIW), arm. Die Armutsquote ist zwischen den Jahren 2000 und 2006 von 11,8 auf 18,3 Prozent angewachsen. Der *Dritte Armutsbericht* der Bundesregierung von 2008, vorgestellt von SPD-Arbeitsminister Olaf Scholz, weist eine Kinderarmut von zwölf Prozent aus, »deutlich niedriger als der europäische Durchschnitt«, wie der Minister stolz vortrug. Wie falsch diese Zahlen sind, zeigt der Vergleich mit den Zahlen des Sozio-oekonomischen Panels (SOEP), das viele Wissenschaftler, auch ausländische, für sehr viel verlässlicher und tragfähiger halten, weil mit ihm die Daten sorgfältiger und genauer erhoben werden. »Die SOEP-Erhebung ergab, dass im Jahr 2005 etwa 26 Prozent der deutschen Kinder arm waren. Im EU-Vergleich ist das Armutsrisiko für Kinder nur in wenigen Ländern ähnlich hoch.«[122]

Dabei ist die Berechnungsgrundlage für Erwachsene sogar noch zum Vorteil der Interessen der Bundesregierung geändert worden. Heribert Prantl weist auf einen logischen Irrwitz hin: »Während im Jahr 2005 noch diejenigen als arm galten, die weniger als 938 Euro netto im Monat zur Verfügung hatten, beginnt die Armut heute erst unter 781 Euro. Das liegt daran, dass das Durchschnittseinkommen gesunken ist, welches der Berechnung von Armut europaweit als Richtmaß zugrunde gelegt wird.«[123]

Immer mehr Menschen müssen nicht nur auf Urlaub, Kultur, eine ausreichende Gesundheitsversorgung sowie eine bessere Bildung für ihre Kinder verzichten, sondern sie hungern regelrecht. Für wie viele Menschen in diesem Land dies zutrifft, ist unerforscht. Exakt erforscht hingegen sind die Motive von Wählern oder ihr Konsumverhalten, das interessiert wirklich. Wie viele Menschen in diesem Land an den Folgen von mangelhafter und schäbiger Ernährung leiden, ist leider auch unbekannt. Bis ins Detail erkundet jedoch sind die Vorlieben von Fernsehzuschauern und Autofahrern.

Wie viele Menschen hungern oder ernähren sich so schlecht, dass sie krank werden? Wir haben nur Anhaltspunkte. Etwa 860 000 Menschen, eine Großstadt, leben in Deutschland auf der Straße.[124] Eine halbe Million Menschen werden inzwischen pro Woche allein von den »Tafeln« mit Nahrungsmitteln versorgt. Eine Tafel ist eine gemeinnützige Hilfsorganisation, die Lebensmittel in Supermärkten, Bäckereien usw. einsammelt, die dort nicht mehr verkauft werden und vernichtet werden würden. Die Lebensmittelindustrie spart Abfallbeseitigungskosten. Die Spender fühlen sich gut, und ein paar Hunderttausend stehen diszipliniert in der Schlange an für ihr Essen. Ehrenamtliche Helfer, die das Essen abholen und austeilen, stopfen die Lücke, die der Staat aufreißt, der frech behauptet, ein Sozialstaat zu sein.

Statt dass der Staat Menschen so ausstattet, dass sie nicht betteln müssen – und um etwas anderes als gutorganisiertes

Betteln handelt es sich bei den Tafeln natürlich nicht –, rief eine Vertreterin dieses Staates, CDU-Ministerin Ursula von der Leyen, Bundesministerin für Familie, Jugend und Soziales, laut: »Ich will auch dabei sein!«, und wurde Schirmherrin des Bundesverbandes Deutsche Tafel e.V., in dem 630 dieser Armenspeisungen organisiert sind. Die CDU-Ministerin schwadronierte, ohne sich zu schämen, vom »beeindruckenden Engagement für Menschen, die sich nicht ausreichend ernähren können«. Und sie legte ihre bahnbrechenden Erkenntnisse offen: »Auch in Deutschland gibt es Bedürftige, die dringend alle Unterstützung brauchen, die wir ihnen geben können.«[125] Mehr will sie eben nicht geben und auch nicht der Staat, für den sie steht, und nicht ihre Partei, die CDU. Wir müssen das verstehen, denn in geheimen Sitzungen von undurchschaubaren Gremien werden ja gerade mindestens 500 Milliarden Euro – 500 000 000 000 Euro! – an notleidende Banken und Konzerne verteilt. Wo soll da noch Geld herkommen, damit sich alle Menschen in diesem Land gesund und gut ernähren können?

So eine Essensschlange hat ja auch eine wichtige »sozialhygienische« Funktion. Sie macht anderen, die sich ihr Essen noch kaufen können, Angst, in eine ähnlich unangenehme Lage zu kommen. Sonst würden die nämlich zu frech und kämen vielleicht sogar auf die Idee, höhere Löhne, kürzere Arbeitszeit und bessere Arbeitsbedingungen zu fordern. Schließlich könnten sie auch noch mit ihren Gewerkschaften unzufrieden werden, vielleicht würde das ein paar Gewerkschaftsfunktionäre aufwecken. Eine rumorende Gewerkschaftsbasis könnte sich daran erinnern, für wessen Interessen ihre Organisationen einmal standen, und sie könnten auf die verrückte Idee kommen, die Hundeleine zur SPD-Parteizentrale und die feine, neue Kette zur zweiten reformistischen Partei, der Linkspartei/PDS, durchzuschneiden.

Die *direkten* ökologischen und sozialen Folgekosten der kapitalistischen Produktion nur in der Bundesrepublik, sofern sie überhaupt berechenbar sind, sind heute etwa so teuer wie die im Zuge der Weltwirtschaftskrise beschlossenen Rettungspakete für Banken und Konzerne. Die weitere Zentralisierung der kapitalistischen Produktion und deren Finanzabteilung, eine durchaus erwünschte Folge der Krise, wird die sozialen und ökologischen Schäden erhöhen. Wer den Markt – und den Staat – beherrscht, muss noch weniger Rücksicht auf zaghafte Forderungen der Parteibasis nehmen oder auf den ohnehin viel zu geringen gesellschaftlichen Druck.

Was den Auto-, Energie-, Chemie- und Nahrungsmittelkonzernen, dem Baugewerbe und der Landwirtschaft an sozialen und ökologischen Verbesserungen abverlangt werden wird, ist lächerlicher als die Umstellung der Lagerhaltung auf die Kleingruppenhaltung bei Hühnern. Ungewöhnlich wäre es schon, wenn die Nullgrenze nicht unterschritten würde. Es ist eher damit zu rechnen, dass eine in großen Teilen verunsicherte, irritierte, verdrängende und unsolidarische Gesellschaft die weitere Demontage von sozialen und demokratischen Rechten hinnehmen wird, wenn Staat und Kapital dies mit der Verheißung verbinden, dass es »Deutschland« nützt.

Es muss doch die Ernte von den Feldern einzuholen sein, auf denen während der Fußballweltmeisterschaft all die Deutschlandfahnen blühten! Damals gelang es, vielen Menschen in Deutschland einzureden, ihre Interessen seien identisch mit denen des Staates. Das Gift des Nationalismus hat sich tief im Fettgewebe des deutschen Volkskörpers eingelagert und kann bei jeder Abmagerungskur (»Gürtel enger schnallen«) ausgeschüttet werden.

Das herrschende Konsummodell basiert auf Verschwendung und Verschleiß. Das Kapital produziert unvorstellbare Mengen sinnloser oder schädlicher Güter und stimuliert Konsumenten zum Kauf von Dingen, die ein Mensch nicht braucht und die zudem von schlechter Qualität sind oder gar schädlich. Dieses Konsummodell unterwirft die Natur dem grenzenlosen Wachstum der Profitwirtschaft als immerwährenden Rohstofflieferanten. Für die Aufrechterhaltung des Konsummodells in den kapitalistischen Zentren werden die unterentwickelt gehaltenen Länder ausgeraubt, vergiftet und verelendet.

Politik und Medien ist es gleichgültig, welche ökologischen und sozialen Katastrophen sich in den ärmeren Regionen der Welt abspielen, solange die geostrategischen Interessen Deutschlands gewahrt bleiben. Eher berichtet die *Tagesschau* über jemanden, der in Hollywood über einen roten Teppich stolpert, als über ein ganzes Meer, das in Mittelasien stirbt. Die aktuelle Weltkarte der Tagesschau – aber auch die von Arte und den meisten anderen Sendeanstalten – zeigt zum Beispiel den Aralsee in seiner Größe und Gestalt von 1960, als wäre er noch der viertgrößte See der Welt und mit 68 000 Quadratkilometern knapp so groß wie Bayern. Aber es gibt ihn fast nicht mehr.

Zwei mächtige Flüsse Mittelasiens speisten den Aralsee. Der Amudarja entspringt – 2500 Kilometer vom See entfernt – in der Nähe der indisch-afghanischen Grenze. Er mündete einmal in den Süden des Aralsees. Dort lag die Stadt Mujnak, deren Einwohner vom Land und von den 24 Fischarten des Meeres gut leben konnten. Das breite Flussdelta war reich an Tieren und Pflanzen, fruchtbarem Boden, Schilfwiesen, Urwäldern, Tigern, Bären, Füchsen, Schakalen und vielen Vogelarten. Heute ist alles ausgestorben. Die Stadt gibt es noch, aber das Meer ist nicht mehr zu sehen. Der Aralsee hat sich etwa 160 Kilometer von Mujnak zurückgezogen.

Der zweite Fluss, der Syrdarja, floss im Nordosten in den Aralsee. Seine Quelle liegt 3000 Kilometer entfernt in Kirgisien, nördlich der chinesischen Grenze. Von diesen östlichen Ufern hat sich das Meer mehr als 100 Kilometer zurückgezogen. Ich war 1989 dort, auf Einladung der Kommunistischen Partei der Sowjetunion (KPdSU) unter ihrem Generalsekretär Michail Gorbatschow und als Reporterin für den *stern*.[126] An der nördlichen Spitze des Aralsees lag früher die Hafenstadt

Aralsk. Eine Hafenstadt war sie mittlerweile nicht mehr. Auf der Suche nach dem Meer stiegen wir in Aralsk mit einer kleinen Propellermaschine vom Typ An-2 auf. Dort, wo sich früher die Meereswellen brachen, erstreckte sich jetzt bis zum Horizont eine endlose weiße Salzsandwüste. Ein paar Kamele starrten von dort zu uns herauf, wo früher einmal Schiffe fuhren. Rund 40 Schiffswracks ragten rostig aus dem Sand. Wir flogen eine Weile, bis wir in 55 Kilometer Entfernung das Meer fanden. »Die Regierung hat den Menschen versprochen, dass das Meer zurückkommt«, sagte Pilot Walentin Grischajew.

Etwa zwei Drittel des Aralsees waren verschwunden. Das einstmals viertgrößte Binnenmeer der Welt war in Teile zerfallen, in kleinere Seen und einige Salzlachen. Das Meer war biologisch tot. Weil kaum mehr Wasser über dem großen Meer mehr verdunstete und deshalb die Stürme der Sandwüsten Kysylkum im Osten, Karakum im Süden sowie der Salzwüste Ust-Urt im Westen nicht mehr auf- und auseinandergehalten wurden, lauerten jetzt diese Wüsten auf ihre endgültige Vereinigung und nahmen sie in endlosen Sandstürmen vorweg. Das Klima kippte, die Sommer wurden viel heißer, die Winter bedeutend kälter als früher. Viele zehntausend Arbeitsplätze in der Fischindustrie waren dahin, genau wie die Gesundheit vieler Menschen. Mit dem Staub aus der Wüste wehten Salze und Pestizide in die Lungen der Menschen von Aralsk.

Wo war das Wasser aus den Flüssen geblieben, und warum war der Staub so giftig? Syrdarja und Amudarja fließen durch fünf zentralasiatische Republiken, die 1989 noch zur Sowjetunion gehörten: Usbekistan, Tadschikistan, Turkmenistan, Kirgisien und Kasachstan. Schon unter den russischen Zaren wurden große Bewässerungssysteme entlang der Flüsse angelegt. Aber erst unter Stalin explodierte die Zahl der Baumwollplantagen und später der Reisfelder entlang der beiden Flüsse, vor allem in Usbekistan, wo der südliche Teil des Aralsees liegt. Eine Viertelmillion Bewässerungskanäle und Dutzende von Stauseen soffen die Flüsse leer. Rund die Hälfte des Wassers verdunstete und versickerte in Kanälen, die manchmal bloß Ritzen im Sand waren. Die Hälfte des Flusswassers hätte genügt, um den Aralsee und seine fruchtbaren Küsten zu bewahren.

Die Baumwolle aus Usbekistan wird in alle Welt exportiert, auch nach Deutschland. Konventioneller Baumwollanbau ist eines der giftigsten landwirtschaftlichen Geschäfte der Welt. Die Menschen stehen bei der Ernte in Schwaden hochgefährlicher, krebserzeugender, oftmals anderswo verbotener Pestizide und Insektizide.[127] Und auch hier wurden sie aus Flugzeugen mit Supergiften besprüht. In den Sommerferien halfen Schulklassen bei der Ernte. Die Gifte flossen über Jahrzehnte ins Meer und reicherten sich an, im Wasser, im Meeresboden, in den Fischen und, am Ende der Nahrungskette, in den Menschen.

Ich hatte in Moskau mit Wissenschaftlern von der Akademie der Wissenschaften gesprochen, mit Politikern und in Aralsk mit Ärzten und Krankenschwestern. Die Menschen hier aßen nicht nur vergiftete Nahrung, sie hatten auch zu wenig Gemüse, Obst und Milch. Das Grundwasser war giftig, wenn es überhaupt noch welches gab. Trinkwasser wurde aus 80 Kilometer Entfernung zu den Brunnenstationen in Aralsk gepumpt, von wo Kinder und Frauen es in Eimern holten. Allein die Stadt Mujnak mit ihren nur noch 18 000 Einwohnern besaß drei Tuberkulosekrankenhäuser. Die Ärzte und Krankenschwestern des Krankenhauses von Aralsk schätzten, dass es in der Aralregion etwa 30 000 Tb-kranke Menschen gab. Die Haupttodesursache der Erwachsenen war Krebs.

Die Säuglingssterblichkeit in westlichen Industrienationen lag damals bei acht bis elf pro 1000 Geburten, in der Sowjetunion betraf sie 24, am Aralsee aber ungeheure 118 von 1000 Kindern, das heißt, jedes neunte bis zehnte Kind starb an Mangelernährung, Tuberkulose, Infektionskrankheiten, Hepatitis, Blutarmut, Typhus und Krebs.

Im nordöstlichen Kasachstan, bei Semipalatinsk, zündete die Sowjetunion früher auch oberirdische Atombombenversuche.[128] Heute kommt am Aralsee noch ein Problem hinzu: Die Wosroschdenjie-Insel, früher weit entfernt von jeder Besiedlung, ist inzwischen zu einer Halbinsel versandet. Sie hat dem sowjetischen Militär über viele Jahre als Testgelände von Biowaffen gedient.

Der Grund, warum die Menschen in den Straßen von Aralsk Atemprobleme haben, war 1989 aus dem Weltall zu erkennen. Juri Israel, Vorsitzender der Moskauer Regierungskommission zur Rettung des Aralsees, schenkte mir Fotos, aufgenommen aus einem Sputnik. Sie zeigen, wie Sandorkane 400 Kilometer lange und 40 Kilometer breite Salzstaubteppiche aus dem vertrocknenden Meer in die Luft schleudern. Jahr für Jahr fliegen bis zu 75 Millionen Tonnen salzigen, giftigen Sandes in die Atmosphäre und mit ihm weitere 65 Millionen Tonnen feinstfasriger Salzstäube. Sie wehen nicht nur Siedlungen zu sowie den Rest des Meeres. Ihre Spuren sind über Hunderte und Tausende von Kilometern entfernt nachzuweisen, in Südsibirien, an der russischen Eismeerküste, am Schwarzen Meer und im Baltikum. Wissenschaftler vermuten den Leichenstaub des sterbenden Meeres in Mitteleuropa, Asien und Afrika.

Als die Katastrophe auch in Moskau nicht mehr zu übersehen war, sollten sibirische Flüsse in ihrem Lauf umgedreht und in den Süden der Sowjetunion geleitet werden. Als Teil dieser brachialen Flussumleitungen sollte ein 2300 Kilometer langer Sib-Aral-Kanal Wasser aus den sibirischen Flüssen Ob und Irtysch in den Syrdarja und in den Amudarja führen, um den Aralsee wieder zu füllen. Und gewiss auch, um weiteres Wasser für die Landwirtschaft heranzuholen. Niemand interessierte sich für die ökologischen und sozialen Folgen des Mammutprojekts. Der Plan wurde 1986 nach harten Auseinandersetzungen gestoppt.

Jetzt gibt es keine Sowjetunion mehr, und die Interessen sind andere. Es wird einiges Geld in die Region gesteckt, aber wofür? Der sehr kleine restliche Aralsee im Norden soll »gerettet« werden. Die Weltbank finanziert seit 2001 einen etwa

90 Millionen US-Dollar teuren Damm. Er zweigt alles restliche Wasser des Syrdarja ab. Der Wasserspiegel im kleinen Aralsee ist seitdem um zwei bis drei Meter gestiegen, viele Menschen glauben nun, dass das Meer wiederkommt. Ein paar Fischarten gibt es auch wieder, aber nur solche, die unnatürlich hohen Salzgehalt überleben. Der Giftgehalt des Wassers und der Fische bleibt extrem hoch, viele Menschen werden krank, wenn sie die Fische essen. Aber es gibt sogar wieder Fischhändler.

Eine der katastrophalen Folgen des Weltbankdammes ist, dass nun kein Tropfen Wasser mehr aus dem Syrdarja in den großen Aralsee fließen kann, selbst wenn die Bewässerungssysteme modernisiert würden. Die Wüstenbildung des großen Aralmeeres wird beschleunigt. Warum ein solches ökologisch und sozial irrationales Projekt? Was ist das Interesse der Weltbank und ihrer mächtigen kapitalistischen Mitgliedsstaaten, für diesen unsinnigen Damm so viel Geld auszugeben?

Kasachstan ist seit der Auflösung der Sowjetunion im Jahr 1991 – ebenso wie Usbekistan – ein eigenständiger Staat. Das Verschwinden des Aralmeers war eine bohrende Wunde im Gedächtnis vieler Kasachen. Es gibt viele Lieder über das Meer, viele Bilder, viele Geschichten und Erinnerungen. Mit dem Damm macht sich die Weltbank bei einem Teil der Bevölkerung beliebt, und sie fördert das Image des diktatorischen Staatsoberhaupts von Kasachstan, Nursultan Nasarbajew.

Kasachstan ist von großem geostrategischem Interesse und hat immense Ölressourcen. Auch unweit des Aralsees wurde Öl gefunden. Die Kosten für den Damm sind gleichsam eine Art Werbekosten, denn um das kasachische Öl liegen viele kapitalistische Staaten, allen voran die USA, aber auch China und Russland, in einem harten, längst nicht entschiedenen Konkurrenzkampf. Die NATO bezeichnete Kasachstan vor einigen Jahren als »Anker der NATO in Zentralasien«, muss aber noch zulassen, dass Kasachstan engste Verbindungen auch mit Russland und China hält, deren Grenzen es berührt. »Kasachstan ist zweifellos das am meisten umworbene Land in Zentralasien. Sein Boden quillt über von Mineralien, vor allem aber von Öl. Kasachstan wird 2015, wenn das riesige Offshore-Ölfeld Kaschagan, die größte Entdeckung in den letzten 30 Jahren, seine maximale Förderung erreicht, täglich drei Millionen Barrel Öl fördern. Kasachstan wird dann an fünfter Stelle der erdölproduzierenden Länder stehen.«[129] »Umworben« bedeutet, dass Präsident Nasarbajew und sein Clan mit Geld überschüttet werden, dass das Land in Korruption versinkt, dass Oppositionelle ermordet werden und wirtschaftliche Konkurrenten auch.

Nirgends ist davon die Rede, wie die Baumwolle gesünder geerntet und die Bewässerungsanlagen modernisiert werden könnten und das Gift – vielleicht – beseitigt; nichts davon, wie die Menschen besser leben und die Lebenserwartung von Kindern und Erwachsenen wieder steigen könnte. Und wie, zum Wohl des Klimas, der Region und der Welt, die weitere Ausbreitung der Wüste verhindert werden könnte. Denn wenn der große Aralsee in wenigen Jahren ganz verschwunden sein wird, schließt sich ein Wüstenband von Mauretanien im Nordwesten Afrikas über Ägypten, Irak und Iran, südlich vorbei am Kaspischen Meer über die mittelasiatischen ehemaligen Sowjetrepubliken bis hin zur mongolisch-chinesischen Wüste Gobi.

Die Auflösung der Sowjetunion, die Annexion der DDR – die sogenannte Wiedervereinigung – sowie die ökonomische Eroberung des europäischen Ostens hatten dramatische Folgen für den Trikont. Die osteuropäischen Märkte waren für die kapitalistischen Staaten interessanter. Da gab es eine weitgehend intakte Infrastruktur, viel billige Beute in Gestalt von Fabriken, Instituten und Vertriebsnetzen, Millionen gut ausgebildeter Arbeitskräfte und Konsumenten, Bodenschätze, an die man bisher nicht herangekommen war. Und es gab die überaus große Bereitschaft vieler Menschen, sich nach der Erfahrung mit dem angeblich realen Sozialismus den »Segnungen« und Verheißungen des Kapitalismus zu unterwerfen, der ideologische Einfluss war vielversprechend.

Für die ärmsten Regionen in Afrika hatte und hat das horrende Folgen. Die mörderische Verachtung für die »Überflüssigen« zeigt sich am besten am Verhältnis der »zivilisierten« Staaten gegenüber Afrika. Manche Regionen werden vergessen, manche taugen nur als Waffenexportgebiet, in andere fahren Wohlfahrtsorganisationen als Wegbereiter für unfreundliche Übernahmen von Land, Ressourcen und Markt, und in einige wenige Regionen, die – jedenfalls *vor* der Wirtschaftskrise – boomten, wird investiert. Wovon, wie wir ja längst wissen, die Mehrheit der Bevölkerung wenig hat. Der Kapitalismus gebiert stets seine eigene, spezifische, soziale Apartheid.

In einigen afrikanischen Staaten werden einheimische Produkte und Märkte ruiniert, weil subventionierte und dadurch billige Waren, auch Lebensmittel, aus EU-europäischen Ländern nach Afrika strömen. Was vielleicht ein kleines selbstorganisiertes landwirtschaftliches Projekt aufgebaut hat, reißen die so viel mächtigeren Strukturen der EU wie nebenbei ein. Afrikanische Staaten werden die größten Opfer der Weltwirtschaftskrise sein. Ihr Boden, ihre Ressourcen und – sofern nicht gänzlich »überflüssig« – ihre Arbeitskräfte werden unvorstellbar billig werden. Um es ausnahmsweise mit einem Bild aus der Natur zu illustrieren: Wir leben im Auge des Hurrikans, auch wir werden vom Orkan gerüttelt, aber in den Ländern, in denen der Hurrikan alles zerstört, können anschließend diejenigen fast alles einkaufen (sofern sie überhaupt noch dafür bezahlen), deren Wirtschaftsweise den Hurrikan verursacht hat.

Der Trikont, die sogenannte Dritte Welt, wird aber seit Jahrzehnten nicht nur als Region missbraucht, wo Giftmüll abgeladen und Ressourcen geraubt werden können. Hier kommt auch noch an, was an Radioaktivität, giftigen Gasen und Stäuben, an Dünnsäure und Öl aus den kapitalistischen Zentren exportiert wird: durch Atombombenversuche und Atommüllverklappung, aus Schornsteinen von Fabriken und Raffinerien, von Ölbohrtürmen, Flugzeugen und Schiffen, mit Abwässern und aus Pipelines.

Weiteres Gift steckt zum Teil auch in den Ressourcen, die aus den Zentren in den Trikont exportiert werden. Darunter sind Rohstoffe wie Asbest. Jeder weiß, dass Asbest Krebs verursacht. Während in Kanada auch das Parlamentsgebäude von Ottawa von Asbest befreit wird, ist Kanada der nach Russland zweitgrößte Asbestproduzent der Welt. Aber die eigenen Landsleute sollen dem Gift nicht ausgesetzt werden. Die kanadische Regierung fördert deshalb den Export mit allen Kräften und zum Wohl der einheimischen Asbestindustrie. Die hauptsächlichen Abnehmer sind arme Länder wie Indien, Thailand, Mexiko, Kolumbien, Indonesien, Sri Lanka oder Pakistan. »Wir exportieren menschliches Leid in einem monumentalen Ausmaß«, sagte der kanadische Abgeordnete Pat Martin, der selbst einmal in einer Asbestmine gearbeitet hat.[130]

Um kriminelle, aber hochprofitable Produktionsanlagen weiter betreiben zu können, werden sie gern in den Trikont verlagert, auch nach China und in sogenannte Schwellenländer.

So verseucht auch die Herstellung von »sauberen« Computern die Umwelt und macht Menschen krank. Silicon Valley in Kalifornien wurde lange Jahre gefeiert, bis die Anwohner und Arbeiter der Hightechbetriebe – unter ihnen waren zum Beispiel IBM und Intel – entdecken mussten, dass die Zahl der Fehlgeburten und Fehlbildungen von Kindern extrem stiegen und dass eine ungewöhnlich hohe Zahl von Menschen Krebs und andere Krankheiten bekam. Chips wurden zum Beispiel mit dem krebserregenden Lösemittel Trichloräthylen gereinigt. Silicon Valley hat heute die höchste Konzentration an Giftmülldeponien in den USA: 29 Deponien mit höchstgefährlichen Giften. Auf hochtoxischen Böden und über vergiftetem Grundwasser leben hauptsächlich die Ärmsten, Afroamerikaner und Hispanoamerikaner. Sie konnten nicht in andere Wohngebiete fliehen, im Gegensatz zu vielen Konzernen, die sich von den USA aus an die Orte der Welt begaben, wo die Umwelt- und Arbeitsplatzvorschriften noch laxer sind.[131]

Der Kapitalismus ist *der* Klimakiller weltweit, seine Zentren USA, EU-Europa und Japan sind auch hier führend – neben dem aufstrebenden imperialen Staatskapitalismus Chinas. Wenn schon einmal über Bedrohung des Klimas gesprochen wird, weil selbst kapitalabhängige Politiker zur Kenntnis nehmen, dass die Polkappen tatsächlich schmelzen, Wüsten sich wirklich ausbreiten, Tiere und Pflanzen aussterben und sich der Genpool der Welt verändert, dann wird das neue »Bewusstsein« für ein Umweltproblem sogleich benutzt, um alle anderen Umweltzerstörungen – und ihren Zusammenhang mit sozialen Problemen – auszublenden.

Dramatisch gestiegen ist auch die weltweite Belastung durch Radioaktivität, und zwar nicht nur durch Atomwaffenversuche, sondern durch den Betrieb von Atomanlagen. In der Bundesrepublik Deutschland, wo es eine starke Bewegung gegen Atomanlagen gab und gibt, war es die Aufgabe der früheren SPD/Grüne-Bundesregierung, diesem politischen Druck scheinbar nachzugeben. Sie bastelte 2002 einen »Energiekonsens«, der einerseits den Druck der Atomgegner dämpfen sollte, andererseits aber so viele breite Hintertore enthielt, dass das Atomkapital, allem Gejammere zum Trotz, alte Nuklearanlagen weiter in Betrieb halten, neue Reaktortypen vorbereiten und ein Atomprogramm aufrechterhalten kann, das auf seine nächste Stufe zusteuert, die Atomfusion. Der Atomforschungsreaktor München II (FRM in Garching) nahm mit der Unterstützung von SPD und Grünen 2004 seinen Betrieb auf. Und in Mecklenburg-Vorpommern hat die SPD/Grüne-Bundesregierung mit der Hilfe der PDS/Linkspartei, die dort bis 2005 in der Landesregierung war, hohe Investitionen in die Atomfusionsforschung getätigt.

Selbstverständlich wurde unter »Rot-Grün« kein einziger Atomvertrag gekündigt: weder der deutsch-brasilianische Atomvertrag noch die deutsch-argentinischen Atomgeschäfte. SPD und Grüne verzichteten auch auf europäischer Ebene darauf, die Interessen des Atomkapitals zu beschneiden. Sie verzichteten nicht nur: Joseph Fischer, damals grüner Außenminister und Mitglied des EU-Konvents, schaffte es durch einen Trick, den Fortbestand des Euratom-Vertrages zu sichern.

Um die weitreichende Bedeutung dieser Entscheidung zu verstehen, ein kurzer Schritt zurück in die Geschichte: Der Zweck der 1958 installierten Europäischen Atomgemeinschaft (Euratom) ist die Förderung, Erforschung und Verbreitung der Atomenergie.[132] Die Propaganda von der angeblich sicheren und zivilen Nutzung der Atomenergie war nach den Atombombenabwürfen in Hiroshima und Nagasaki für das Atomkapital lebensnotwendig. Die Atomenergie war entwickelt worden, um Atombomben zu bauen, nicht um Wasser zu kochen oder Wohnungen zu heizen. Jetzt wurde die Atomtechnik künstlich getrennt in eine angeblich nur »zivile« und eine angeblich nur »militärische« Nutzung. Aber jeder Staat, der über eine »zivile« Atomtechnologie verfügt, kann auch Bomben bauen.[133]

Mit dem Beitritt zu Euratom verfolgte die Bundesregierung 1958 auch das Ziel, der Verfügung über und Nutzung von Atomwaffen näher zu kommen. Im März 1958 beschloss der Bundestag sogar die atomare Aufrüstung der Bundeswehr. Innenpolitisch gab die Bundesregierung dieses als Wunsch der NATO aus, während sie innerhalb der NATO permanent auf die Zustimmung zur nuklearen Bewaffnung der Bundesrepublik drängte.[134] Erst 31 Jahre später kam heraus, dass sich der deutsche, französische und italienische Verteidigungsminister 1958 heimlich getroffen und ein Abkommen zur gemeinsamen Produktion von Atomwaffen unterzeichnet hatten.[135] Der deutsche Verteidigungsminister hieß von 1956 bis 1962 Franz Josef Strauß, zuvor war er Atomminister.

Allerdings scheiterte die ersehnte deutsch-französische Atomwaffenkooperation 1958 an Frankreich. Die Bundesrepublik unterzeichnete 1969 den Atomwaffensperrvertrag. Das war, so paradox sich das anhört, inzwischen der dringende Wunsch des deutschen Atomkapitals, das mit seinen Atomreaktoren weltweite Geschäfte machen wollte und dessen Image durch die Unterzeichnung des Sperrvertrages poliert wurde.

Nicht nur in Deutschland gab es jahrzehntelangen Widerstand gegen Atomanlagen. Es gab sogar Länder, die ganz aus der Atomtechnik aussteigen wollten wie Schweden oder gar nicht erst eingestiegen sind. Laut dem aktuellen Siebten Rahmenprogramm von Euratom will die EU von 2007 bis 2011 3,1 Milliarden Euro ausgeben, davon 2,2 Milliarden Euro für die Atomfusionsforschung, 394 Millionen Euro für die Atom(spalt)kraftwerke und den Strahlenschutz sowie 539 Millionen Euro für die gemeinsame europäische Nuklearforschung.[136] Wie kam es dazu?

Außenminister Joseph Fischer, der seine Karriere einer Partei verdankte, die der Anti-AKW-Bewegung der 1970er Jahre entstammt, hatte als Mitglied des EU-Konvents im Juni 2003 nichts Besseres zu tun, als sich über einen Bundestagsbeschluss vom März desselben Jahres hinwegzusetzen, der sogar vorsah, den Euratom-Vertrag auslaufen zu lassen.[137] Fischer stimmte im EU-Konvent zu, der Euratom-Vertrag wurde als Anhang in die EU-Verfassung aufgenommen und erhielt dadurch gleichsam indirekt Verfassungsrang.[138] Der Euratom-Vertrag wanderte, als die Verfassung scheiterte, in die EU-Verträge, die die Verfassung vollständig ersetzen werden. So ist garantiert, dass weiterhin große Summen in die mörderische Atomforschung und Atomproduktion fließen. Natürlich hängt das mit den Aufrüstungsbestrebungen der *Militärgemeinschaft* Europäische Union (EU) zusammen.

»Anarchisches, planloses, unbewußtes, ungesteuertes Wachstum«, schreibt Ernest Mandel, ein international anerkannter marxistischer Wirtschaftstheoretiker, bedroht »nicht nur die

Grundlagen des materiellen Wohlstandes, sondern sogar die physischen Voraussetzungen für das Überleben der menschlichen Zivilisation«, sogar »der Spezies Mensch«. Auf dem Weg dahin folgt dem »zerstörerischen Potential des kapitalistischen Wirtschaftswachstums« ein unendliches Ausmaß an Elend und Unglück. Wichtig sind dem Kapitalismus nur die »Maximierung der Einnahmen, ohne Rücksicht auf und unabhängig von Konsequenzen für Glück oder Unglück und die Entwicklung oder Verkümmerung menschlicher Talente«.[139] Mandel galt dem Bundesinnenminister Genscher (FDP) als einer der »Hintermänner« des Pariser Mai von 1968, er verhängte ein sechsjähriges Einreiseverbot gegen ihn, als Mandel 1972 auf einen Lehrstuhl an die Freie Universität Berlin berufen wurde. Mandel, aus jüdischer Familie stammend, hatte als Kind aus Deutschland fliehen müssen. Er lehrte dann in Brüssel und Cambridge.

Niemand kann sich Hoffnungen machen, dass die Weltwirtschaftskrise zum Zusammenbruch des Kapitalismus führt. Sie wird dem Kapital helfen, ein paar Probleme loszuwerden, Kapital zu vernichten, den Markt zu bereinigen und Extraprofite herauszuholen. Das Geld für diese Maßnahmen, über die niemand von uns irgendeine Kontrolle hat, fließt aus öffentlichen Haushalten durch undurchschaubare Kanäle in die Taschen derjenigen, die unser Leben schon bis zur Schmerzgrenze belasten. Schon zum Beginn der Weltwirtschaftskrise war die Zerstörung der Umwelt, der Luft, des Wassers, des Bodens und auch des Klimas kaum noch ein Thema, jeden Tag wurde es weniger.

Es gibt keinen automatischen Fortschritt, sondern nur technische Entwicklungen, die im besten Fall Vorteile für Teile der Menschheit abwerfen. Wenn es so weitergeht, wird sich unsere Welt in eine Diktatur verwandeln, angefüllt mit Ghettos. Einerseits mit Armenghettos ohne gute Wohnungen, Wasserleitungen, Schulen und Krankenhäuser, mit unzureichender

Ernährung und unter schlechten ökologischen Bedingungen und andererseits solche mit Einlassschranken, hohen Mauern, gesunder Ernährung und bester Gesundheitsversorgung, luxuriösem Konsum und höchstentwickelter Sicherheitstechnik. Eine Welt, in der Robocops, Polizisten, Sondereinheiten, Paramilitärs, Todesschwadronen und Militär für »Ruhe und Ordnung« sorgen, weil es keine soziale Sicherheit und keine intakte natürliche Umwelt mehr gibt.

5

MENSCHENFRESSER

Was können Menschen tun, um die Verhältnisse zu ändern? Die Frage ist wirklich nicht neu. Aber unsere Erfahrungen sind höchst unterschiedlich. Für die kommenden politischen Auseinandersetzungen ist die Lage zu klären. Denn wir sollten die Voraussetzungen für unser Vorhaben kennen: Welches sind die inhaltlichen Fragen? Was lernen wir aus der Geschichte? Wie wehren wir uns heute? Mit wem gemeinsam und mit wem nicht? Leben wir überhaupt in einem demokratischen Rechtsstaat, der uns Protest und Widerstand erlaubt?

Einen demokratischen Rechtsstaat würden wir daran erkennen, dass kritisch denken zu lernen Bestandteil der Schulausbildung wäre, oppositionelle Meinungen wirklich frei wären, Demonstrationen, sofern nicht von Faschisten organisiert, unbehindert stattfinden könnten, niemand bespitzelt würde, Polizei und Geheimdienst strikt getrennt wären und, nicht zuletzt, eine Veränderung dieser Gesellschaft, auch eine grundlegende, möglich wäre. Das ist, wenn man die Realität dieser Gesellschaft untersucht, kaum noch der Fall.

Die Ansichten darüber, ob wir in einem Rechtsstaat leben, gehen weit auseinander. Es sind viele kleine Momente, die zeigen, dass dieser Staat nach der Auseinandersetzung mit der Außerparlamentarischen Opposition (APO), den »68ern«, gelernt hat, seine Repressionen gezielter und milieuspezifischer einzusetzen. In den 1960ern haben junge Leute, egal ob sie in großen oder kleinen Städten lebten, ob sie politisch aktiv waren oder nur lange Haare trugen und lässige Kleidung, sehr ähnliche schlechte Erfahrungen mit der Staatsgewalt gemacht. Das hat auch zusammengeschweißt und die Revolte gestärkt. Heute scheint fast jede Gruppe von jungen Leuten ihre eigenen, sehr unterschiedlichen Erfahrungen zu machen.

Eine junge Frau, die sich selbst als kritisch und politisch interessiert begreift, aber nicht politisch aktiv ist, kam aus dem Film *Der Baader Meinhof Komplex*. Unter dem Eindruck der Schießereien, der Toten und der historischen Oberflächlichkeit dieses effekthaschenden Films sagte sie: »Das war ja schlimm damals. Glücklicherweise ist es heute nicht mehr so.« Beeindruckt war sie vor allem von einer Szene, und zwar von der, in der historische Wahrheit und Filmkunst ausnahmsweise zusammenfallen: als der Schah am 2. Juni 1967 nach Westberlin kam, die Demonstranten erst von Angehörigen des persischen Folter- und Geheimdienstes Savak und anschließend von der Westberliner Polizei verprügelt wurden und Benno Ohnesorg erschossen wurde.

Ist *es* heute nicht mehr so? Und *was* ist heute nicht mehr so? Und für *wen?* Natürlich hat diese junge Frau ein anderes Bild von der Welt als Menschen, egal welchen Alters und Geschlechts, die sich in die politischen Auseinandersetzungen stürzen.

Machen wir, um eine Antwort zu finden, eine Reise in die Erfahrungswelt derjenigen, die – wie die Autorin – gegen die internationale Politik des Kapitals und seiner Agenturen demonstrieren, gegen den Internationalen Währungsfonds (IWF), die Weltbank (Internationale Bank für Wiederaufbau und Entwicklung) und die Europäische Union, also EU-Europa (was keineswegs mit Europa gleichzusetzen ist). Es finden hier keine Revolutionen statt, keine bewaffneten Kämpfe, sondern »nur« Aufklärung, Demonstrationen und politische Aktionen. Betrachten wir aber die letzten 25 Jahre und vor allem die letzten zehn Jahre, ist deutlich zu sehen, wie sich die Bedingungen unseres Widerstandes verändert haben.

Der IWF und die Weltbank sind, in notwendiger Klarheit formuliert, Instrumente der kapitalistischen Zentren – vor allem der USA, aber auch der EU –, um die Staaten des Trikonts für die Verwertungsinteressen des Kapitals zuzurichten. Beide Organisationen, Hauptsitze in Washington, werden auch Bretton-Woods-Institutionen genannt, da ihre Gründung 1944 in der gleichnamigen US-Kleinstadt beschlossen wurde.

Während des Zweiten Weltkriegs hatten die USA den zerfallenden Kolonialreichen Frankreich und insbesondere Großbritannien die Vorherrschaft über den Weltmarkt endgültig abgenommen. Diesen Einfluss galt es zu festigen und auszubauen. Zugleich sollte den zerstörten kapitalistischen Zentren beim Wiederaufbau geholfen und sie dabei strikt auf den Kapitalismus aus- und als »Bollwerke gegen den Kommunismus« eingerichtet werden. Der Wiederaufbau der im Zweiten Weltkrieg verwüsteten Länder in Westeuropa, insbesondere der Bundesrepublik, wurde durch den »Marshallplan« der USA (eigentlich: European Recovery Program/ERP) in Gang gesetzt. Er hatte damals einen Wert von mehr als 13 Milliarden US-Dollar, heute entspräche das etwa der sechs- bis siebenfachen Summe.

Dem Internationalen Währungsfond (IWF) kam bei seiner Gründung 1944 die Funktion zu, feste Wechselkurse zu garantieren, um die Märkte offen zu halten und um Protektionismus zu verhindern, der in der Vergangenheit durch Wechselkursschwankungen begünstigt worden war. Der US-Dollar wurde zur neuen Weltwährung. Zurzeit hat der IWF 185 Mitgliedsländer. Jedes Mitgliedsland zahlt in den Fonds ein und hält einen Anteil am Kapital des IWF, berechnet nach einem bestimmten Schlüssel. Diese Berechnung ist häufig umstritten, denn der Kapitalanteil bestimmt das Stimmrecht. Die Stimmanteile der einflussreichsten Mitglieder sind: USA 16,7 Prozent, Japan 6,0 Prozent, Deutschland 5,86 Prozent, Frankreich 4,84 Prozent, Großbritannien 4,84 Prozent (2009). Wichtige Beschlüsse im IWF müssen mit einer Mehrheit von 85 Prozent getroffen werden. Die USA verfügen über eine Sperrminorität. Die 27 EU-Mitgliedsstaaten (32 Prozent der Stimmen) und die 15 EU-Staaten mit Eurowährung (22,68 Prozent) auch.[140]

Mit der Schuldenkrise des Trikonts in den 1980er Jahren übernahm der IWF die Rolle des internationalen Finanzpolizisten. Er gewährte Kredite für in Zahlungsschwierigkeiten geratene Länder nur gegen unsoziale Auflagen. Er verordnete sogenannte Stabilisierungsprogramme, die nicht die »Eliten«, aber die Bevölkerungen der Länder des Trikonts weiter in die Armut trieben. In vielen Fällen führte die Politik von IWF und Weltbank zur Zerrüttung oft nur rudimentärer sozialer Sicherungssysteme, zur Preisgabe bildungspolitischer Maßnahmen und zur Abschaffung von Subventionen von Grundnahrungsmitteln. Der IWF bindet seine Kreditvergaben zum Beispiel an den Zwang zur Privatisierung, so dass die Schuldnerländer einen Teil ihres gesellschaftlichen Reichtums und ihrer Strukturen an Kapitalanleger vor allem aus den USA und der EU ausliefern müssen, die auch die Renditen der Investitionen kassieren. Der IWF war maßgeblich verantwortlich für Wirtschaftskrisen zum Beispiel in Argentinien und Ostasien.

IWF und Weltbank vergaben und vergeben Kredite, welche die Infrastruktur und die Wirtschaftsstrukturen der Trikontstaaten »weltmarktfähig« machen sollen. Das heißt, sie fördern Strukturen, die größtmögliche Profite vor allem für international agierende Konzerne bedeuten – zum Nachteil der Menschen und der Natur im Trikont. Sie investieren in sozial und ökologisch zerstörerische Großprojekte wie Staudämme und Pipelines. Sie erzwingen die Privatisierung staatlicher Betriebe und die Demontage des Schutzes der Arbeiter und Angestellten, der Bauern und der einheimischen Betriebe, so dass in der Folge mehr Menschen noch gnadenloser ausgebeutet werden, natürliche Ressourcen zerstört sind und oftmals auch die einheimischen Märkte zusammenbrechen. Im Vergleich mit den Zerstörungen durch die Weltbank und den IWF sind die Verbrechen der Mafia überschaubar.

Aber die meisten »unserer« Medien beschützen uns vor dieser Erkenntnis, zumal dann, ganz nebenbei, die störende Frage aufkommen könnte, welche Rolle Deutschland im IWF und in der Weltbank spielt und was für eine Figur eigentlich »unser« Bundespräsident Horst Köhler ist. Er bereitete nicht nur, als Chefunterhändler von Bundeskanzler Kohl, mehrere G-7-Gipfel vor, sondern war als Staatssekretär hauptverantwortlich für die Gestaltung der Währungsunion, die die ostdeutschen Betriebe und Banken zugunsten der westdeutschen übervorteilte. In Köhlers Amtszeit als Staatssekretär fiel auch die Entscheidung, die sozialpolitischen Kosten der Wiedervereinigung aus den beitragsfinanzierten Sozialkassen zu bezahlen. Wie nah sich CDU und SPD sind, sieht man hier auch an ihren Personalentscheidungen. Auf Vorschlag von Bundeskanzler Gerhard Schröder wurde Horst Köhler von 2000 bis 2004 geschäftsführender Direktor des IWF, und er war in dieser Funktion unter anderem mitverantwortlich für die Argentinien-Krise (1998–2002), die mehr als die Hälfte der dortigen Bevölkerung in die Armut stürzte. Köhler lobte dankbar die Agenda 2010 der SPD/Grüne-Bundesregierung als »historisch«, bemängelte aber, dass sie nicht weit genug ging. Er wollte noch mehr Deregulierung, Sozialabbau und Lohnsenkungen. Dieser Mann wurde 2004 Bundespräsident.

IWF und Weltbank stützen seit jeher die US-Außenpolitik. Wo immer es um die Freundschaft mit profitablen Diktaturen geht, waren sie dabei. Überall in der Welt sabotierten sie demokratisch gewählte Regierungen sowie alle gesellschaftlichen Veränderungen, die den Abbau sozialer Ungleichheiten bedeutet hätten.

IWF und Weltbank unterstützten:

- fast 30 Jahre lang den 1979 gestürzten nicaraguanischen Diktator Somoza.
- die Militärjunta in Guatemala. IWF und Weltbank boykottierten die 1951 gewählte Regierung des Präsidenten Jacobo Arbenz und sagten der Militärjunta, die ihn 1954 mit Hilfe des US-Konzerns United Fruit Company (UFC), der CIA und der US-Regierung gestürzt hatte, jede erdenkliche Un-

terstützung zu. Arbenz war kein Sozialist, er hatte aus Guatemala einen modernen, kapitalistischen Staat machen wollen, allerdings unabhängig von der das Land beherrschenden United Fruit Company.[141]

- das autoritäre System der mexikanischen PRI (Partido Revolucionario Institucional) über viele Jahrzehnte. Heute ist der gesellschaftliche Reichtum Mexikos überwiegend in der Hand ausländischer Investoren, fast die ganze öffentliche Daseinsvorsorge ist privatisiert, die Bevölkerung verarmt.
- die Diktatur Marcos' auf den Philippinen (1965–1986). Marcos war ein enger Bündnispartner der USA im Vietnamkrieg. Auch als er für neun Jahre das Kriegsrecht ausrief, störte das Weltbank und IWF nicht. Sein immenses Vermögen legte Marcos in der Schweiz und in den USA an.
- die Diktatur Suhartos in Indonesien (1966–1998). Suharto hatte mit Unterstützung der USA die Macht ergriffen und ließ seine politischen Gegner mit Hilfe von Namenslisten ermorden, die ihm die CIA erstellt hatte. Der Diktator ließ mehr als eine Million Menschen ermorden, weil er sie verdächtigte, Kommunisten zu sein, oder weil sie die Unabhängigkeit wollten.
- die Militärjunta des Generals Pinochet in Chile, der 1973 mit einem CIA-gestützten Putsch, mit freundlicher Hilfe von Henry Kissinger, an die Macht kam, was rund 30 000 Menschen das Leben kostete und unzählige andere barbarischer Folter unterwarf. Auch der demokratisch gewählte, marxistische Präsident Salvador Allende starb.
- die argentinische Militärdiktatur (1976–1983). Der IWF bot General Videla sofort nach Errichtung der Diktatur Hilfe an. Noch immer sind nicht alle Leichen der ermordeten Oppositionellen aus jenen Jahren gefunden. Es waren insgesamt etwa 30 000 Menschen, vorwiegend linke Aktivisten verschwanden.
- die Diktatur Mobutus im zentralafrikanischen Staat Kongo (1971 bis 1997 Zaire). Der Kongo war über Jahrhunderte

von den Kolonialmächten Portugal, Frankreich und Belgien auf das grausamste ausgebeutet worden. Der erste Ministerpräsident der Unabhängigkeit, Patrice Lumumba, wurde 1959 auf Veranlassung und mit Unterstützung der USA und Belgiens ermordet. Sein Nachfolger, Diktator Mobutu, begann einen »dreißigjährigen Krieg« gegen das eigene Volk. Er wurde 1997 gestürzt. Sein zweiter Nachfolger, Joseph Kabila, ist gleichfalls ein Diktator, gleichfalls korrupt, der Kongo ist keine Demokratie. Dass die EU, indem sie die Wahlen überwacht, eine Farce legitimiert, hat damit zu tun, dass »ordnungsgemäße« Wahlen die Grundlage für Investitionen sind und für Zahlungen von Weltbank und IWF. Der Kongo ist reich an Rohstoffen: Diamanten, Kupfer und Coltan, das weltweit für den Bau von Handys gebraucht wird.[142]

In den 1980er Jahren war es die Schuldenkrise, die afrikanische und südamerikanische Länder zwang, »zu privatisieren oder zu sterben«, wie es ein IWF-Mitarbeiter ausdrückte.[143] Die Bürgerkriege, Morde und Massaker, die Foltergefängnisse und Verschwundenen hatten den Methoden des Kapitals mittlerweile in manchen lateinamerikanischen Ländern einen widerwärtigen Gestank anhaften lassen und unerwünschterweise linke Oppositionsbewegungen gestärkt oder wiederbelebt. In den 1980ern und 1990ern stellte das Kapital fest, dass sich Länder nach wie vor auch ohne offen militärische Aggressionen erobern und ausplündern ließen.

In vielen Staaten erwies es sich als sehr erfolgreich, Wahlen zuzulassen. Diese Länder wurden dann mit vielfältigen Methoden unter Druck gesetzt. Manchmal genügte es, die statistischen Daten zu fälschen, so dass ein Land als für Kreditgeber unzuverlässig bewertet werden konnte und in die Arme des IWF und der Weltbank getrieben wurde. Legionen von Militär-, Politik- und Wirtschaftsberatern ebneten »friedlichen« – wahlweise: »gewaltfreien« – Lösungen im Sinn des Kapitals den Weg. Hinter dem Rücken der Bevölkerungen – und oft auch der gewählten Parlamente – installierten die Staatschefs oder Minister dann eine Art Ermächtigungsausschuss oder »task force«, die an den Parlamenten und am Willen der Bevölkerung vorbei agierten. Sehr oft taten sie das im ausdrücklichen Gegensatz zu den Wahlprogrammen der Regierungsparteien. Beispiele:

- Bolivien: Victor Paz Estenssoro wurde 1985, nach 21 Jahren Diktatur, Präsident. Seine Wähler hielten ihn für einen US-unabhängigen Demokraten. Unter direktem Einfluss des IWF wurde binnen drei Wochen nach der Wahl mit 220 Gesetzen die Wirtschaft des Landes zum Nachteil der Ärmsten umstrukturiert: Streichung von Lebensmittelsubventionen, Aufhebung der Preiskontrollen, Ölpreissteigerung um 300 Prozent, Einfrierung der Gehälter usw. Das Parlament erfuhr vom fertigen Plan erst in einer Geheimsitzung. Als die Sache bekannt wurde und Zehntausende wütend auf die Straßen gingen, rief Präsident Paz den Belagerungszustand aus und ließ Armeepanzer durch die Straßen rollen. Die politische Opposition wurde verboten. Paz ließ 200 Gewerkschaftsführer von Polizei und Militär zusammentreiben und in abgelegene Gefängnisse im Amazonasgebiet verschleppen. Sie wurden nicht ermordet, das war der Unterschied zu Chile und Argentinien. Ein bolivianischer Bankier sagte 1987 zufrieden: »Was Pinochet mit dem Bajonett gemacht hat, hat Paz mit einem demokratischen System geschafft.«[144] Bodenschätze und öffentliche Einrichtungen wurden privatisiert. Das soziale Elend explodierte. Die Campesinos, die kleinen Bauern und Landarbeiter, verdienten nur noch 20 Prozent des Mindesteinkommens, sie hungerten, und ihre Kinder starben, bevor sie den Kokaanbau als lebensrettenden Wirtschaftszweig wiederentdeckten.[145] Der 2005 gegen den Willen und Widerstand des IWF und der Weltbank gewählte Präsident Evo Morales ist Sozialist und stammt aus der Widerstandsbewegung der Kokabauern.

- Südafrika: 1994 siegte der African Nation Congress (ANC) bei der Wahl, das Apartheidregime war scheinbar besiegt. Aber der ANC bekam nur die Regierung, keineswegs die Macht. In den Jahren des Übergangs, von 1990 bis 1994, gab es politische Verhandlungen über die Beendigung des international inzwischen unhaltbaren Apartheidregimes. Die Auseinandersetzungen zwischen Nelson Mandela und Frederik Willem de Klerk zogen alle Aufmerksamkeit auf sich. Hier, so glaubte man, entschied sich die Zukunft Südafrikas.

  In Wirklichkeit aber entschieden die wirtschaftlichen Verhandlungen im Hintergrund über diese Zukunft. Die meist unerfahrenen Verhandlungspartner des ANC wurden von scheinbar neutralen Institutionen regelrecht geschult: allen voran vom IWF und der Weltbank. Am Ende lieferte der ANC die Ökonomie des Landes an das internationale Kapital aus. Manche geben das heute selbstkritisch zu, sie haben es damals nicht durchschaut. Andere haben nichts anderes gewollt. Der heutige Staatspräsident Thabo Mbeki, in London als Volkswirtschaftler ausgebildet, warb schon damals damit für sich, dass er eigentlich ein »Thatcherist« sei. Ihre ökonomischen Zugeständnisse machten die sozialpolitischen Projekte der ANC-Regierung finanziell zunichte.

  Die Zentralbank wurde »unabhängig«, nicht der Regierung unterstellt, und ihr Chef war der alte Chef aus der Zeit der Apartheid. Das Letztere galt auch für den Finanzminister. 70 Prozent des Bodens gehört der weißen Minderheit. Die für die ärmsten Landarbeiter und Kleinbauern lebensnotwendige Landreform scheiterte am (neuen) Verfassungspassus, allen Privatbesitz zu schützen. Die »Minen, Banken und Monopolindustrien«, die Mandela hatte verstaatlichen wollen, sind immer noch in der Hand der wenigen Großkonzerne, die auch die südafrikanische Börse beherrschen. Der Kampf gegen die Arbeitslosigkeit scheiterte, dank einer Vereinbarung mit dem GATT, an der Schließung Hunderter

von Fabriken. Der ANC war auch der WTO beigetreten, also verstieß die Verbreitung kostenloser Aids-Medikamente in den Townships gegen die Vereinbarung über geistige Eigentumsrechte. Dem IWF hatte der ANC »Lohnzurückhaltung« zugesichert, deshalb konnten die rassistischen Mindestlöhne für schwarze Arbeiter leider nicht angehoben werden. Während sich alle möglichen Popsternchen mit dem Helden Mandela fotografieren ließen, versank das Land in Armut. Die ANC-Regierung setzte auch in den Wahrheitskommissionen keinen Schadensersatz für das Leid durch, welches das alte Regime über die Menschen gebracht hatte, aber sie erklärte sich bereit, für die Schulden des Apartheidregimes aufzukommen, anstatt diese Lasten den alten Kumpanen und Geschäftspartnern der rassistischen Regierung vor die Füße zu werfen. Der Schuldendienst beträgt jährlich etwa 4,5 Milliarden US-Dollar. Der ANC bezahlt. Millionen Menschen verloren bald das bisschen, was sie bekommen hatten, die neuen Wasser- und Stromanschlüsse wurden wieder abgestellt. Die durchschnittliche Lebenserwartung sank seit 1990 um 13 Jahre.
Der langjährige Anti-Apartheids-Kämpfer Rasssool Snyman sagte: »Sie haben uns niemals befreit. Sie haben uns nur die Kette vom Hals genommen und sie an unseren Füßen festgemacht.«[146]

- Sri Lanka: Eine breite Protestbewegung hatte im April 2004 eine Anti-Privatisierungs-Regierung, die soziale Reformen plante, an die Macht gebracht, aber der Tsunami im Dezember des gleichen Jahres spülte die Hoffnung davon. Nur wenige Stunden nach der Naturkatastrophe wurde eine menschengemachte Katastrophe, die umfassende Privatisierung des Landes, beschlossene Sache. Die war die Voraussetzung für die Gewährung von Hilfsgeldern der kapitalistischen Agenturen. Vier Tage nach der Naturkatastrophe peitschte die um 180 Grad gewendete Regierung ihre nagelneuen Privatisierungspläne durch das Parlament. Die militanten Bauern und Fischer, die sich seit Jahren gegen die Enteignung ihres Landes und ihrer Küsten gewehrt und deshalb diese Regierung an die Macht gebracht hatten, waren derweilen, sofern sie nicht ertrunken waren, mit dem nackten Überleben beschäftigt.

Mitglieder der neuen »task force« der Regierung waren die mächtigsten Wirtschaftsführer des Landes, fünf von zehn vertraten die Interessen der Hotelketten. Bauern und Fischer waren nicht dabei. So verloren sie ihr Land nicht durch das Meer, sondern durch einen demokratisch verbrämten Staatsstreich.

Erst nach Jahrzehnten gelang es einigen lateinamerikanischen Staaten, die inzwischen durch soziale Kämpfe wieder wirklich demokratisch gewählte Regierungen hatten und mancherorts den Vorteil von wertvollen Ressourcen, den Würgegriff von IWF und Weltbank zu lockern.

Als im Jahre 2005 der ecuadorianische Wirtschaftsminister Rafael Correa aufgrund der schweren politisch-sozialen Krise seines Landes beschloss, die Erdöleinnahmen etwas weniger für die Schuldentilgung und etwas mehr für Sozialprogramme zu verwenden, stoppte die Weltbank einen zugesagten 100-Millionen-Dollar-Kredit, und der aufmüpfige Wirtschaftsminister verlor sein Amt. Er sagte: »Die Herren des Erdöls, die Vereinigten Staaten, der Internationale Währungsfonds (IWF), die Weltbank, die Interamerikanische Entwicklungsbank (IDB) setzten den Präsidenten unter Druck. Ich verlor sein Vertrauen und seine Unterstützung.«[147]

Dann wurde Correa 2006 selbst Staatspräsident. Er erklärte im April 2007 den Repräsentanten der Weltbank in Ecuador zur Persona non grata und beschloss, den Anteil der Schuldenrückzahlung am Staatshaushalt von 38 Prozent im Jahr 2006 bis 2010 auf 11,8 Prozent herunterzufahren.

Die Liste mit den Namen der Länder, die die Agenturen des Kapitals mit offenen oder verdeckten putschistischen Mitteln in ihren Besitz nehmen, ist endlos. Kein Wunder, dass es wütende Aufschreie gibt, wenn es Ländern wie Kuba, Venezuela oder Bolivien, bei allen Fehlern, gelingt, sich aus diesem Gefängnis zu befreien oder herauszuhalten. Es ist nicht schwer, sich vorzustellen, dass intensiv an den Plänen zu Gefangennahme gearbeitet wird. Die Weltwirtschaftskrise kann die Situation verändern – in beide Richtungen.

IWF und Weltbank behaupten, die Armut in der Welt zu bekämpfen, sie sind es aber, die oft die Armut erst hervorbringen. Ihre »Strukturanpassungsprogramme« haben in mehr als 90 Entwicklungsländern in den letzten mehr als 20 Jahren die Wirtschaft stagnieren lassen und die Armut in Osteuropa, in der Subsahara Afrikas, in Lateinamerika, der Karibik und in Südasien vergrößert. Der IWF war in den 1990er Jahren verantwortlich für die Ausweitung von Wirtschaftskrisen in Thailand, Indonesien und Südkorea, so dass mindestens eine Million Menschen in Thailand verarmten und mehr als 20 Millionen Menschen in Indonesien.

Und immer trifft es auch die ökologischen Lebensbedingungen der Menschen: IWF und Weltbank finanzieren Pipelines, die Regenwälder zerstören, Siedlungsprojekte, die Ökosysteme umkippen, sowie Bergbau, Straßenbau und Kraftwerksprojekte, zu denen es immer Alternativen gibt. Zwischen Ende der 1970er Jahre und Anfang der 1990er Jahre hat sich in 15 der größten Schuldnerländer, die den Strukturanpassungsprogrammen der Weltbank ausgesetzt gewesen waren, die Zerstörung der Wälder verdreifacht.

Was im Trikont, auch dank IWF und Weltbank, geschah, schwappte wieder in die kapitalistischen Zentren zurück: In Argentinien und in Chile wurde eine verschärfte Form kapitalistischer Wirtschaftspolitik ausprobiert, bevor sie in Großbritannien und den USA angewendet wurde – mit den bekannten Folgen: brutalisierter Klassenkampf von oben, Privatisierung öffentlichen Reichtums, zerstörte demokratische und soziale Rechte und Errungenschaften, überwältigende Verarmung, gespaltene und geschwächte Gewerkschaften, verschärfte Repression und Überwachung, kleinste Gruppen mit enormem Reichtum.

Befassen wir uns mit weiteren Gegnern selbstbestimmter sozialer Entwickung. Da wäre die WTO (Welthandelsorganisation/World Trade Organization), sie hat ihren Sitz in Genf. Sie entsprang 1995 dem General Agreement on Tariffs and Trade (GATT) und ist neben dem IWF und der Weltbank eine der zentralen internationalen Organisationen zur Vertretung der Interessen der kapitalistischen Zentren. Ihre Aufgabe ist die Anpassung der Handelsbedingungen an die Veränderungen innerhalb der kapitalistischen Produktion, sie dient der Durchdringung und Inwertsetzung immer neuer Räume und Ressourcen.

Maßgeblichen Einfluss auf ihre Entscheidungen haben transnationale Konzerne und Verbände wie die Internationale Handelskammer (ICC). Sie beschränken die Wirkungen nationaler Gesetzgebung. Sozialpolitische, Arbeitsschutz- und Umweltschutzmaßnahmen gelten ihr allzu oft als Handelshemmnisse. Die WTO setzt sich im Trikont zum Beispiel maßgeblich für die Privatisierung des Wassermarktes ein und für den Abbau von Schutzzöllen. Sie erpresst die Produktion für den Weltmarkt und den Import von – oft subventionierten – Grundnahrungsmitteln aus den kapitalistischen Zentren, womit sie die Existenz von Kleinbauern und die Lebensbedingungen der einheimischen Bevölkerung im Trikont gefährdet. Die Ernährung der Menschen dort wird auch durch die WTO immer abhängiger von den kapitalistischen Zentren. Eine eigenständige Entwicklung wird nahezu unmöglich.

Des Weiteren die EU-Gipfel und die Weltwirtschafts- oder G-8-Gipfel. Die EU-Gipfel sind die Konferenzen der Staats- und Regierungschefs der Europäischen Union (EU) sowie des

Präsidenten der Europäischen Kommission. Sie bestimmen viermal im Jahr, unter großem Pomp und beschützt von rund 12 000 Sicherheitskräften, die Richtlinien der Politik der EU. Auch mit Hilfe dieser Gipfel will sich die EU als ökonomische, aber eben auch als militärisch potente Weltmacht gegen die USA behaupten – unabhängig davon, dass es das gemeinsame Interesse der USA und der EU ist, jedwede Infragestellung der Herrschaft der weltweiten kapitalistischen Zentren zu bekämpfen und die Verwertungsbedingungen des Kapitals auf dieser Welt zu sichern.

Bekanntermaßen steht die NATO, eine offensive Interventionsarmee, unter der Führung der USA. Das schließt jedoch interne Auseinandersetzungen innerhalb der NATO zum Zwecke der militärischen Stärkung der EU und des Aufbaus der deutsch-französischen Militärachse ein.

Seit 1975 finden jährlich Weltwirtschaftsgipfel statt. Natürlich wird auch über sie behauptet, hier ginge es um Hilfe für die Welt oder ähnlich freundliche Dinge. Zum G-6-Gipfel gehörten zuerst Deutschland, Frankreich, Italien, Japan, Großbritannien und die USA. 1976 kam Kanada hinzu (G-7-Gipfel). Seit 1998 schließen die G-8-Gipfel außerdem noch Russland mit ein, das allerdings von den Finanz- und Währungsberatungen ausgeschlossen ist. Die EU ist außerdem mit einem »Beobachter« vertreten. Die »Gruppe der acht« berät über Fragen der internationalen Wirtschafts-, Entwicklungs- und Währungspolitik, über Terrorismus und organisierte Kriminalität, über Drogen- und Waffenhandel, über Energiepolitik, bewaffnete Konflikte, Umweltschutz, Arbeitslosigkeit und Schuldenkrise.

Die G-8-Staats- und Regierungschefs repräsentieren etwa zwei Drittel des Welthandels und des Weltbruttonationaleinkommens, wobei in diesen acht Staaten nur 13 bis 14 Prozent der Weltbevölkerung leben.

Die G-8-Gipfel sind nach ihrem Selbstverständnis informelle Treffen, was keineswegs bedeutet, dass dort nicht Entscheidungen getroffen oder vorbereitet werden, die das Leben vieler Menschen betreffen, die allerdings nie gefragt werden und vor allem auch nicht selbst entscheiden sollen. Die weltweite Sicherheitshysterie verbietet den Staatsvertretern längst das wohlige »Bad in der Menge«. An ausgewählten Objekten wird Volksnähe nur noch inszeniert, während die Gipfel in bis an die Zähne gerüsteten Festungen stattfinden. Die G-8-Gipfel sind in erster Linie eine Machtdemonstration: »Wir beherrschen die Welt!« Natürlich wurden die Gipfel damit zu Kristallisationspunkten internationalen Widerstands.

Gehen wir einmal mehr als 20 Jahre zurück, in die Mitte der 1980er Jahre. Die alte, einflussreiche Anti-AKW-Bewegung, die sich zu einer staatskritischen Bewegung entwickelt hatte, war im Deutschen Herbst von 1977 vom Staat erstickt worden. Die Atomkatastrophe von Tschernobyl (1986) lag noch vor uns. Gegen die Wiederaufbereitungsanlage (WAA) im bayerischen Wackersdorf tobte eine sehr phantasievolle und zähe Widerstandsbewegung, die sich am Ende durchsetzte. In der Rhein-Main-Region waren die letzten wilden Wehen der Startbahnbewegung zu spüren, und bei den relativ linken Grünen war auf Bundesebene von einem Sieg des rechten Flügels, der sogenannten »Realos«, noch nichts zu sehen. Die Hauptstadt der Bundesrepublik Deutschland hieß noch Bonn.

Mai 1985, Weltwirtschaftsgipfel in Bonn: Ein Bündnis aus linken Grünen, Gewerkschaftern, autonomen und anderen Linken trug die Gegenkampagne. Der US-Präsident hieß Ronald Reagan, angeblich hatte er auch in Bonn einen schwarzen Koffer bei sich, in dem sich der rote Knopf befand, mit dem er Atomraketen in Richtung Sowjetunion abfeuern konnte. Es waren etwa 20 000 bis 30 000 Demonstranten und 10 000 Polizisten vor Ort. Es gab einen konstruktiven Gegengipfel und phantasievolle, nichtmilitante Aktionen. Der Polizei war es vermutlich zu ruhig, so griff sie aus der dichten Menschenmenge auf dem Münsterplatz willkürlich einzelne Demonstranten heraus, was eine einstündige körperliche Auseinandersetzung auslöste, denn die so Aussortierten wurden sogar von empörten Gewaltfreien verteidigt. Danach waren das Pflaster löchrig und alle Schaufenster des Kaufhofs geborsten.

September 1988, tagelange Proteste gegen die Tagung des IWF und der Weltbank in Berlin (West): Die Mauer war noch dicht. An den *westdeutschen* Übergängen in die DDR und von dort aus nach Westberlin hatten Reisende, die nach »Demonstranten« aussahen, heftige körperliche Kontrollen zu erdulden. In Westberlin gab es vor den Ereignissen Hausdurchsuchungen und Hausbesuche, um die Gipfelkritiker vom Demonstrieren abzuhalten – was aber nichts nützte.

Der Polizeieinsatz war der bis dahin größte in der Nachkriegszeit. Ziemlich amüsant war die große Zahl von Polizeifahrzeugen mit westdeutschen Kennziffern, deren Insassen, Stadtpläne vorm Gesicht, sich in Westberlin ständig verfuhren und Passanten nach dem Weg fragten, die »ordentlich« und überhaupt nicht nach Demonstrant aussahen. Die beschrieben dann gern mit ernstem Gesicht den falschen Weg. Weniger amüsant war, wie sehr Teile des Westberliner Stadtgebiets dem Areal einer militärischen Notstandsübung ähnelten.

Der Berliner Innensenator Kewenig (CDU) setzte die damals berüchtigte Polizeisondereinheit EbLT (Einheit für besondere Lagen und einsatzbezogenes Training) ein, die auch bei Einsätzen am 1. Mai in Westberlin und in Wackersdorf durch besondere und enthemmte Grausamkeit aufgefallen war. Ein EbLT-Mitglied sagte einer Zeitschrift, dass die Polizeiführung der Einheit großen Freiraum und vollständige Rückendeckung zugesichert habe und dass es erstaunlich sei, dass noch keine Demonstranten totgeschlagen worden seien. Die Einheit sei so gefährlich, dass sie sofort aufgelöst gehörte.[148]

Dazu kamen einige hundert USK-Polizisten aus Bayern. Diese USKs (Unterstützungskommandos) waren Ende 1987 nach dem Muster der EbLT-Einheiten aufgebaut worden und agierten nach dem gleichen Prinzip: losjagen und zuschlagen. Dabei wurde in Berlin unter anderem auch die Besatzung eines Demo-Lautsprecherwagens krankenhausreif geprügelt.

Die Aktionen gegen die Tagung von IWF und Weltbank waren monatelang vorbereitet worden. Hauptträger der Ereignisse waren linke und autonome Gruppen, Dritte-Welt-Gruppen, dazu die damals noch linkeren Grünen mit ihrem Landesverband der Alternativen Liste Westberlin, der BUKO (Bundeskongress entwicklungspolitischer Aktionsgruppen) und viele andere. Als vor den Aktionstagen ein Auto brannte, gab es enormen Druck auf die moderateren Teile der Kampagne, sich zu distanzieren. Aber die sagten der Presse: »Jede Gruppe hat ihre Widerstandsformen selbst zu wählen, zu begründen und zu verantworten.« Der erste Spaltungsversuch war misslungen. Konsens war: Alle Aktionsformen sind möglich, sanfte und militante, bunte und schwarze, lustige und bitterernste. Die Massenzeitung der IWF-Gegner hieß *Zahltag*. Sie erschien täglich in einer Auflage von 50 000 Stück.

Innensenator Kewenig kündigte die Abriegelung des Stadtteils Kreuzberg an. Die Mauer stand ja noch, im grenznahen Bereich waren die Wohnungen billig, hier lebten viele Linke. Sie neigten dazu, sich über die Dächer zu flüchten oder auf ihnen zu sitzen, zu lärmen und Unflätiges zur Polizei hinunterzurufen oder, schlimmer noch, zu werfen. In Kreuzberg jagten Polizeieinsatzfahrzeuge kleine Gruppen von Jugendlichen, die Besatzungen verprügelten sie und buchteten sie ein. Wenn man in der Bundesrepublik Deutschland von »Vorfällen an der Mauer« redete, war so etwas nie gemeint. Viele bürgerliche Kreuzberger protestierten. Der Innensenator bot Passierscheine für Kreuzberg an.

Eine Flut von Aktionen und Informationsveranstaltungen, ein ganzer Gegenkongress mit überraschenden 4000 Teilnehmern, informierte über die weltweite Politik des IWF und der Weltbank, aber auch über Polizeirepressionen, die Verletzung der Pressefreiheit und des Demonstrationsrechts. Die Polizei rächte sich mit Prügeleien, Festnahmen, Hausdurchsuchungen, Autodurchsuchungen, Demonstrationsverboten, weiteren Straßensperrungen, Beschlagnahmungen von Flugblättern und Polizeikesseln. An einem bayerischen Grenzübergang wurde eine Gruppe von italienischen IWF-Gegnern festgenommen, damit sie nicht nach Westberlin reisen konnte. Gegen ein Straßentheater setzte die Polizei das Kampfgas Chemical Mace ein.

Am vierten Tag zogen 80 000 Demonstranten durch Westberlin – gegen die Politik von IWF und Weltbank, für Solidarität mit dem Trikont und für die sofortige Schuldenstreichung. Es war eine der größten Demonstrationen der Nachkriegszeit. Sie wurde hier und da drangsaliert, aber die Demonstranten blieben gelassen und setzten sich durch. Es war ein strahlend schöner Tag.

Wir standen als lose Gruppe von etwa 25 bis 30 Journalisten auf dem Breitscheidplatz und beobachteten die Szenerie. Unsere Presseausweise waren sichtbar, die teuren Kameras einiger Fotografen auch. Plötzlich wurden wir von ein paar Dutzend Polizisten in Kampfanzügen eingeschlossen. Sie ließen keinen raus. Ich machte den Kollegen den Vorschlag, dass wir uns wehren und die Sache öffentlich machen sollten. Wir verständigten uns, eine Protesterklärung gegen die Einschränkung der Pressefreiheit zu verfassen. Die damalige Chefredakteurin der *taz* hatten wir dazugebeten und ihr die Veröffentlichung des Schreibens übertragen.[149] Wir richteten unsere Erklärung an das Abgeordnetenhaus von Berlin und die Parlamente der Westalliierten, verlangten eine sofortige Beendigung der Polizeiübergriffe, strafrechtliche und disziplinarische Maßnahmen, eine Untersuchung der Vorfälle durch das Abgeordnetenhaus von Berlin und den US-Kongress, denn »die pressefeindlichen Aktionen der Polizei fanden im US-Sektor von Restberlin statt« *(taz)*.[150]

Die Berichte über die polizeiliche Freiheitsberaubung von Journalisten breiteten sich bis in die USA aus, selbst in der *New York Times* soll der Pressekessel erwähnt worden sein. Demonstranten blutig schlagen war kein Tabu, aber Journalisten einkesseln schon. Als Erstes meldete sich Gery Studd, Mitglied des US-Kongresses: »Ich bin tief besorgt und habe dies dem Außenministerium bereits mitgeteilt.«[151] Auch der US-amerikanische Ausschuss für europäische Angelegenheiten wollte sich mit dem Pressekessel beschäftigen. Diese internationale Aufmerksamkeit war einigen Berliner Politikern und Polizeifunktionären sehr unangenehm. Der Pressesprecher des Innensenators wollte die Namen der Journalisten wissen, um sich mit jedem einzelnen über seine Beschwerde auseinanderzusetzen.

Anfang Oktober befasste sich der Innenausschuss des Berliner Senats in einer Sondersitzung mit den Ereignissen. Es gab Gruseliges zu sehen. Ein Videofilm zeigte, »wie der Kopf einer jungen Frau mehrmals von einem Polizisten auf das Straßenpflaster geschlagen wird«. Ans Licht kam auch eine Freigabe zum Zuschlagen, eine interne Mitteilung des Innensenators an die Polizei: »Kräfte aller Abschnitte sollen verstärkt in *Eigeninitiative* handeln. Hierbei auftretende *Fehler werden in jedem vertretbaren Maß durch Polizeiführer und Politik gedeckt.*«[152] Die Polizei unterdessen versuchte vergeblich zu beweisen, dass es keinen Pressekessel gegeben habe. Ich bekam Monate später die Rechnung für meine Beteiligung an dem so wirksamen Protest gegen den Polizei-Kessel: Einige Polizistinnen und Polizisten verabredeten sich zu einer fingierten Geschichte, um mich von einem Gericht wegen Beamtenbeleidigung verurteilen zu lassen. Meinem Strafverteidiger H.-Jürgen Borowsky gelang es auch diesmal durch seine klugen Befragungen der Polizistinnen und Polizisten, die Verabredung zur Falschaussage auffliegen zu lassen. Die lang vorbereitete und durch die Ladung so vieler Polizeizeugen auch sehr teure Hauptverhandlung in Frankfurt/Main wurde hastig unterbrochen, nie wieder aufgerufen und auf Staatskosten eingestellt.

Juli 1992, Weltwirtschaftsgipfel in München: Die Demonstranten wollten den Aufmarsch der Mächtigen durch Demonstrationen, Parolen und Pfeifkonzerte stören. Ein naiver Mensch mag dies, in einer Demokratie, für vollkommen legitime Aktionsformen halten, um die andere Auffassung, den Protest, darzustellen. Die Mauer zwischen DDR und BRD gab es nicht mehr, aber die Stadt München zog plötzlich an vielen Straßen und Kreuzungen Mauern hoch: Vorkontrollen, Hauptkontrollen, Ausweiskontrollen, Gepäckkontrollen, Sperrungen. Es gab keine Steinwürfe oder andere Handlungen in der großen Demonstration mit etwa 20 000 Teilnehmern, die den nachfolgenden Polizeieinsatz gerechtfertigt hätten. Aber die USK-Einheiten und die aus der ganzen Bundesrepublik zusammengezogenen hochaggressiven SEKs (Spezialeinsatzkommandos der Polizei) zeigten, wozu der Staat sie ermächtigt hatte. Es gab keine erkennbaren Anlässe. Vielleicht einmal eine Mütze zu tief ins Gesicht gezogen oder einen Schal zu hoch, ein Transparent gefiel nicht oder wurde seitlich getragen, damit Passanten es lesen konnten, schon rannten Polizisten in die Demo und schlugen zu, manchmal griffen sie Einzelne heraus, manchmal nicht. Jeder Polizeistratege und jeder Polizeipsychologe weiß, dass man mit solchen Angriffen eine physische Auseinandersetzung provoziert. Die Demonstranten durchschauten es, wollten in diese Falle nicht gehen und blieben diszipliniert.

Die Aggressivität der Polizei suchte weitere Opfer. Das Pfeifkonzert gegen die inhumane und naturzerstörende Politik des Weltwirtschaftsgipfels am Max-Joseph-Platz war angemessen laut. Keiner der Gäste wurde bespuckt oder auf irgendeine Weise attackiert, kein Farbei traf ein Fahrzeug, aber die Proteste waren zu hören, sobald die Herren und wenigen Damen aus ihren Limousinen stiegen. Offensichtlich war es den Politikern peinlich, dass ihre »hohen Gäste« die Pfiffe hörten, Diktatoren sind ja so leicht beleidigt. Die Polizei dichtete das Pfeifen und Rufen, die Transparente und Slogans zur kriminellen Tat um, zur strafrechtlich verwerflichen »Nötigung«. Es folgten Prügelorgien, der berühmte Münchner Kessel, massenhafte Festnahmen, Verschleppungen in die Haftanstalt in der Ettstraße oder gleich in die Justizvollzugsanstalt Stadelheim, Freiheitsentzug.

Auch ich wurde gefangen genommen, weil ich laut gegen den Kessel protestierte, den sie, eine Straßenkreuzung entfernt vom Max-Joseph-Platz, um eine Gruppe von Demonstranten schlossen, denen sie nichts anderes vorwerfen konnten als die Benutzung von Trillerpfeifen und Stimmbändern. Ich hatte – mein Presseausweis hing sichtbar um meinen Hals – Journalistenkollegen und Fotografen auf einige ziemlich brutale Festnahmen aufmerksam gemacht und mir die Namen einiger der im Kessel Eingeschlossenen notiert, um sie an die betreuenden Rechtsanwälte weiterzugeben.

Das missfiel der Polizei. Man nahm mich fest, plötzlich und mit Gewalt. Meine Lederjacke zerriss unter den Schlägen. Einer der Polizisten, die mich meiner Freiheit beraubten, griff mit seinen beiden behandschuhten Händen in einem Spezialgriff um meine rechte Hand, so dass ich vor Schmerz schrie. Ich konnte mich nicht einmal fallen lassen. Bei diesem Polizeigriff wird die Hand weit über das Maß, das Bänder, Sehnen, Nerven und ein Handgelenk ertragen, zum Unterarm hin überdehnt. Passanten sehen nicht viel mehr als zwei dick behandschuhte Polizeihände, die eine Hand und ein Handgelenk verbergen. Die Behauptung, dass außer einem heftigen Schmerz kein dauerhafter Schaden bleibt, kann ich heute widerlegen. Die Hand blieb beeinträchtigt.

Viele Fotos von Polizeiübergriffen auf Demonstrantinnen und Demonstranten zeigen heute diesen und andere Griffe, die oberflächlich betrachtet so harmlos erscheinen, dass unerfahrene Betrachter die schmerzverzerrten Gesichter der Festgenommenen für theatralisches Getue halten mögen.

Ich wurde, von Polizisten bewacht, in einem Krankenhaus notversorgt. Bei der ärztlichen Untersuchung wollten die beiden Polizisten gern zusehen. Glücklicherweise war der Arzt selbstbewusst, zeigte auf das winzige Fenster, durch das ich nicht hätte fliehen können, und wies die Polizisten aus dem

Raum. Er versorgte mich, bandagierte unter anderem mein Handgelenk und legte meinen Arm in eine Schlinge. Die Polizisten wachten vor dem Arztzimmer, dann schleppten sie mich in die Haftanstalt im Polizeipräsidium in der Ettstraße. Ich wurde erkennungsdienstlich behandelt, Fingerabdrücke, Fotos, die ganze Prozedur. Mein Presseausweis war so viel wert wie Klopapier. Welchen Vorwurf machte man mir? Als Antwort nur Gelächter, so sicher fühlten sich staatliche Rechtsbrecher in einer von der SPD regierten Stadt. In diesen sonderbaren Momenten bekommt man eine sehr sinnliche Vorstellung von der »Demokratie«, in der man lebt. Nicht das erste Mal.

Die Zelle, in der ich dort mit mehr als einem Dutzend Frauen saß, hatte nur etwa sechs Holzpritschen, die wir uns teilten. Ich weiß nicht mehr genau, wie lange wir dort eingesperrt waren. Acht Stunden? Zehn Stunden? In der düsteren Zelle gab es einen Wasserhahn, aus dem aber kein Tropfen kam, weil das Wasser im Flur abgestellt war. Als wir Durst und Hunger hatten, hörten wir höhnisches Gelächter. Als wir laut wurden, stellten die Wachhabenden das Wasser plötzlich voll auf, und es schoss in hohem Bogen in die Zelle und hörte nicht auf, bis der Boden überschwemmt war. Wir hätten das Wasser auflecken müssen. Um keine nassen Füße zu bekommen, drängten wir uns auf den wenigen Holzpritschen.

Wir erfuhren weder damals noch in der Folge, dass die Polizei eine Datei für uns eingerichtet hatte. Sie wurde zwar viel später nach der Kritik des bayerischen Datenschutzbeauftragten offiziell gelöscht. »Löschen« in einer Datenbank heißt aber nicht wirklich löschen, die Daten werden vorher gern von der Polizei in eine andere Datei übertragen. So sind sie, o Wunder, gelöscht und gleichzeitig doch wieder nicht. Die Daten von einigen von uns wurden offensichtlich, wie sich Jahre später herausstellte, in die neue, beim Landeskriminalamt (LKA) geführte, bayerische Staatsschutzdatei (SDBY) übernommen, die »offenbar als Rückzugsgebiet ansonsten zu löschender Daten«[153] fungierte, wie Datenschützer kritisierten.

Insgesamt 491 Menschen wurden am Montagmorgen festgenommen. Wie wurde die Sache gerechtfertigt? »Ihre Pfiffe und Sprechchöre, die die Blaskapelle zu Ehren des Bundeskanzlers übertönten, hätten gedroht, die Veranstaltung zu kippen«, rechtfertigte der verantwortliche Polizeipräsident Koller den Einsatz. Bundeskanzler Kohl sagte, »die Demonstranten hätten nur »dem eigenen Land Schaden zufügen wollen«. Ministerpräsident Max Streibl meinte, »hartes Hinlangen sei eben bayrische Art«.[154] Der Haftrichter sah das anders. Er lehnte nicht nur den Antrag ab, einige der Festgenommenen vier Tage einzusperren. Er ließ am Montagabend auch alle 491 Gefangenen frei: »Lärm ist keine Gewalt im Sinne des Paragraphen 240 StGB« (Nötigung). »Die Festgenommenen sind unverzüglich freizulassen.«[155]

Prompt wurden gegen 479 Menschen Verfahren eingeleitet, weil ihnen Polizei und Staatsanwaltschaft vorwarfen, »durch lautes Schreien und Pfeifen mit mitgebrachten Trillerpfeifen den Abbruch der Begrüßungszeremonie für den Weltwirtschaftsgipfel zu erzwingen (Vorwurf der versuchten Nötigung und der Verunglimpfung des Staates und seiner Symbole)«[156].

In 287 Fällen stellte die Staatsanwaltschaft die Verfahren ganz ein, weil den Beschuldigten nichts nachgewiesen werden konnte. 188 weitere Verfahren stellte sie »wegen geringer Schuld« ein. Aber in diesen Fällen speicherte die Polizei die erhobenen personenbezogenen Daten weiter. Der Datenschutzbeauftragte hatte gegen die Speicherung in der bayerischen Staatsschutzdatei nichts einzuwenden. Er bemängelte nur, dass einige auch bundesweit aufbewahrt wurden. Man verpasste ihren Akten einen sogenannten KAN-Merker 6 (Handeln zur Verfolgung extremistischer Ziele und fremdenfeindlicher Straftaten), der ursprünglich nur für schwere Straftaten von überregionaler Bedeutung gedacht gewesen war.[157]

Juni 1999, EU-Gipfel in Köln: Es gab sehr verschiedene Positionen unter den Gipfelgegnern, wie spätestens bei der Vorbereitung und Durchführung der Anti-Gipfel-Aktionen klar wurde. Manche, die sich noch als Kritiker der Europäischen Union (EU) – nicht als Kritiker Europas! – gerierten, kokettierten längst mit all den materiellen Annehmlichkeiten, die die EU bestimmten Kreisen, nicht nur Europaparlamentariern, bot. Die EU winkte mit Jobs und Fonds für Projekte, auf die manch eine Gruppe nicht verzichten wollte. Linke und linksradikale EU-Gegner kritisierten die NGOs (Non-Governmental Organizations, Nichtregierungsorganisationen). Manch eine NGO sah sich eher als Politikberater denn als Kritiker. Ein Teil dieses Milieus hatte alle seine radikalreformerischen Forderungen aufgegeben. Die PDS zum Beispiel, die Anfang der 1990er noch vorgegeben hatte, eine linke, explizit antikapitalistische Partei sein zu wollen, war längst zu einer Möchte-gern-mitregieren-Partei geworden, hatte sich – schneller noch als die Grünen – angepasst und war inzwischen in Mecklenburg-Vorpommern an einer Landesregierung beteiligt. Ihrer EU-Kritik war – auch wenn sie sich mal gut anhörte – nicht zu trauen. Eine richtige Einschätzung, wie wir heute, zehn Jahre später, wissen.

Statt um internationale Solidarität und soziale Befreiung ging es so einem Teil der Demonstranten nur noch um die Ausarbeitung von »globalen Steuerungsprogrammen« und um die »Bändigung spekulativer Finanzströme«, als sei das Finanzkapital losgelöst vom Produktivkapital. Um den Widerstand gegen den Kapitalismus insgesamt ging es ihnen nicht mehr. Dafür kam die staatstragende PDS auf die Idee, um globale Krisen zu lösen, solle eine UN-Weltpolizei – verdruckst betitelt als »Stand-by-Truppen« – eingerichtet werden.

Aber die linken Gipfelgegner setzten sich noch weitgehend durch. Die EU-Gegner protestierten gegen die »staatlichen Vollstrecker der kapitalistischen Weltordnung« auf dem EU-Gipfel, gegen den Ausverkauf Osteuropas an die Interessen des westeuropäischen Kapitals und gegen die wachsende Verarmung in Europa. Zu ihren Forderungen gehörte die »Zerschlagung aller herrschaftssichernden Institutionen wie WWG, IWF, Weltbank, NATO« und die sofortige Streichung der Schulden sowie Reparationszahlungen an den ausgeplünderten Trikont. Sie kritisierten aus guten Gründen die EU-Agrarpolitik, die Abschottung der EU-Festung gegen Flüchtlinge und Migranten sowie die innere und äußere Militarisierung Europas. Seit 1990, in nur neun Jahren, waren schon etwa 90 Menschen an der BRD-Ostgrenze gestorben – auf der Flucht vor dem Bundesgrenzschutz oder deutschen Bürgerwehren, verunglückt oder ertrunken beim Versuch, nachts an gefährlichen Stellen die neue, viel modernere Mauer zu überqueren.

Als nach dem EU-Gipfel in Köln die Protestierenden in Deutschland in einer Sackgasse zu stecken schienen und noch hitzig darüber diskutiert wurde, wie weiter vorzugehen sei gegen die »neue Weltordnung«, brachten die Ereignisse im amerikanischen Seattle einen Hoffnungsschimmer am finsteren Horizont.

6

AUF DEM WEG IN DIE DIKTATUR

In Seattle wurde der Beginn eines Aufbruchs einer noch jungen neuen internationalistischen Bewegung gefeiert. Zuerst einmal verwandelte die Polizei die nordwestamerikanische Stadt »in ein Kriegsgebiet«, wie Vandana Shiva, Trägerin des Alternativen Friedensnobelpreises, es beschrieb.[158] Sie setzte Polizei-Robocops, Gummigeschosse, Tränengas und Prügel ein – aber es nützte ihr nichts. Die Staatsmacht war auf die Intensität des Protestes gegen die WTO nicht vorbereitet. Die Tagung scheiterte auf spektakuläre Weise.

November 1999, Konferenz der Welthandelsorganisation in Seattle: Hier sollte die »Millenniumsrunde«, die Jahrtausendrunde zu Handelsfragen, eröffnet werden, um die »Liberalisierung des Welthandels« und die »Marktöffnung« weiterer Staaten auszudehnen, eine Konferenz der Welthandelsorganisation (WTO). Für einen großen Teil der Welt bedeutete das nichts anderes als eine Bedrohung. Fünfzigtausend Demonstranten belagerten das Treffen. Sie verhinderten nicht nur den geplanten Ablauf der Zusammenkunft, sondern erzwangen ihren vorzeitigen Abbruch. Die WTO-Konferenz brachte nicht einmal eine gemeinsame Abschlusserklärung zustande.

Sobald die Polizisten irgendwo Blockierer herausgezerrt und festgenommen hatten, setzten sich andere Demonstranten an ihre Stelle. Seattles Polizeipräsident gestand nach seinem Rücktritt: »Wir waren nicht auf die Tiefe der Anti-WTO-Gefühle vorbereitet. Und nicht auf die sehr große Zahl von Individuen, die eine Minderheit aller Protestierer repräsentierten, die auf Zerstörung und Gewalt aus waren.«[159] Gewalt? Die Medien vermitteln die von der Politik der WTO ausgehende menschenvernichtende Gewalt niemals so eindringlich wie das vergleichsweise bedeutungslose Vorkommnis kaputter Scheiben bei McDonald's. Das perspektivlose, von Hunger und Krankheiten geschüttelte Leben auch nur eines einzigen Menschen im Trikont wird nie so einfühlsam dargestellt wie der Zorn eines Konferenzteilnehmers über lästige Demonstranten.

Die Polizei hatte außer ihrer Überraschung über die Wut auf die WTO noch ein Problem. US-Präsident Bill Clinton ließ sich nicht davon abhalten, nach Seattle zu kommen und die Teilnehmer der Konferenz mit einer Rede zu beglücken. Es war schließlich Wahlkampf. Wie man einem Interview mit Clinton später entnehmen konnte, hatte das Weiße Haus eine geheime Absprache mit der AFL-CIO (American Federation of Labor and Congress of Industrial Organizations), dem Dachverband der US-amerikanischen und kanadischen Gewerkschaften, getroffen.[160] Die AFL-CIO nahm an den Anti-WTO-Protesten teil. Aber die Annahme, dass der Verband für seine Rücksichtnahme auf den wahlkämpfenden US-Präsidenten eine Mehrheit der Demonstranten und Blockierer gewinnen würde, war ziemlich unrealistisch. Warum sollten ernsthafte WTO-Gegner ausgerechnet dem höchsten Repräsentanten derjenigen Nation den Weg frei machen, die am meisten Schaden in und mit der WTO anrichtete? Die Mehrheit unter den 50 000 Protestlern war ein bunter Haufen aus gewaltfreien und militanten, linken, anarchistischen, sozialistischen und internationalistischen Gruppen und nicht so leicht zu vereinnahmen, wie es sich das Weiße Haus vorgestellt hatte.

Der Secret Service des US-Präsidenten verlangte von der Polizei von Seattle, dem Präsidentenwunsch absoluten Vorrang zu geben und einen großen Teil ihrer Kräfte von der Räumung der Blockaden abzuziehen, um Clinton die Straßen frei zu machen. Ronald Legan, der leitende Agent, stellte der Polizei ein Ultimatum, denn »wir wollten seine Wagenkolonne aus 30 Autos nicht nach Seattle hinein- und wieder hinausprügeln müssen.«[161] Die

Polizei gab nach, zog Einheiten von den Protesten ab, und so kam Clinton durch – aber die Konferenz blieb blockiert.

Eigene Erfahrungen in ihren Ländern mit den Folgen der WTO-Politik sowie der Druck der »Straße« schürten auch die Widersprüche unter den 135 WTO-Mitgliedsstaaten. Einige Handelsminister aus Asien, Afrika, Zentral- und Lateinamerika verweigerten ihre Unterstützung für den hinter verschlossenen Türen ausgehandelten »Konsens«. Es gelang den mächtigsten Regierungen in der WTO, den USA, der EU und Japan, nicht einmal, sich auf eine Tagesordnung für die Jahrtausendrunde zu einigen.

Seattle wurde zum Fanal, zum Triumph eines »konfrontativen Vorgehens« gegenüber dem »lobbyistischen Schmusekurs der Nichtregierungsorganisationen«, wie es der Bundeskongress entwicklungspolitischer Aktionsgruppen (BUKO) nannte. Indem die Linken die WTO-Konferenz störten, verzögerten sie auch verheerende Beschlüsse. Aber das System, das mehr als 14 000 Kinder täglich an den Folgen von Hunger sterben lässt und das dazu geführt hat, dass im Jahr 2008 in der Welt noch mindestens 50 Millionen Menschen *mehr* hungern als 2007, weil die Nahrungsmittelpreise gestiegen sind, wurde nicht gestoppt.[162]

Dennoch hatte der Erfolg von Seattle, zehn Jahre nach dem Fall der Mauer, acht Jahre nach der Auflösung der Sowjetunion, nach all dem Siegesgeschrei vom »Ende der Geschichte« und dem noch endgültigeren »Sieg des Kapitalismus«, eine der internationalen Agenturen des Kapitals für einen Moment ausgebremst und weltweit vielen Menschen klargemacht, um was für eine menschenverachtende Organisation es sich bei der WTO handelte. Und es wurde die Botschaft verbreitet, dass tatsächlich ganz gewöhnliche Menschen etwas tun konnten, wenn sie sich zusammenschlossen.

September 2000, IWF- und Weltbank-Konferenz in Prag: Die beiden Institutionen tagten zum ersten Mal in einem osteuropäischen Land. Eine *Initiative gegen ökonomische Globalisierung* (INPEG), ein Zusammenschluss vor allem junger Leute, koordinierte die Aktionswoche des Widerstandes. Wie in Seattle spielte das Internet eine große Rolle bei der Mobilisierung und der gegenseitigen Information. Das war auch dringend nötig, denn die tschechische Regierung führte in den Wochen vor der Konferenz einen Medienkrieg gegen die Demonstranten. Die Prager Regierung wollte es der Welt zeigen, dass sie Ruhe und Ordnung durchsetzen konnte. Bloß keine Wiederholung des verlorenen »battle of Seattle«!

Das tschechische Gesundheitsministerium riet Krankenhäusern allen Ernstes, sich auf Angriffe mit chemischen und biologischen Waffen einzustellen. Man empfahl der Bevölkerung, sich zu Hause einzuschließen, Türen und Fenster gegen die »Barbaren« zu verrammeln, Lebensmittelvorräte anzulegen und Kinder und alte Leute aufs Land zu schicken.[163]

Viele IWF- und Weltbank-Gegner wurden schon an der tschechischen Grenze abgewiesen. Einem Sonderzug mit 1000 italienischen Aktivisten wurde anfangs die Einreise verweigert. Polizisten filmten aus Hubschraubern jede größere Menschenansammlung in Prag. Es kam zu heftigen Auseinandersetzungen, mindestens 70 Demonstranten wurden verletzt. Am Abend lobte der tschechische Innenminister Stanislav Gross die Arbeit der Sicherheitskräfte.

Dennoch drangen etwa 20 000 Demonstranten bis zum Tagungszentrum der Weltwährungskonferenz vor. Die Demonstranten kamen auch aus Indien, Brasilien, Griechenland, Spanien, Italien und Norwegen. Es waren Gewerkschafter, Bauern, Landlose, Linke verschiedenster Couleur. Die etwa zehntausend Konferenzteilnehmer, unter ihnen auch Finanzminister und Notenbankchefs, kamen nicht mehr hinaus. U-Bahn und Pendelbusse stellten am Nachmittag den Betrieb ein. Zuvor hatte es wieder massive Polizeiübergriffe gegen Demonstranten gegeben. Im Einsatz waren 11 000 Polizisten und 5000 Soldaten, als wäre Krieg.

Die Weltbank brach ihr Treffen einen Tag früher als geplant ab. Einige Delegierte fühlten sich nicht mehr sicher. »Wir sehen es als Erfolg an, dass sie die Stadt so schnell wie möglich mit eingezogenen Schwänzen verlassen«, sagte ein Aktivist der INPEG selbstbewusst.

Nach Prag wurde der schon länger schwelende Konflikt zwischen den verschiedenen Strömungen der Gipfelgegner noch deutlicher. Viele der NGOs, die an den Protesten gegen die Gipfel teilnehmen, wollen lediglich eine »Reform« von IWF und Weltbank, nicht deren Abschaffung. Manche sind nicht einmal gegen den Kapitalismus, sie wollen nur seine Modernisierung. Deshalb sind diese Gruppen in weiten Kreisen der internationalen Protestbewegung auch so unbeliebt. Viele trauen ihnen nicht, denn allzu häufig wechseln ihre Repräsentanten zur Gegenseite über, werden Politikberater oder Abgeordnete bürgerlicher Parteien. Attac gehört eher zu den linkeren NGOs und will doch nichts als eine Steuerreform. Eines der jüngsten Beispiele der Integration ins System ist der Übertritt des Mitgründers von Attac Deutschland, Sven Giegold, zu den Grünen und seine blitzschnelle Kandidatur für das Europaparlament. Viele andere angeblich oppositionelle NGO-Funktionäre beziehen für ihre »konstruktive« Arbeit Gelder aus dem Staatshaushalt oder von Parteistiftungen.

Längst haben Weltbank und IWF begriffen, wie günstig eine Spaltung des Widerstandes ist – in die »vernünftigen« und »konstruktiven« auf der einen und die »unvernünftigen«, »destruktiven« Widersacher auf der anderen Seite. Wenn es um korrumpierende Angebote geht, haben nicht nur Parteien, Parlamente und Regierungen großes Potenzial, sondern auch die Weltbank und der IWF: Fonds, Stiftungen, Aufträge, Jobs und – vielleicht am wirksamsten – Reputierlichkeit, also die falsche Art der sozialen Anerkennung.

Ab und an säuseln Vertreter des IWF und der Weltbank etwas von »einer Weltwirtschaft, die für alle arbeitet«. Dummerweise liegt das nicht in der Logik des Kapitalismus. Der geschäftsführende Direktor des IWF, Horst Köhler, gab dies zu: Die Meinung der NGOs sei wichtig, aber die Hauptverantwortung des IWF liege gegenüber seinen Anteilseignern, also den USA, den G-8-Staaten und der EU, an deren gemeinsamer Mehrheit kein Trikontstaat im IWF vorbeikommt.[164]

Aber es gab in Prag auch radikalere Vertreter der NGOs wie Walden Bello, den philippinischen Soziologieprofessor und internationalen Menschenrechtsaktivisten. Er diskutierte gemeinsam mit zwei anderen NGO-Vertretern auf Einladung des tschechischen Präsidenten Václav Havel auf einer öffentlichen Veranstaltung auf der Prager Burg. Auf der Gegenseite saßen Horst Köhler, der geschäftsführende IWF-Direktor, James Wolfensohn, Präsident der Weltbank, der Finanzier George Soros und der südafrikanische Finanzminister Trevor Manuel. Walden Bello spottete: »Ich hätte ja nie gedacht, dass ich jemals so dicht bei Jim Wolfensohn sitzen würde. Das ist es vermutlich, was man Nahkampf nennt.« Dann griff er Wolfensohn direkt an: »Sie haben geholfen, die Diktatur von Suharto [in Indonesien] zu rechtfertigen, und das wird Ihnen die Welt niemals verzeihen.« Der Vorsitzende von Friends of the Earth International legte offen, dass Wolfensohn und seine Kollegen in ihrer Begeisterung für den Bau von Dämmen in der Dritten Welt persönlich dafür verantwortlich seien, dass 400 Leute getötet worden waren und zehn Millionen Menschen zwangsumgesiedelt.

Auch wenn Walden Bello einmal gemeinsam mit James Wolfensohn auf dem Podium saß, weiß er um die Gefahr solcher »Dialoge«. Weltbank und IWF seien hauptsächlich daran interessiert, die Opposition gegen ihre Projekte zu spalten, zum Beispiel indem sie einige Initiativen »vernünftige NGOs« und militantere »unvernünftige« nennen, schrieb er in einer Nachbetrachtung.[165]

Ende Oktober saßen noch etwa 20 der in Prag festgenommenen IWF- und Weltbankgegner in Haft. Zwei Monate nach den Protestaktionen kam, gegen eine Kaution von 50 000 Euro, der letzte Demonstrant aus einem Prager Gefängnis frei, ein 18-jähriger dänischer Schüler. Er war misshandelt worden und hatte wochenlang in Einzelhaft gesessen. Man warf ihm vor, mit einer Eisenstange auf einen Polizisten eingeschlagen zu haben, was er bestritt. Er sagte, dass er gesehen habe, wie ihm Polizisten Steine in seinen Rucksack steckten, als er am Boden lag.

Juni 2001, EU-Gipfel in Göteborg: Für Kapital und Waren, für Billigarbeitskräfte und für Finanzspekulation gibt es in Europa kaum noch Grenzen. Für die Kritiker der herrschenden Verhältnisse hingegen ständig neue. Für viele Gegner des EU-Gipfels in Göteborg, die aus allen Teilen des Kontinents anreisten, war die Fahrt schon im Heimatland oder an der schwedischen Grenze zu Ende. Die schwedische Regierung setzte kurzerhand das Schengener Abkommen außer Kraft, um die Einreise von Gipfelgegnern zu verhindern. Ihre Busse wurden gestoppt, durchsucht und zur Umkehr gezwungen, Fähren aus Dänemark wurden scharf kontrolliert.

Man stelle sich einmal vor, was für ein Geschrei ausbräche, wenn auch nur einem Bus mit deutschen Touristen an einer europäischen Grenze die Durchreise verboten würde.

Und wie gut die europäischen Regierungen zusammenarbeiten, sobald es um die Diskriminierung von Oppositionellen geht! Der deutsche Bundesgrenzschutz (BGS) – seit 2005 Bundespolizei (BuPo) –, eine paramilitärische Truppe und Sonderpolizei mit viel zu umfassenden Rechten und Befugnissen, hatte der schwedischen Polizei detaillierte Informationen über sogenannte »bekannte Gewalttäter« zukommen lassen. Das Bundeskriminalamt (BKA) bespitzelte Busse. BKA-Leute reisten nach Göteborg. Es wurden sogar Akten aus Verfahren gegen Linke in Deutschland, die eingestellt worden waren oder mit einem Freispruch geendet hatten, an die schwedischen Behörden weitergeleitet.

Alles wurde für eine Eskalation vorbereitet. Dass dennoch so viele Menschen, vor allem viele junge, aus allen Ländern nach Göteborg reisten, ließ die europäischen Regierungen bald noch intensiver über eine »gemeinsame Strategie gegen herumreisende Gewalttäter«[166] nachdenken.

Aber von alldem wussten die Demonstranten praktisch nichts. Zuerst sah es sogar so aus, als ob die schwedischen Behörden tolerant kooperieren wollten, und einige Behörden meinten das auch sicher so. Die Stadt Göteborg erlaubte den Gipfelgegnern, bestimmte Schulen als Schlafstätten, Kommunikations- und Konferenzzentren zu nutzen. Die Polizei versprach, sich zurückzuhalten und zum Beispiel keine Hunde und Reiterstaffeln gegen Demonstranten einzusetzen. Kaum hatte aber der Gipfel begonnen, stellte sich heraus, dass die Obrigkeit sich in Wahrheit für eine viertägige Strategie der Provokation, Aggression und Eskalation entschieden hatte.

Die Hvitfeldtska-Schule gehörte zu den Schulen, die den Demonstranten zur Verfügung gestellt worden waren. Sie war Schlafstätte, zentraler Anlaufpunkt und Informationszentrum. Hier sollten die Workshops stattfinden, und hier arbeitete die »Volxküche Rantanplan« für die Verpflegung der Gipfelgegner. Die Schule war also der wichtigste Teil ihrer Infrastruktur.

Ausgerechnet diese Schule wurde gleich am ersten Tag, am Donnerstag, den 14. Juni 2001, von der Polizei umstellt und angegriffen. Gegen 11 Uhr, nicht zufällig zu genau dem Zeitpunkt, als US-Präsident George Bush in Göteborg eintraf, umstellten 300 Polizisten – bis an die Zähne bewaffnete »Riotcops«, Reiterstaffeln und Hundeeinheiten – die Schule. In jenem Moment hielten sich dort mindestens 500 Gipfelgegner auf. Viele bereiteten sich gerade darauf vor, gegen Bush zu demonstrieren. Manche wollten ihm als ihre schärfste Waffe ihren nackten Hintern zeigen, das nannten sie »mooning to Bush«. Eine weitere Provokation – in den Augen der Polizei – schienen die Selbstschutzmaßnahmen der gewaltfreien spanischen Gruppe Ya Basta zu sein. Sie umwickelten empfindliche

Körperteile zum Schutz vor möglichen Polizeiknüppeln mit allerlei Pappen und Schaumstoffen. Die Polizei nennt so was gern »passive Bewaffnung«. Man muss den Frust eines Polizisten verstehen, der auf einen Schädel schlägt, aber der platzt und blutet nicht …

Wer aus der Hvitfeldtska-Schule zu fliehen versuchte, auf den ritt die Polizei mit Pferden los oder hetzte ihre Hunde. Nach einiger Zeit entschieden die Eingeschlossenen, einen kollektiven Ausbruch zu wagen, dabei aber defensiv vorzugehen, einfach immer wieder beharrlich mit einer Masse von Leuten gegen die Polizeiketten zu drücken. Aber als sie dann merkten, dass das vergeblich war, gaben sie auf und zogen sich in die Schule zurück. Ein Polizist behauptete später vor Gericht, die Demonstranten hätten durch ihren Rückzug die Polizei in eine Falle locken wollen, um sie im großen Stil »totzuschlagen«.

Immer wieder versuchten die Eingeschlossenen auszubrechen. Die Polizei umstellte die Schule mit Transportcontainern. Ein paar sportlichen Leuten gelang es, über die Dächer der Container zu fliehen. Als gegen Abend mehrere größere Gruppen erneut auszubrechen versuchten, stürmte die Polizei die Schule und verletzte etwa hundert Menschen. Sie sperrte die meisten in Gefangenenbusse und verweigerte ihnen, nach der stundenlangen Freiheitsberaubung, erneut ihre Grundrechte. Niemand durfte einen Anwalt anrufen. »Sicherheitshalber« zerschlug die Polizei die Scheiben von Autos auf dem Parkplatz der Schule. Die Workshops und der Gegengipfel mussten ausfallen. Währenddessen demonstrierten 12 000 bis 15 000 Menschen in der Stadt, wo sich die Informationen über den Polizeiüberfall auf die Schule rasch verbreiteten. Viele versuchten, den Eingeschlossenen zu Hilfe zu kommen. Die Polizei rechtfertigte später ihr Vorgehen damit, dass in der Schule Straftaten vorbereitet worden sein sollen. Beweise legte sie nie vor.

Ein junger Göteborger wohnte zusammen mit seiner Freundin und zwei Katzen im Stadtteil Biskopgården. Er arbeitete in der häuslichen Pflege. Er hatte eine Zahnoperation hinter sich und konnte nicht mitdemonstrieren. Aber etwas wollte auch er tun, also meldete er sich für das Infotelefon.

Infotelefone sind eine verbreitete und notwendige Sache bei großen Demonstrationen, sie gehören seit Jahrzehnten zu vielen Protestaktionen, auch sozialdemokratischen und gewerkschaftlichen. Bei einer der Vorbereitungssitzungen für die Anti-EU-Gipfel-Aktionen wurde, wie für andere Arbeiten auch, öffentlich für die Mitarbeit beim Infotelefon geworben. So fand sich eine kleine Gruppe aus 18- bis 23-Jährigen, darunter der junge Mann aus Göteborgs Biskopgården. Wie immer wurden Telefonlisten angelegt, wer im Falle wichtiger Ereignisse per SMS benachrichtigt werden sollte. Die Listen hingen in der Hvitfeldtska-Schule offen aus, allein acht Telefonnummern gehörten den Mitarbeitern eines Dokumentationsfilmers. Jeder konnte sich eintragen.

Der Standort der Infozentrale war eine gewöhnliche Wohnung in einem Vorort. Die jungen Leute schliefen in Schlafsäcken. Der einzige Computer stand auf dem Couchtisch. Ein Polizeiexperte sagte dem Gericht später, auf dem Computer habe man ein spezielles Programm zum Versenden von SMS gefunden sowie ein Programm zur Verschlüsselung der Festplatte. Aber auf Nachfragen der Verteidiger musste der »Experte« zugeben, dass das SMS-Programm kostenlos zu haben war und mehrere Millionen Menschen es weltweit benutzten, und dass das Verschlüsselungsprogramm von jener Art war, welche die EU ihren Bürgern zum routinemäßigen Einsatz empfahl.

Als die Aktionstage am Donnerstag begannen, bezog das Infotelefon von überallher Informationen, hörte den Polizeifunk ab und gab die aktuellen Informationen an alle Interessierten weiter. Als die Hvitfeldtska-Schule überfallen wurde, riefen viele der Eingeschlossenen mit ihren Handys um Hilfe. Das meldete das Infotelefon natürlich weiter und verband die Information mit dem Aufruf, zur Schule zu gehen und den Eingeschlossenen zu helfen. Das Infotelefon verschickte, bis es von der Polizei überfallen wurde, nur 10 SMS-Nachrichten. Eine SMS lautete: »Wir brauchen Solidarität mit unseren Genossen in der Schule. Die Polizei hat Probleme, die Stellung zu halten, sie sind müde und hungrig.« Eine andere: »Menschen bereiten sich auf Verteidigung der Hvitfeldtska vor. Polizei sind zu wenige. Alle dorthin zum Helfen ihrer Genossen! Weiterverbreiten!«

In dieser Nacht zum Freitag stürmten maskierte Polizisten mit automatischen Waffen die Wohnung des Infotelefons. Zwölf Leute wurden verhaftet, unter ihnen der junge Pfleger. Er stand unter schwerem Schock, als sie ihn in das Gefängnis in Alingsås einlieferten. Der Leiter des ersten Verhörs sagte ihm, dass er zehn Jahre Gefängnis für Sabotage und Anstiftung riskiere. »Was?«, antwortete der junge Mann. »Glaubst du, dass ich ein Terrorist bin?« Die Antwort: »Ich glaube, dass du ein feiges, ekliges Schwein bist, das andere auf der Straße die grobe Arbeit machen lässt.«

Vier SMS wertete der Staat als Aufforderung zum Handeln und als Aufruf zu gewalttätigen Übergriffen auf die Sicherheitskräfte. Was war so geheimnisvoll und kriminell an diesen SMS? Jeder in der Schule, der ein Mobiltelefon hatte, rief um Hilfe. In den Straßen Göteborgs verbreitete sich die Nachricht auch auf anderen Wegen. Aktivisten informierten durch Megaphone und riefen alle dazu auf, den Eingeschlossenen in der Schule zu Hilfe zu kommen.

Nur einer der SMS-Empfänger konnte identifiziert werden. Der 20-Jährige hatte um 14:46 Uhr, mehrere Stunden nach Beginn des Polizeiangriffs auf die Schule, den Hilferuf empfangen. Weitere vier Stunden später soll er in der Demonstration durch »winkende Handbewegungen« die Menschenmenge dazu aufgefordert haben, zur Schule zu gehen. Nichts weiter. Er hatte keinen Stein geworfen, keinen Polizisten angegriffen, nicht mal einen Papierkorb angezündet. Die Staatsanwaltschaft setzte sich mit ihrer Auffassung durch, dass das Infotelefon mit Hilfe des jungen Manns einen »våldsamt upplopp«, einen

»gewalttätigen Aufruhr« (vergleichbar dem deutschen »besonders schweren Fall des Landfriedensbruchs«, § 125a Strafgesetzbuch), gesteuert habe.

Der Vorwurf des »våldsamt upplopp« bzw. des Landfriedensbruchs war in der schwedischen wie in der deutschen Geschichte immer politisch umstritten, weil der Staat mit ihm politische Oppositionelle unverhältnismäßig *willkürlich* und übermäßig *hart* bestrafen kann. Mit der EU gleichen sich diese Repressionsgesetze über die Grenzen hinweg an. »Landfriedensbruch«, sagt das deutsche Strafgesetzbuch (StGB), bezeichnet »Gewalttätigkeiten gegen Menschen und Sachen« aus einer Menschenmenge heraus. Schon das »Einwirken« auf diese Menschenmenge, »um ihre Bereitschaft zu solchen Handlungen zu fördern« – was immer das sein mag: ein Winken? Ein Lachen? Eine Rede? –, kann mit Freiheitsstrafe bis zu drei Jahren bestraft werden (§ 125 StGB).

Für den »*besonders schweren* Fall«, der mit Freiheitsstrafen bis zu zehn Jahren geahndet werden kann, muss ein Täter eine Waffe mit sich führen, einen anderen in Todesgefahr versetzen oder, sonderbare Gleichsetzung von Menschen und Sachen, »bedeutenden Schaden an fremden Sachen« anrichten (§ 125a StGB). Nichts davon traf hier zu. Der junge Mann wurde zu zweieinhalb Jahren Gefängnisstrafe verurteilt. Während des Prozesses bildete sich die Solidaritätsgruppe Föräldrar 2001 (Eltern 2001). Sie sagten: Auch wir haben dazu aufgerufen, den Leuten in der Schule zu Hilfe zu kommen, wir zeigen uns jetzt selbst an. Viele taten es ihnen nach.

Auch am zweiten Tag des Gipfels, am Freitag, brach die Polizei erneut alle Absprachen, als eine große Demonstration in Richtung Tagungsort zu ziehen versuchte. Nach den vorangegangenen Ereignissen wollten die Demonstranten sich dieses Recht nicht nehmen lassen. Etwa 15 000 Menschen – oder waren es mehr? – und ein Meer von Fahnen. Die Polizei versuchte keinen Augenblick zu deeskalieren oder die Demonstration nur abzudrängen. Eine Pferdestaffel ritt in die Demonstration, die Reiter prügelten nach allen Seiten. Hunde wurden in einen »schwarzen Block« gehetzt. Die Wut der so Angegriffenen entlud sich in Steinwürfen. Scheiben gingen zu Bruch, von Wartehäuschen, Fast-Food-Kneipen, Banken und Cafés.

Eine große Demonstration am Abend, an der auch bürgerliche Demonstranten und Prominente teilnahmen, ließ die Polizei jedoch in Ruhe. Aber auf der Avenyn, Göteborgs zentraler Einkaufsstraße, und im Vasapark feierten junge Leute eine hippieske »Reclaim the Street«-Party. Ihre Fete war lange angekündigt, nichtsdestotrotz sah sich der Staat bedroht. Die Polizisten, in voller Robocop-Montur, umstellten den Park und griffen die Teilnehmer der Fete an. Daraus entwickelte sich eine mehrstündige Straßenschlacht, zu der mehr und mehr Demonstranten eilten, die die Ereignisse des Tages und der Nacht nicht vergessen hatten. Fast kein Medium erklärte diese Hintergründe, die Fotos von brennenden Caféstühlen und Müllcontainern hatten »Erklärung« genug zu sein.

Hannes Westberg warf in der Vasagatan einen Stein. Der fiel kurz vor der Polizeikette auf die Straße. Der junge Schwede drehte sich um. Ein Polizist zog seine Waffe, zielte auf ihn und schoss. Der junge Mann fasste sich an den Rücken, stolperte noch ein paar Schritte und stürzte auf die Straße. Er schwebte tagelang in Lebensgefahr. Die Polizisten schossen und trafen noch einen Demonstranten sowie einen freiberuflichen Fotografen.

Am Samstagmorgen demonstrierten nahezu 25 000 Menschen gegen die Militarisierung der EU, gegen »neoliberale« Wirtschaftspolitik und gegen die Festung Europa. Gegen Abend versammelten sich ein paar Hundert auf dem zentralen Platz Järntorget, um spontan gegen die Polizeigewalt zu demonstrieren. Alle Anwesenden, auch Zuschauer und Passanten, wurden eingekesselt, viele festgenommen. Gegen Mitternacht wurde der Kessel plötzlich geöffnet. Es war vorbei. Aber nicht für alle.

Ein Abschlussangriff musste schon sein. Gegen 22 Uhr stürmte eine mit Maschinengewehren bewaffnete Anti-Terror-Einheit die Schillerska-Schule. Auch diese Schule war den Gipfelgegnern von der Stadt als Schlafstätte zur Verfügung gestellt worden, offensichtlich eine ganz spezielle Form von Göteborger Gastfreundschaft. Diesmal lautete die Ausrede, ein »deutscher Terrorist« mit Handfeuerwaffen halte sich hier versteckt. Es hat dafür nie einen Beweis gegeben. Die 78 Gäste der Schule mussten sich auf den Schulhof legen. Wer einen schwedischen Pass hatte, wurde freigelassen – man wollte noch größeren Ärger meiden –, aber alle Demonstranten mit ausländischen Pässen wurden in Gewahrsam genommen.

Als es später wegen der Schüsse gegen die Demonstranten zum Prozess kam, behauptete die Regierung, die Polizisten seien bedroht worden und hätten um ihr Leben fürchten müssen. Die Videofilme der Polizei zeigten scheinbar, wie vermummte Demonstranten die Polizei attackierten und auch nicht aufhörten, als diese Warnschüsse abgab. Aber schwedische Fernsehjournalisten wiesen nach, dass Filmschnipsel von Demonstranten hineingeschnitten worden waren, die sich an einer anderen Stelle in der Stadt aufgehalten hatten. Es sollte so aussehen, als seien die Polizisten in einer bedrohlichen Situation gewesen. Die Journalisten wiesen auch nach, dass die Polizei eine Szene herausgeschnitten hatte, die dokumentierte, wie ein Polizist einem auf den Boden liegenden Demonstranten auf den Kopf trat. Die Polizei fügte sogar – ob es für diese Fälschungsmethoden an den Polizeischulen wohl gesonderte Kurse gibt? – Soundeffekte hinzu, um die Handlungen von Hannes Westberg und anderen bedrohlicher erscheinen zu lassen, wie Amnesty International kritisierte.[167]

Der Staatsanwaltschaft war die Manipulation peinlich, die sie doch eigentlich selbst hätte aufdecken müssen. Noch gilt, dass auch Beweise für die *Unschuld* von Beschuldigten und Angeklagten zu ermitteln sind. Schwedens Oberster Staatsanwalt Bengt Landahl erklärte: »Ich habe die Filmversion, die die Polizei vorgelegt hat, nie in Frage gestellt. Künftig werde ich Videoaufnahmen kritischer begegnen.«[168] Wo lebt der Mann eigentlich?

Die Schüsse blieben ohne juristische Konsequenzen für die beteiligten Polizisten. Die Göteborger Staatsanwaltschaft kam zwar zu dem Schluss, dass sie sich *nicht* in einer Notwehrsituation befunden hatten, dennoch wurden die Ermittlungen gegen den Schützen am 28. Mai 2003 zum dritten Mal eingestellt.

Der 19-jährige Hannes Westberg lag mehrere Tage im Koma, die Ärzte mussten ihm eine Niere und die Milz entfernen, die Aorta war verletzt. Er wäre beinahe gestorben. Nach seiner Genesung wurde Hannes Westberg zu einer achtmonatigen Haftstrafe ohne Bewährung verurteilt – wegen gewaltsamen Aufruhrs und Gewalt gegen Polizeibeamte. Der Richter erklärte, das Strafmaß wäre noch höher ausgefallen, wenn Westberg nicht lebensgefährlich verletzt worden wäre.

Westberg hat nicht aufgegeben. Er ist heute 27 Jahre alt, hat eine kleine Tochter, interessiert sich für Musik, studiert und ist immer noch links. Manchmal tritt er bei Diskussionsveranstaltungen auf.

Der 19-jährige Sebastian St. aus Bad Münstereifel hatte gerade sein Abitur gemacht und war mit einem Freund nach Göteborg gefahren. Ein Polizist schoss ihm bei der »Reclaim the Street«-Party in der Vasagatan ins Bein. Der Vorwurf der Staatsanwaltschaft war, dass Sebastian mit einem Stein auf einen Polizist losgegangen sei. Er bestritt das, er habe nur bei lauter Musik auf der Straße getanzt und sei dabei auf die Polizisten zugelaufen. Es wurde ein Haftbefehl gegen ihn erlassen, vor seinem Zimmer in der Göteborger Universitätsklinik standen zwei Polizisten Wache, es herrschte absolutes Besuchsverbot. Sebastian wurde im Juli 2001 von einem Göteborger Gericht zu einem Jahr und acht Monaten Haft ohne Bewährung verurteilt. Seine Verwundung wurde nicht als ein Grund für eine Haftmilderung angesehen.

Die Regierung »musste« eine Notwehrsituation für eine ganze Großstadt erfinden, um den Delegationen der 15 EU-Staaten sowie den rund 2000 akkreditierten Journalisten eine Ausgangssperre zu verpassen. Das war einmalig in der Geschichte der EU, und es gab eine Menge interner Kritik nicht am Verhalten gegenüber Andersdenkenden, sondern an den lästigen Nebenwirkungen, die das für die ehrenwerten Gäste bedeutet hatte: Abgeordnete durften ihre Unterkünfte nicht mehr verlassen, festliche Abendessen wurden abgesagt, der luxemburgische Premierminister Jean-Claude Juncker und der niederländische Ministerpräsident Wim Kok flüchteten über die Feuertreppe aus ihrem von Demonstranten belagerten Hotel.

Die schwedischen Behörden waren, im besten Fall, heillos überfordert. Die rot-grüne deutsche Bundesregierung unterdessen gab eine harte Linie vor. Bundeskanzler Gerhard Schröder (SPD) sagte über die Demonstranten: »Das sind Verbrecher, die mit der ganzen Härte der Gesetze zu rechnen« haben. Bundesinnenminister Otto Schily (SPD) verlangte eine sofortige Sondersitzung der EU-Innenminister, um sich »sehr rasch auf ein koordiniertes und hartes Vorgehen gegen diese neue Form grenzüberschreitender extremistischer Kriminalität zu verständigen«. Man könnte linke Aktivisten registrieren und mit Einreiseverboten belegen, schlug er vor.

Die Botschaft wurde gehört und verstanden. Einige inhaftierte deutsche Demonstranten wurden nach einem Terroristenparagraphen im Ausländergesetz verhaftet, isoliert, in sechs Quadratmeter große Zellen gesperrt und durften nur mit schwedischen Pflichtverteidigern, nicht aber mit Anwälten ihres Vertrauens und mit Angehörigen und Freunden kommunizieren. Nach drei Wochen bekamen sie Einzelhofgang, manchmal durften sie Radio hören oder fernsehen. Es waren Haftbedingungen, die ihre deutschen Anwälte, Volker Ratzmann und Hans-Christian Ströbele, an die Behandlung politischer Häftlinge im Deutschland der 1970er Jahre erinnerten. Die Anklagepunkte blieben lange unbekannt, was vermutlich damit zu tun hatte, dass die meisten Verdächtigen fernab jeder Randale aufgegriffen worden waren, auf dem Heimweg zum Hotel zum Beispiel oder an einer Bushaltestelle.

Die meisten Verhafteten waren zwischen 18 und 23 Jahre alt. Sie wurden sofort in Isolationshaft gesteckt, etliche für mehr als drei Monate, obwohl das Gesetz für so junge Leute möglichst kurze Haftzeiten vorschreibt. Man quälte sie mit nächtlichem Lichtanschalten, einige mussten Schlaftabletten und Psychopharmaka einnehmen. »Dies machte sie für die Verhöre ›umgänglicher‹«, schrieb der schwedische Prozessbeobachter und Journalist Erik Wijk.[169]

Die Bilanz der staatlichen Gewalt in Göteborg waren drei angeschossene Jugendliche, Hunderte von verletzten jungen Leuten, mehr als 550 Festnahmen, zehn Abschiebungen per Charterflugzeug nach Hamburg, 51 Untersuchungshäftlinge, viele Gerichtsprozesse und sehr harte Gefängnisstrafen. 55 Gipfelgegner wurden verurteilt, 41 zu Haftstrafen, der Rest zu sonstigen Strafen wie Arbeitsstunden. Der Anklagevorwurf war in den meisten Fällen der »våldsamt upplopp«, der »besonders schwere Landfriedensbruch«. Die durchschnittliche Haftstrafe lag bei 13,6 Monaten, die härtesten Haftstrafen betrafen zwei Leute und waren zwei Jahre und sechs Monate hoch. In sieben Fällen wurden die Angeklagten freigesprochen oder das Verfahren eingestellt.

Damit galten die »Taten« nicht mehr als geringfügige oder als Ordnungswidrigkeiten. Das Oberste Gericht in Stockholm überprüfte im Januar 2002 einige der noch nicht rechtskräftig gewordenen Göteborg-Urteile, aber nur das Strafmaß und nicht die Beweissituation oder die Urteilsbegründung. In einigen Revisionsverfahren wurde die Haftdauer gesenkt. Indem sie nicht in Frage gestellt wurden, wurden gleichzeitig aber auch die Urteilsbegründungen, die ja teilweise auf Falschaussagen und auf manipulierten Beweismaterialien beruhten, höchstinstanzlich gerechtfertigt.

Die Medien, die das Infotelefon als »Zentrale des Terrors«

vorverurteilt hatten, waren erfolgreich. Vor Gericht malte die Staatsanwaltschaft das Schreckensbild an die Wand, beim Infotelefon habe es sich um eine gleichsam militärische Organisation gehandelt. Die acht jungen Leute, die das Infotelefon betrieben und SMS verschickt hatten, wurden zu Freiheitsstrafen von drei bis vier Jahren verurteilt. Mit ihren SMS-Nachrichten hätten sie gewalttätige Ausschreitungen unterstützt. Der Fall kam viermal vor Gericht, hinauf bis zur höchsten Instanz. Aus dem Vorwurf der Anstiftung zum schweren Landfriedensbruch wurde Beihilfe zu schwerem Landfriedensbruch. Am Ende wurden die Angeklagten zu Gefängnisstrafen zwischen 4 und 21 Monaten verurteilt. »Alle sind«, sagt der schwedische Schriftsteller Jörgen Gassilewski, »durch die Zeit der Untersuchungshaft und im Gefängnis mehr oder weniger traumatisiert.«

Die Göteborger Ereignisse haben auch gezeigt, wie schnell Grenzen zu schließen sind – mehrere Busse mit Demonstranten durften erst gar nicht einreisen – und wie *grenzenlos* die Kooperation der europäischen Polizei- und Strafbehörden ist. Es ist zum Beispiel im Falle deutscher Demonstranten möglich, sofern die vorgeworfene Handlung in beiden Ländern strafbar ist und in gleicher Maximalhöhe bestraft werden kann, dass die Göteborger Staatsanwaltschaft Anklage erhebt und diese dann an das schwedische Justizministerium weiterleitet, welches die Anklage dann den zuständigen Behörden zum Beispiel in Deutschland überstellt.

Im Mai 2002 erklärte die Göteborger Staatsanwaltschaft, dass gegen 18 Ausländer, darunter sieben Deutsche, in ihren Herkunftsländern Anklage erhoben werden würde. Die deutschen Behörden, darunter das LKA Berlin, nahmen eigene Ermittlungen gegen mindestens elf Personen auf, darunter auch gegen solche Demonstranten, die auf ihrer Reise weder kontrolliert noch in Göteborg in Gewahrsam genommen worden waren. Man »identifizierte« sie auf Fotos oder Filmen.

Ab August 2002, mehr als ein Jahr nach dem Gipfel – die deutschen Demonstranten aus Göteborg hatten von den Ermittlungen gegen sich nichts gewusst und vieles vielleicht längst vergessen –, kam es zu ziemlich ruppigen Hausdurchsuchungen und Vorladungen in Deutschland. Die Anwälte der Beschuldigten erhielten keinen Zugang zu den vollständigen Ermittlungsakten der schwedischen Behörden, wo sie vielleicht auch entlastendes Material hätten finden können. Im März 2003 wurde, nach einer solchen Hausdurchsuchung, zum Beispiel Timm E. in Berlin wegen schweren Landfriedensbruchs zu zwei Jahren Haft auf Bewährung verurteilt. Wegen angeblicher Fluchtgefahr saß er 34 Tage in Untersuchungshaft: täglich eine Stunde Hofgang, im Monat nur zweimal 30 Minuten Besuch, Nazis in seiner Zelle. Die Fluchtgefahr wurde damit begründet, dass er sich ja schon einmal im Ausland, nämlich in Göteborg, aufgehalten hatte.

Schuldig gesprochen zu werden hieß auch, enorme Kosten aufgebürdet zu bekommen. Wohl um die jungen deutschen Angeklagten mit hohen Geldforderungen sozial zu schädigen, mussten sie, sobald sie ein Verfahren verloren hatten, Tausende von Euro an unsinnigen Reisekosten für Polizeizeugen aus Schweden übernehmen, deren Aussagen – so Prozessbeobachter – ohne Substanz waren.

Wolfgang Kaleck, der Vorsitzende des Republikanischen Anwältinnen- und Anwältevereins e. V. (RAV), kritisierte die »Einschränkung der Verteidigungsmöglichkeiten« sowie die miserable Qualität des Beweismaterials. Die deutschen Behörden wären weder ihrem Auftrag nachgekommen, das schwedische Material auf Widersprüche und Fehler zu prüfen, noch hätten sie, wie das Gesetz es (noch) vorschreibt, auch Entlastungsmaterial gesammelt und ausgewertet. Die Staatsanwaltschaft habe Videos gezeigt, die nur der Stimmungsmache dienten und die seit den Erkenntnissen, dass die Polizei in Schweden Videos gefälscht habe, unter Manipulationsverdacht stünden.

Alle Verfahren gegen Polizisten wurden eingestellt. Dass zwei Demonstranten und ein Fotograf angeschossen worden waren, einer davon lebensgefährlich, dass andere geprügelt worden waren, gejagt und eingesperrt in der Schule, Hunde und Reiterstaffeln auf sie gehetzt worden waren, dass Polizisten, wie sie selbst zugaben, Steine auf Demonstranten geworfen hatten, dass sie falsch ausgesagt und Videofilme gefälscht hatten und all die willkürlichen Einreiseverbote und Abschiebungen – nichts zählte. Nicht ein einziger Polizist erhielt als Strafe auch nur eine winzige Sozialstunde.[170]

Die Europäische Union (EU) demonstrierte, für wen sie da war: für sogenannte Sicherheitsinteressen der EU-Staaten, nicht für Freiheit und Bürgerrechte. Diese neue europäische Repressionspraxis war mit Göteborg einen großen Schritt in Richtung einer europäischen Diktatur gegangen. Die polizeilichen und juristischen Maßnahmen gegen die Gipfelkritiker während und insbesondere *nach* den Göteborger Ereignissen zeigen, dass diese Repressionspraxis darauf zielt, den Handlungsraum der linken antikapitalistischen Opposition so zu beschränken, dass er sich nicht mehr entfalten kann. EU-Europa rückt nicht nur wegen seiner vielen rechtsextremen und faschistischen Organisationen nach rechts – die autoritärer werdenden bürgerlichen Parteien schieben die ach so freie und »grenzenlose« EU in die Richtung einer Diktatur.

Aber Göteborg war kein Schlusspunkt. Es sollte noch härter kommen.

7

DER SCHLEICHENDE FASCHISMUS

Im Juni 2001 hatten sich in Göteborg im schwedischen Staatsapparat noch verschiedene politische Richtungen gezeigt. Die eine, die die Infrastruktur einer Demonstration unterstützen wollte und damit signalisierte, dass Opposition zu einer Demokratie gehört. Die andere, die um jeden Preis die hohen internationalen Gäste schützen und einen starken Staat demonstrieren wollte. Die autoritäre brach die Zusagen der bürgerlich-demokratischen Fraktion (zum Beispiel durch die Angriffe auf die Schulen), und offensichtlich gab sie der Polizei freie Hand, notfalls tödliche Schüsse abzugeben, als gäbe es keine anderen Mittel mehr zur Konfliktlösung.

In der strafrechtlichen Aufarbeitung setzte sich der autoritäre Teil des Staatsapparates, in bestem Einvernehmen mit politischen Polizeidienststellen und Staatsanwaltschaften in anderen europäischen Staaten, in voller Härte durch. Es kam zu Verurteilungen, die eines Rechtsstaates unwürdig waren und die das Ziel verfolgten, eine junge politische Generation mit aller Staatsgewalt abzuschrecken, ihr zu schaden und sie nachhaltig einzuschüchtern. Es ist schön, dass das offensichtlich nicht gelang.

Die Krise, in der die kapitalistische Ökonomie 2001 schon steckte, macht klar, was geschehen kann, wenn selbst bürgerlich-demokratische Staaten wie Schweden nicht anders als mit harten Repressionen auf Opposition, Unruhen und soziale Krisen reagieren. Was wird das für die kommenden Jahre oder Jahrzehnte einer durch die Krise gebeutelten Welt bedeuten?

Wohin der Weg in EU-Europa führen kann, sehen wir an Italien. Ende der 1960er Jahre hatte der linke Verleger Giangiacomo Feltrinelli große Angst, dass Italien kurz vor einer faschistischen Machtübernahme stand, weil sich die Zahl der rechtsextremen Sprengstoffanschläge auf zivile Einrichtungen häufte. Feltrinelli, der aus einer sehr reichen Familie stammte, Kommunist geworden war, aber die KP Italiens wegen ihrer Orthodoxie verlassen hatte, war der erfolgreiche Verleger von Boris Pasternaks *Dr. Schiwago* und von Che Guevaras *Bolivianischen Tagebüchern,* die ihm sein Freund Fidel Castro ausgehändigt hatte.

Feltrinellis Ängste waren nicht unbegründet: Italien war im Südeuropa jener Jahre die einzige bürgerliche Demokratie. Spanien war seit dem Bürgerkrieg eine Diktatur unter General Franco (bis 1975), ebenso Portugal unter Salazar bzw. Caetano (bis 1974). In Griechenland hatte sich 1967 eine folternde und mordende Militärjunta an die Macht geputscht (bis 1974). Spanien, Griechenland und Portugal sind heute kapitalistische Demokratien mit erst 30 Jahre zurückliegenden Erfahrungen und Strukturen von Diktaturen. Auch sie geraten soeben durch die Weltwirtschaftskrise in ein Desaster, das auch politische Folgen haben wird.

Feltrinelli gab seinen Verlag und seine bürgerliche Existenz auf und ging in den Untergrund, wo er 1972 bei einem unaufgeklärten Sprengstoffanschlag starb. Auf gewisse Weise erfüllten sich seine Ängste. Italien ist zwar kein im klassischen Sinne faschistisches Land, aber dort herrschen heute Rechtsextreme und Faschisten, getarnt als Rechtskonservative in feinen Maßanzügen und -schuhen. Rechte und rechtsextreme politische Parteien, Geheimdienste, Staatsschutz, Teile der Justiz und der Polizei sind ein gegen die linke Opposition verschworener Block. Dabei erlebt der Berlusconi-Staat, dass es in anderen europäischen Staaten zwar viel Kopfschütteln und Kritik an ihm gibt. Aber die herrschenden italienischen Kreise können sich bei großen Ereignissen auch auf Deutschland verlassen – wie wir sehen werden.

Beim G-8-Gipfel vom 20. bis 23. Juli 2001 in Genua zeigte sich, welches gewalttätige und faschistische Potenzial in EU-europäischen Staaten gedeihen kann. Es ist nicht schwer, aus den im Folgenden geschilderten Ereignissen Schlussfolgerungen für kommende Auseinandersetzungen zu ziehen.

Ich stand am 19. Juli 2001 auf dem Flughafen Tegel in Berlin und hatte ein Problem. Für meine Ulrike-Meinhof-Biographie hatte ich Interviews zu führen und ein Archiv zu durchforschen gehabt, das hatte länger gedauert als geplant. Deshalb war ich zu spät dran für kollektive Bus- oder Zugfahrten zum G-8-Gipfel, so versuchte ich einen Flug nach Genua zu bekommen. Unter den Gipfelgegnern würde ich dort Freundinnen und Freunde aus Deutschland, Griechenland, Frankreich oder Italien treffen, irgendein Übernachtungsplatz würde sich schon ergeben. Aber es gab keine Flüge. Der neue Ministerpräsident Silvio Berlusconi hatte den Flughafen von Genua geschlossen und auch den Bahnhof, als herrsche Krieg. Seit dem ersten Juli 2001 war Berlusconi Präsident des Rats der Europäischen Union. Flüge nach Mailand, Turin oder Nizza gab es auch nicht mehr, von dort hätte ich ein Mietauto nach Genua nehmen müssen. Das war zu teuer.

Italien war keine einsame autoritäre Insel. Nicht ein einziger EU-Staat würde sich nach den kommenden Ereignissen darüber beschweren, was in den folgenden Tagen in Genua geschah.[171] Die Nachbarstaaten Italiens waren von vornherein eifrig darum bemüht, potenziellen Gipfelgegnern jedwede Reisefreiheit zu rauben. Italien überwachte sämtliche Grenzen. Auch die österreichische Regierung setzte das Schengener Abkommen außer Kraft, sie kontrollierte Reisende an den Grenzen zu Deutschland und Italien auf der Suche nach möglichen G-8-Gegnern. Die deutsche Bundesregierung – damals bestand sie aus SPD und Grünen – begrüßte die Maßnahme, das taten auch die spanische und die italienische

Regierung. Man kann also annehmen, die Sache war abgesprochen.

Der damalige bayerische Innenminister Günther Beckstein behauptete, solche Maßnahmen seien die »zwangsläufige Folge des linksextremistischen grenzüberschreitenden Gewalttourismus«, und er malte das Hetzbild von »kriminellen Extremisten, die politische Gipfeltreffen für ihre Verbrechen« nutzten.[172] Etliche deutsche Linke durften also nicht nach Italien einreisen, manche erst gar nicht aus Deutschland ausreisen. Es gibt längst neue Mauern. Es gab auch keine Proteste der ach so fortschrittlichen SPD/Grüne-Regierung zu hören, als die italienische Regierung ankündigte, sie würde ihre Polizei mit scharfer Munition ausrüsten.

EU-Grenzen sind stets offen fürs Kapital, für Waren und für billige Arbeitskräfte. Für Menschen, die ihr Recht auf Demonstrations- und Versammlungsfreiheit wahrnehmen wollen, gilt das immer weniger. Repressive, gewalttätige Maßnahmen werden üblicherweise damit vorbereitet, dass es Medien gibt, die das Spiel mitspielen und schon im Vorfeld gegen die Demonstranten hetzen. Der Axel Springer Verlag ist seit Jahrzehnten dabei, wenn es gegen Linksoppositionelle geht. 2001 nun berichtete seine *Welt am Sonntag* von angeblichen Erkenntnissen italienischer Behörden, dass »die Politik-Hooligans« vorhätten, »einzelne Polizisten als Geiseln« zu nehmen, um sie anschließend als »menschliche Schutzschilde« einzusetzen.[173]

Die Genueser Zeitung *Secolo XIX* machte publik, dass die Behörden 200 »body bags« bestellt hatten, Leichensäcke, und dass ein 500 Quadratmeter großer Kühlraum als Leichenhalle angemietet worden war. 20 000 Polizisten und Militärs standen zum Einsatz bereit, 15 Armeehubschrauber, vier Militärflugzeuge. Vor der Küste lagen sieben Kriegsschiffe.

Die Stadt Genua war mit meterhohen Zäunen mehrfach gespalten: Die rote Zone war totales Sperrgebiet, sie war groß und umfasste das Stadtzentrum und den Hafen. Kein Staatsmann schrie: »Tear down that wall!« Die gelbe Zone konnten Anwohner nur mit speziellen Ausweisen betreten. Auf dem Flughafen waren Flugabwehrraketen aufgestellt, Autobahnen und Straßen durch bewaffnete Kontrollen »gesichert«. Teile der Kanalisation waren versiegelt. Der Mobilfunkverkehr wurde gezielt gestört.

In der roten Zone versammelten sich die Regierungschefs und ihre Delegationen, eine Geisterzone. Manchmal hörte man Rufe entfernter Demonstrationszüge, Pfiffe oder Schläge gegen die Absperrgitter. Davon, dass ein Protest in einer angeblichen Demokratie auch für diejenigen – hier: die Staatschefs – zu hören sein muss, gegen deren Politik man protestiert, war keine Rede.

Die Zahl der Teilnehmerinnen und Teilnehmer an den Gipfelprotesten in Genua waren riesig: 200 000 Demonstranten, vielleicht sogar 300 000. Auf einer der ersten Demonstrationen liefen 20 000 fröhliche, laute, bunte Menschen aus aller Welt. Punks und Pazifistinnen, Gewerkschafter und Religiöse, Schülerinnen aus Italien und Bauern aus dem Trikont. Sie sahen Hubschrauber über sich kreisen. Vielleicht glaubten sie, dass sie mal wieder ausgespäht wurden. Aber plötzlich sank einer der Hubschrauber tiefer und sprühte CS-Gas in die dichtgedrängte Menschenmenge. Wer keine Schutzmaske aufhatte, und das waren die allermeisten, bekam keine Luft mehr. Panik brach aus. Von den Straßenrändern feuerten Polizisten Gasbomben in den vorderen Teil der Menge. Wohin rennen? Die Aktivisten im Lautsprecherwagen versuchten den Demonstrationszug in Sicherheit zu bringen: Sie riefen zum langsamen Rückzug auf, auf dem Corso Gastaldi sollte sich der Zug neu formieren. Aber auch von anderen Seiten schoss die Polizei jetzt mit Tränengasgranaten in die Demonstration.

Flash. Malville/Frankreich am 31. Juli 1977: Auf den Feldern bei Creys-Malville demonstrierten wir gegen den geplanten französischen Superphénix, einen Schnellen Brüter, ein uranbetriebenes Atomkraftwerk. Wir kamen aus vielen westeuropäischen Ländern. Die paramilitärische französische Bereitschaftspolizei CRS (Compagnies Républicaines de Sécurité) beschoss uns mit Tränengasgranaten. Wir wussten nicht, dass sie auch mit Offensivgranaten schossen. Zwei Demonstranten versuchten, die vermeintlichen Gasgranaten auszutreten bzw. zurückzuwerfen, einer verlor dabei eine Hand, ein anderer einen Fuß. Das Gift ließ unsere Augen und Kehlen brennen. Wir flohen durch giftige Nebelschwaden.

Abends, wenige Stunden, bevor die CRS unser Camp im Dorf Morestel überfiel, erfuhren wir, dass der Druck einer solchen Granate die Lunge des jungen französischen Lehrers Vital Michalon zerrissen hatte. Er war tot. Der Staat log: »Herzversagen«, aber die Leiche konnte den staatlichen Sanitätern weggenommen und ordnungsgemäß obduziert werden, dabei fand sich der Lungenriss. Keiner der Täter wurde je bestraft. Gegen einige von uns gab es sofort Schnellgerichte, viele Verurteilungen, monatelange Haft. Aber wir erlebten auch viel Solidarität, nicht nur weil Bauern und sogar Nonnen einige von uns vor der Polizei versteckten.

Genua, 20. Juli 2001. Irgendwo brannte ein Auto, Steine flogen. Wen überraschte das? Die Demoleitung rief immer noch zum Rückzug auf. Sie versuchte, die Demonstranten zu schützen. Aber der Zug kam nicht aus dem Kessel. Wasserwerfer rückten vor. Demonstranten errichteten Barrikaden und warfen Steine auf die Polizei. Wen die Polizisten erwischten, auf den prügelten sie ein, auch wenn er schon hilflos auf der Straße lag. Einige Demonstranten retteten sich auf die Piazza Alimonda. Aber auch dort waren Polizisten und zwei Jeeps der Carabinieri. Wütend warfen die Demonstranten Steine auf die beiden Militärfahrzeuge, und einer schlug mit einem Holzbrett eine Scheibe ein.

Der 19-jährige Mario Placanica gehörte als Carabiniere im Wehrpflichtigendienst erst seit einem halben Jahr zu den 100 Carabinieri des XII. Bataillons Sicilia. Placanica hatte zuvor nur Erfahrungen beim Ordnungsdienst im Stadion von

Palermo gemacht. Die Unterbringung in Genua war schlecht, »die Vorgesetzten brüllten die ganze Zeit«, sagte er, und sie bereiteten ihre Untergegebenen auf eine ganz besondere Lage vor: »Sie erzählten uns, dass man uns mit Beuteln voll mit infiziertem Blut bewerfen würde. Es fühlte sich an, als müssten wir in den Krieg ziehen.« Liest man ein späteres Interview mit dem jungen Carabiniere, das eine ganze Reihe von Fragen aufwirft, kommen Erinnerungen an die deutschen Freikorps der 1920er Jahre auf, die immer sicher sein konnten, dass kein Gericht sie je haftbar machen würde.

Anfänglich wurden Placanica und seinen Kollegen auf den Straßen von Genua »Sturmeinsätze« befohlen, um die demonstrierenden Massen ein wenig »zu lockern«, wie ihre Vorgesetzten es nannten. Als Demonstranten daraufhin einen Carabinieri-Mannschaftswagen angriffen, befahlen seine Vorgesetzten Placanica, Tränengas abzuschießen. Major Cappello – der war Leiter des Bataillons Sicilia und Angehöriger des Fallschirmjäger-Elitekorps Tuscania – war unzufrieden, weil Placanica »in parabolischen Bahnen« schoss, über die Menge hinweg also, wie man es ihm beigebracht hatte. Der Major, so Placanica, »fing an, auf Mannshöhe zu schießen, wobei er einige Personen im Gesicht traf. Vollkommen irre Sachen […] Ich musste den Tränengaspatronen die Lasche abnehmen und sie dem Major Cappello reichen. Wenn man die Lasche abnimmt, entflieht ein wenig Gas, so kam es dazu, dass mir schlecht wurde. Daraufhin hat man mich in eine Straße gebracht, die zur Piazza Alimonda führt. Unterwegs habe […] ich […] gesehen, wie Oberst Truglio [Giovanni Truglio, der an diesem Tag in Genua im Rang zweithöchste Carabiniere und Befehlshaber der Sondereinheit CCIR; J. D.] und Major Cappello einige Personen mit einem Fotoapparat schlugen, bis sie bluteten. Ich begann, mich zu übergeben, da haben sie mich in den Jeep einsteigen lassen.«

Hinten im Jeep saßen außer Placanica noch zwei weitere Carabinieri. Es gibt ungeklärte Hinweise auf einen vierten

Mann im Fond, einen Offizier. Vorn saß Cappello, sagt Placanica, und Truglio im zweiten Jeep auf der Piazza. Als die Demonstranten losrannten, ergriff der Zug der Carabinieri, der, so Placanica, »uns beschützen« sollte, die Flucht. Die beiden Jeeps blieben angeblich beim Rangieren stecken, es gibt widersprechende Aussagen. »Sie haben uns alleingelassen, sie haben uns im Stich gelassen«, dachte der junge Soldat. Er lud seine Pistole.

Es existieren inzwischen Fotos und Filmausschnitte von dem, was dann geschah: Der 23-jährige Demonstrant Carlo Giuliani, Punk, Sohn eines Gewerkschafters und einer Kommunistin, stand in Jeans und weißem ärmellosen T-Shirt auf der Piazza Alimonda und trug keine Waffen, nur eine schwarze Haube. Placanica warf einen Feuerlöscher aus dem Jeep auf die Demonstranten. Fotos beweisen, dass im Jeep ein Carabiniere, vielleicht Placanica, vielleicht jemand anderes, den Arm ausstreckte und mit seiner Dienstpistole direkt auf einen schwarzbehelmten Demonstranten zielte. Der erkannte die Gefahr, vielleicht, lief jedenfalls weg, stolperte fast über den Feuerlöscher. Carlo Giuliani hob das Gerät auf. Ob er den Feuerlöscher werfen wollte, weiß niemand, keine Bewegung deutet darauf hin.

Der Carabiniere, dessen Gesicht man nicht sieht, schoss eine Kugel in den Kopf von Carlo Giuliani. Während Carlo auf der Straße lag, setzte sich der Jeep in Bewegung und überfuhr ihn zweimal. Gleich darauf umringte Militär den sterbenden jungen Mann. Bei der Obduktion wurde festgestellt, dass Giulianis Schädelfront gebrochen war. Aus den Ergebnissen der Recherchen schlossen Angehörige und Anwälte, dass Carlos Schädel mit einem Stein eingeschlagen worden war und dass dies nur passiert sein konnte, als ausschließlich Militär um ihn herumstand und Carlo im Sterben lag.

Als der Carabiniere Placanica nach einem ersten nächtlichen Verhör in seine Kaserne zurückkam, jubelten seine Kollegen vom Bataillon Tuscania und feierten ihn als »Killer«.[174] Jahre später behauptete Placanica dann, nur in die Luft geschossen zu haben, ein anderer sei der Todesschütze. Im November 2006 – drei Jahre nach seinem Freispruch – sagte Placanica in einem Interview, »›man‹ habe auf der Piazza Alimonda einen Toten gewollt, er habe lediglich einige Warnschüsse in die Luft abgefeuert und sei später zum Sündenbock gemacht worden, ›um jemand anderen zu decken‹.«[175] Seine weiteren Aussagen blieben rätselhaft und widersprüchlich, sein weiterer Lebensweg auch: Die politische Rechte der Berlusconi-Regierung machte ihn zuerst zum jungen süditalienischen »proletarischen Helden«, der sich gegen gewalttätige Linksextremisten zu verteidigen versucht hatte. Nach seinem Freispruch aber kam er in psychiatrische Behandlung und wurde schließlich wegen psychischer Störungen aus dem Dienst entlassen. Placanica bemühte sich vergeblich, bei den Kommunalwahlen in Kalabrien für die neofaschistische Alleanza Nazionale zu kandidieren. Noch später bot er sich den Eltern Giuliani als Zeuge an, um angeblich endlich die ganze Wahrheit zu sagen.

2003 war das Verfahren gegen den Carabiniere mit der unglaublichen Begründung der Richterin eingestellt worden: »Der junge Soldat habe nur in die Luft geschossen, dort einen von Demonstranten geworfenen Stein getroffen, und dieser habe den Warnschuss unglücklich Richtung Giuliani abgelenkt. Das habe ein ballistisches Gutachten ergeben.«[176] Giuliano Giuliani, Carlos Vater, ein linker Gewerkschafter, hatte das 2002 so ähnlich vorausgesagt: »Mein Sohn ist ermordet worden und das war nicht eine Einzelperson, sondern der Staat. Aber wahrscheinlich werden die Ermittlungen zu dem Ergebnis kommen, dass Carlo Selbstmord verübt hat, während die Polizei gleichzeitig ein Tontaubenschießen auf dem Platz veranstaltete.«[177] Seit 2006 klagen die Eltern und eine Schwester Carlos vor dem Europäischen Gerichtshof für Menschenrechte in Straßburg. Der Prozess wurde nicht neu aufgerollt, aber das Gericht untersuchte, ob der italienische Staat mit dem Polizeieinsatz und mit der Einstellung des

Gerichtsverfahrens die Europäische Menschenrechtskonvention verletzt hat. Über ihr Anliegen wurde bis Februar 2009 noch nicht entschieden.

Wenn man die weiteren Ereignisse an jenem 20. Juli beachtet, war es ein Wunder, dass Carlo Giuliani der einzige Tote war, denn das Blutbad war noch nicht vorüber. Immer wieder griff die Polizei den noch etwa 10 000 Menschen zählenden Demonstrationszug an, sie fuhr Panzer auf, Wasserwerfer und Tränengas. So erging es allen sieben Demonstrationszügen an diesem Tag.

Die Aktionsform Tute Bianche (weiße Overalls) gibt es seit 2000. Sie nahm mit Aktionen gegen Abschiebeknäste in Italien ihren Anfang. Die Frauen und Männer von Tute Bianche kleiden sich, daher der Name, ganz und gar weiß. Sie polstern ihren Körper mit Schaumstoffteilen, aufgeblasenen Reifen, Resten von Isomatten, Klebestreifen und Bauhelmen gegen die Angriffe der Polizei. Das ergibt schon äußerlich einen beachtlichen Kontrast zur monströsen dunklen, technisch ausgefeilten Robocop-Montur der heutigen Polizisten. Diese Gruppe nahm auch an den Protesten von Genua teil. Luca Casarini, ein Sprecher der Tute Bianche, zeigte später vier Projektile, die die Polizei im Laufe des Tages auf Demonstranten abgefeuert hatte.

Es war der Polizei verblüffend gleichgültig, als ausländische Fotografen und Kamerateams filmten, wie sie einzelne Demonstranten herausgriffen und zusammenschlugen, bis sie regungslos und in ihrem Blut am Boden liegen blieben. Auch diese Unverfrorenheit ließ erkennen, dass die »Sicherheits«-Kräfte von ihren Vorgesetzten und von der politischen Führung freie Fahrt bekommen hatten.

Einen Tag später, in der Nacht vom 21. auf den 22. Juli 2001, übernachteten etwa 100 Demonstranten aus verschiedenen Ländern in der Diaz-Schule abseits vom Zentrum von Genua. Einige schliefen, andere redeten miteinander, schrieben oder checkten ihre E-Mails. Was dann geschah, wurde vom Staat lange bestritten und ist heute »gesichert, dokumentiert und bewiesen«.[178]

Der englische Journalist Mark Covell, 33 Jahre alt, war auf dem Weg zum Medienzentrum in der Pascoli-Schule, wo das linke Netzwerk Indymedia und die Rechtsanwälte der Demonstranten einquartiert waren. Die Pascoli-Schule lag gleich neben der Diaz-Schule. Covell hatte eine Warnung vor einem Polizeiangriff gehört und daraufhin die Diaz-Schule, die vor allem als Schlafstätte diente, in Richtung Medienzentrum verlassen. Er stand auf der Straße, als ihn ein Schlagstock auf die linke Schulter traf. Er rief: »Ich bin Journalist!« Vergeblich. Das Überfallkommando umringte ihn und schlug ihn zusammen. Er lag mit dem Gesicht auf der Straße. Er bekam noch mit, wie sich die Polizei versammelte, um die Diaz-Schule zu überfallen. Er hoffte noch, davonkriechen zu können, als ihm ein Polizeioffizier mit solcher Kraft in den Brustkorb trat, dass ihm ein halbes Dutzend Rippen brachen und seine Lunge verletzt wurde. Er hörte den Polizisten lachen.

Während einige Polizisten versuchten, die Tür zur Diaz-Schule aufzubrechen, mussten andere Polizisten vor dem Gebäude warten. Vielleicht langweilten sie sich. Einige gingen hinüber zu Covell und kickten ihn, als wäre er ein Fußball. Dabei brachen sie seine linke Hand, und seine Wirbelsäule wurde beschädigt. Noch mehr Polizisten trafen bei den Schulen ein (auch das Medien- und Rechtsanwältezentrum in der Pascoli-Schule wurde überfallen und verwüstet, Computer zerstört, Festplatten gestohlen; das eigentliche Massaker aber fand in der Diaz-Schule statt). Zwei andere wartende Polizisten gingen jetzt hinüber zu Mark Covell, einer hieb ihm mit dem Knüppel auf den Kopf, der andere trat ihm mehrmals in den Mund, bis 18 Zähne herausbrachen. Covell dachte, dass er jetzt sterben würde und verlor das Bewusstsein.

Die Polizisten waren vermummt und bewaffnet. Beim Sturm in die Diaz-Schule wurden sie von Beamten der politischen Polizei DIGOS angeführt. Einige Globalisierungsgegner in der

Schule hatten gemerkt, dass Polizeieinheiten im Anmarsch waren, und versuchten zu fliehen. Andere setzten sich mit erhobenen Händen auf den Boden, in der naiven Annahme, auf diese Weise den Vertretern des italienischen Staates keinen Anlass für Gewalt zu bieten. Aber die kamen und prügelten. Keiner der Staatsbeamten erhob irgendeinen offiziellen Vorwurf oder rechtfertigte auch nur zum Schein den Angriff. Während den einen Demonstranten befohlen wurde, sich mit dem Gesicht zur Wand zu stellen, wurden andere umstandslos blutig geschlagen, vorzugsweise auf die Köpfe. Sie schlugen ihnen Zähne aus, brachen ihre Knochen. Die, die noch stehen konnten, beobachteten aus den Augenwinkeln, wie andere regungslos in ihrem Blut lagen. Bald waren Wände, Fußböden und Heizkörper blutverschmiert. Auf dem Fußboden lagen Opfer in ihrem Blut, viele rührten sich nicht mehr. Andere kauerten wimmernd an den Wänden.

Einer der Polizeioffiziere sagte später aus, es habe danach in der Diaz-Schule wie bei »einem mexikanischen Schlachter« ausgesehen. Die sorgsam über Jahre gesammelten und ausgewerteten Zeugenaussagen ergeben im Nachhinein ein Bild des Grauens.

Der Gipfelgegner Michael Gieser stand im Schlafanzug da und hielt seine Zahnbürste in der Hand, als die Sondereinheiten die Tür der Diaz-Schule aufbrachen. Er sagte naiv: »Wir sollten reden«, sah dann aber die Ausrüstung der Polizei, die gepolsterten Jacken, die Spezialknüppel, die Helme, die vermummten Gesichter, und floh die Treppe hinauf. Zehn spanische Gäste schliefen in einem Raum im Erdgeschoss in ihren Schlafsäcken, sie wachten unter den Schlägen auf. Schnittwunden, Prellungen, Knochenbrüche. Eine junge deutsche Archäologiestudentin schrieb in einem Nachbarzimmer E-Mails. Unter schnellen harten Schlägen verlor sie ihr Bewusstsein. Polizisten umringten die Bewusstlose, schlugen und traten sie, knallten ihren Kopf gegen einen Schrank und ließen sie in einer Lache aus Blut liegen. Die Augen der jungen Frau standen offen und waren verdreht, sie zitterte am ganzen Körper.

Binnen weniger Minuten, so ermittelte Staatsanwalt Enrico Zucca später, waren alle Gipfelgegner, die sich im Erdgeschoss aufgehalten hatten, vollkommen hilflos. Das Weinen der Verwundeten mischte sich mit den Rufen nach Hilfe. In ihrer Angst machten einige in die Hosen. Dann nahmen sich die Polizisten das nächste Stockwerk vor. Dort befand sich eine kleine Gruppe, darunter Gieser, immer noch die Zahnbürste in der Hand. Die Menschen setzten sich hin, um zu zeigen, dass es keinen Widerstand gab. Vergeblich.

Die Polizei stürmte einen Raum nach dem anderen. Manche Gipfelgegner waren in Ecken gekrochen, andere unter Tische. Eine Wolke von Hass drang in die Räume, bevor die Schläge kamen, bevor Haut aufplatzte und Knochen brachen. Den Schlägern machte die Sache Vergnügen. Als einmal ein Vorgesetzter »Basta!« rief und zum Weiterziehen aufforderte, schienen die Prügelnden fast enttäuscht ihr Spielzeug loszulassen.

Es gab Rituale. Jeder Polizist verprügelte jedes Opfer, der Reihe nach. Das Ziel war, jeden Einzelnen schwer zu verletzen. Ein Mann legte sich schützend über seine Freundin, sie spürte jeden Schlag durch seinen Körper. Andere Polizisten beugten sich über den Freund, um auch sie zu treffen. Als sie ihre Hände über den Kopf hielt, brach man ihr ein Handgelenk.

Auf einem Flur befahlen die Polizisten ihren Opfern, sich hinzuknien, um sie bequemer auf Köpfe und Schultern schlagen zu können. Ein 21-jähriger Student aus Berlin musste später operiert werden, damit das Blut aufhörte, in sein Gehirn zu sickern. Manche Polizisten drehten ihre Spezialknüppel um, so dass sie sie wie Hammer benutzen konnten. Andere genossen es, ihre Opfer zu demütigen. Ein Polizist stellte sich breitbeinig vor eine kniende und verletzte junge Frau und stieß seinen Unterleib in ihr Gesicht. Ein anderer nahm ein Messer und schnitt seinen Opfern die Haare ab.

Ein Demonstrant war aufs Dach geflohen und machte den Fehler, zurückzukommen. Als sie mit ihm fertig waren, waren seine Arme und Beine verletzt, er hatte einen Schädelbruch, und Blut floss in seine Brusthöhle. Ein polnischer Demonstrant floh über ein Baugerüst. Polizisten, die die Aktion von außen absicherten, fingen ihn. Sie warfen ihn mit dem Kopf voraus auf die Straße, stellten sich auf ihn und rauchten, während sein Blut auf den Asphalt floss.

Ein deutsches Studentenpärchen hatte sich in der Schule in einem Putzschrank versteckt. Den Mann zogen sie heraus und schlugen auf ihn ein. Die Frau floh auf die Toilette. Die Polizisten zogen sie an ihren Dreadlocks auf den Flur, umstellten sie wie Hunde ein Kaninchen und schlugen sie auf den Kopf, traten sie in den Brustkorb, bis sie glaubte, dass er brach. Man lehnte sie an die Wand, einer hieb sein Knie in ihren Unterleib, sie sank auf den Boden, sie schlugen weiter. Sie sprühten Schaum aus einem Feuerlöscher in ihre Wunden, dann zogen sie sie an den Haaren, den Kopf voran, die Treppe hinunter, wo andere Menschen in Blutpfützen und Exkrementen lagen. Sie warfen die junge Frau auf zwei Menschen, die sich nicht mehr bewegten und die nicht antworteten, als die junge Frau flüsternd fragte, ob sie noch lebten. Sie konnte sich nicht rühren, ihre Extremitäten zuckten, Blut lief aus ihren Kopfwunden. Eine Gruppe von Polizisten kam vorbei, blieb bei ihr stehen, und wie in einem Ritual nahmen sie einer nach dem anderen die Masken von ihren Gesichtern, bückten sich und spuckten ihr ins Gesicht.

Kameras nahmen später auf, wie blutüberströmte, regungslose Menschen auf Krankenliegen aus der Schule geschafft wurden. Die Polizisten erzählten Passanten und Medien, es habe einen militanten Angriff auf Polizisten gegeben. Zweiundsechzig G-8-Gegner kamen ins Krankenhaus, manche waren sehr schwer verletzt, mehrere lagen im Koma, Mark Covell für zwei Tage. Drei Verletzte schwebten in Lebensgefahr. Achtundzwanzig Demonstranten mussten stationär aufgenommen werden. Einer 20-jährigen Deutschen waren alle oberen Zähne ausgeschlagen worden. In der Schule fand man später, zwischen all den Blutlachen und Überresten, auch Zähne samt Wurzel.

Sanitäter der Tute Bianche und des Rote-Kreuz-Pflegepersonals hatten vor dem Gipfel davor gewarnt, sich ins Krankenhaus einliefern zu lassen, denn die Polizei hatte es so organisiert, dass alle verletzten Demonstranten in das San-Martino-Krankenhaus transportiert werden sollten. So wenig spontan waren die Überfälle der Polizei gewesen. Man hatte ja noch mehr mit ihnen vor.

Noch auf den Fluren des Krankenhauses bewachten und bedrohten die Polizisten ihre Opfer. Sie verboten ihnen, aus dem Fenster zu sehen. Verboten jede Bewegung. Klopften ungeduldig mit ihren Knüppeln in ihre behandschuhten Hände. Fesselten einige Verletzte mit Handschellen und verschleppten dann die meisten, noch bevor überhaupt alle medizinisch versorgt waren, zur nächsten Station, in eine Folterkaserne.

In diesen Tagen des G-8-Gipfels, während die Repräsentanten der EU-Staaten sich feierten, wurden etwa 360 Menschen in die Kaserne Nino Bixio der mobilen Abteilung der Staatspolizei in Bolzaneto verschleppt, und 222 von ihnen wurden nachweislich gefoltert, wie der Staatsanwalt Zucca später herausfand. Alte und junge G-8-Gegner, auch Minderjährige, Frauen und Männer, Menschen aus verschiedenen Ländern und mit ganz unterschiedlichen Berufen und sozialer Herkunft. Die Folterkaserne war von Freitag bis Sonntag in Betrieb. Wer »Glück« hatte, war den Staatsterroristen »nur« zwölf Stunden ausgeliefert, andere verschwanden hier für 30 Stunden.

Neue Festgenommene wurden mit farbigen Filzstiften im Gesicht markiert. Sie mussten Spaliere von Wärtern durchlaufen, die sie bespuckten und auf ihre Köpfe einprügelten. Die brüllten: »Wer ist der Staat? Die Polizei! Wer ist der Chef? Mussolini!« oder »Willkommen in Auschwitz«. Die Polizisten sangen Lobgesänge auf Mussolini und auf Pinochet: »uno –

due – tre, viva Pinochet, quatro – cinque – sei, morte agli ebrei« [»eins – zwei – drei, es lebe Pinochet, vier – fünf – sechs, Tod den Juden«]. Ein Gefangener musste sich ausziehen, nackt auf allen vieren kriechen und rufen »Viva la polizia italiana!«. Ein anonym gebliebener Polizist erzählte der italienischen Zeitung *La Repubblica,* dass er beobachtete, wie seine Kollegen auf Gefangene urinierten und auf sie einschlugen, als die sich weigerten das faschistische Kampflied »Faccetta Nera« zu singen.

Man zwang die Gefangenen zu unterschreiben, dass sie auf ihre Rechte verzichteten, dass sie niemanden anrufen wollten. Schnitt ihnen, wenn sie sich weigerten, mit einem Messer Büschel Haare aus und drohte, ihnen die Kehle aufzuschlitzen. Man schleppte die Verletzten auf die Krankenstation der Kaserne, sie mussten sich ausziehen und ihre Körperöffnungen durchsuchen lassen. Einer der diensthabenden Ärzte trug Springerstiefel und Tarnhose. Er nähte Verletzungen ohne Betäubung und verteidigte seine Patienten nicht, wenn sie vor seinen Augen weiter gequält wurden. Seine Kollegen waren nicht besser, manche schlugen auf die Wunden, die sie hätten verarzten sollen.

Die Staatsbeamten zwangen auch verletzte Gefangene bei großer Hitze stundenlang zu qualvollen Körperhaltungen. »Schwan« hieß breitbeiniges Stehen mit erhobenen Armen und dem Gesicht zur Wand. »Ballerina« nannten es die Wärter, wenn die Gefangenen auf Zehenspitzen zu stehen hatten. Andere ließ man stundenlang knien, die Hände auf dem Rücken gefesselt. Alle wurden in den Zellen geschlagen, mit den Knüppeln auf den Kopf. Oder ihr Kopf wurde einfach gegen die Wand geknallt.

Ministerpräsident Berlusconi genoss unterdessen im barocken Palazzo Ducale seinen ersten großen Auftritt auf dem internationalen politischen Parkett. Kein Vertreter eines der europäischen Staaten kritisierte Berlusconi und den Polizeistaatseinsatz, auch nicht der deutsche Bundeskanzler Gerhard Schröder,

der heute den russischen Ministerpräsidenten Wladimir Putin für einen »lupenreinen Demokraten« hält. Kurz nach den Ereignissen von Genua schüttelte der damalige Bundesinnenminister Otto Schily (SPD), auch kein leidenschaftlicher Verfechter umfassender Menschenrechte, seinem italienischen Kollegen Scajola die Hand. Er betonte, dass er volles Vertrauen in die italienische Justiz habe, und äußerte im typischen Politikerjargon: »Für uns ist Italien eine stabile Demokratie, die alleine im Stande ist, die Probleme zu lösen.«[179]

Alle Politiker versuchten, den Gipfel als ein »Treffen im Kampf gegen die Armut in der Welt« darzustellen. Berlusconi behauptete, die G8 bekämpften den Hunger in der Welt, die Epidemien, die Armut und andere »inconvenienti«, Unbequemlichkeiten. US-Präsident George W. Bush, dessen hysterisches Sicherheitsbedürfnis schon so viele Grenzen geschlossen hatte, sagte: »Die Globalisierung ist der Triumph der Freiheit der Menschheit über die nationalen Grenzen.« Und die Globalisierung würde, sagte Bush, Millionen von Menschen aus der Armut retten. Die Gegner der Globalisierung seien »die wahren Feinde der Armen«.[180]

Die Beschlüsse der Staatschefs taugten nichts, oder nicht viel. Gentechnik – das große Geschäfte der Konzerne und die neue tödliche Abhängigkeit des Trikonts – soll gegen den Hunger helfen und wird mehr Hunger bringen. Der Teilerlass der Schulden für 23 hochverschuldete Länder war eine alte Kamelle, er war bereits 1999 auf dem Gipfel in Köln beschlossen worden, aber nur zwei Länder, Uganda und Bolivien, hatten den strengen Anforderungen seither genügt. Auch der neue Aids-Fonds für Afrika würde ein Riesenzinsgeschäft für die Gläubiger werden.

Während die einen feierten, plauderten und fein speisten, wurden die Linken in der Kaserne weiter gequält. Zu den Frauen sagten die Folterknechte von der Polizei: »Bis heute Abend ficken wir euch alle.« Die Männer bedrängte man: »Bist du schwul oder Kommunist?« Die Folterknechte zwangen ihre Opfer, Tiergeräusche nachzumachen und »Hoch der Duce!« zu rufen. Man ließ sie stolpern und prügelte auf am Boden Liegende ein, verletzte ihre Genitalien, besprühte sie mit Reizgas, einigen wurde die Milz zerquetscht. Sie wurden sexuell drangsaliert, mit Feuerzeugen angebrannt. Eine menstruierende junge Frau musste sich ausziehen und, unter höhnischem Gelächter der Polizisten, ihr Intimpiercing entfernen.

Es gab nur eine Toilette, einen Stehabort. Die Tür wurde nie geschlossen. Man fragte eine Frau, ob sie schwanger sei, und schlug sie. Den Kopf einer anderen Frau drückte man in die Kloschüssel. Alle, die im Saal warteten, sahen, dass die, die von der Toilette zurückkehrten, noch mehr Verletzungen hatten als zuvor. Da fragten viele nicht mehr, ob sie zur Toilette gehen durften. Später schlug man sie, weil sie »stanken«.

Viele Demonstranten wurden nach der Tortur in die Gefängnisse in und um Genua gesperrt.

Am Samstag, dem dritten Gipfeltag, demonstrierten 100 000 Menschen in Genua, mehr als 700 Gruppen hatten zu den Protesten aufgerufen. An diesem Tag war die Stimmung bedrückt, von den Folterungen in Bolzaneto wussten wohl erst wenige, aber alle vom Massaker in der Schule, und alle kannten Carlo Giulianis Namen. Sie riefen: »Assassini!« – »Mörder!« – und zeigten den »Sicherheits«-Kräften ihre Fäuste. Zwei Banken brannten. Tränengas. Barrikaden. Räumpanzer. Panik. Mannschaftswagen jagten Demonstranten auf das Meer zu. Einige flohen über hohe Metallzäune zum Meeresufer. Lebensgefährliche Situationen. Einer sprang von einer drei Meter hohen Mauer und blieb bewusstlos auf dem Pflaster liegen.

Am letzten Tag des G-8-Gipfels meldete die Deutsche Presse-Agentur (dpa) die Bilanz des Gipfels: ein Toter, mehr als 500 Verletzte und 200 Festnahmen. Wir können sicher sein, das es viel mehr Verletzte unter den Demonstranten gab, die sich aber, um von der Polizei nicht in den Krankenhäusern gefangen genommen zu werden, nicht meldeten und ihre Verletzungen anderswo oder überhaupt nicht versorgen ließen.

»Jeder hat das Gefühl, dass die G8 weitermachen muss«, sagte Berlusconi. Der britische Ministerpräsident von George W. Bushs Gnaden, Tony Blair, ergänzte: Es sei »sehr gefährlich, wenn Führer, demokratisch gewählte Führer, sich außerstande fühlen, zusammenzukommen und Themen zu diskutieren, die für unsere Völker von vitaler Bedeutung sind«.[181] Gefährlich für wen?

Gianfranco Fini, der frühere Generalsekretär der neofaschistischen Partei MSI, 2001 stellvertretender Ministerpräsident und heute Vorsitzender der italienischen Abgeordnetenkammer, hielt sich, so berichteten Zeitungen, während der Ereignisse im Hauptquartier der Polizei auf. Er musste später nie offenlegen, welche Anweisungen er gab. Es gab in der Folgezeit Gerüchte, dass der Polizei für alle Taten im Voraus Straffreiheit versprochen worden war. Fini sagte, dass es richtig gewesen war, die Polizei zu bewaffnen: »Die Demonstranten haben es darauf angelegt, dass Blut fließt. Sie haben bekommen, was sie wollten.« Noch 1994 hatte Fini den faschistischen Ex-Diktator Benito Mussolini als »größten Staatsmann des Jahrhunderts« bezeichnet, wovon er heute, national-konservativ verkleidet, offiziell nichts mehr wissen will.[182]

Fini ist eines der vielen Beispiele dafür, dass es nicht ausreicht, die Größe offen rechtsextremer und neofaschistischer Parteien zu messen, wenn man wirklich herausfinden will, wie weit Europa inzwischen nach rechts gerückt ist. Das deutlich größere Problem ist die dramatische Rechtsentwicklung großer bürgerlicher Parteien.

Zynisch war das Abschlusskommuniqué des Gipfels: »Wir sind fest entschlossen, die Globalisierung so zu gestalten, dass sie allen Bürgern zugutekommt, insbesondere den Armen in der Welt.« Carlo Giulianis Tod wurde so pflichtgemäß wie kühl bedauert. Die gewaltbereiten Demonstranten, so Bundeskanzler Gerhard Schröder, seien »von Justiz und Polizei mit aller Härte zu verfolgen«.

Ein paar Tage nach dem Gipfel wurden 32 Deutsche in einem Bus über den österreichischen Grenzübergang beim Brenner aus Italien abgeschoben, unter ihnen der Politikwissenschaftler Jens H. aus Berlin, der zuerst Opfer des Überfalls in der Diaz-Schule geworden und dann viele Stunden in der Kaserne gequält worden war. Es dauerte Monate, bis er das Erlebte verarbeiten konnte. Er sagte Jahre später: »Wahrscheinlich habe ich das alles nur überstanden, weil ich mich, wie die anderen auch, nicht als Opfer gesehen habe. Ich habe immer wieder versucht, Erklärungen für das Ganze zu finden und ich bin sicher, dass die Polizisten nur deshalb so ausgerastet sind, weil sie uns 300 000 Demonstranten, auch die, die völlig friedlich protestiert haben, als Bedrohung ihrer Macht sahen. Die haben einfach gemerkt, dass wir uns von ihnen nicht einschüchtern lassen.«[183]

Es gab Dutzende von Anklagen – gegen Demonstranten. Die Opfer wurden mit einer Lawine von strafrechtlichen Beschuldigungen überzogen. Zum Beispiel behauptete die Polizei, Demonstranten hätten Molotowcocktails in der Diaz-Schule versteckt. Sie zeigten sogar welche vor. Aber durch einen glücklichen Zufall konnte bewiesen werden, dass die Molotowcocktails erst während des Polizeiüberfalls von der Polizei selbst in der Schule versteckt worden waren. Ein hoher Polizeibeamter widersprach seinen Kollegen, denn er erkannte die Brandsätze wieder, weil er sie selbst vorher – und an einem ganz anderen Ort – beschlagnahmt hatte.

Sieben lange Jahre dauerte es, und es ist nur der Arbeit hartnäckiger Opfer, ihrer Verteidiger, einiger Journalisten und italienischen Juristen wie dem Staatsanwalt Enrico Zucca zu verdanken, dass einige der Täter überhaupt auf die Anklagebank kamen. Zucca reiste in verschiedene europäische Länder und sprach mit den Opfern. Er und sein Team sammelten Hunderte von Zeugenaussagen, sie analysierten 5000 Stunden Videomaterial und Tausende von Fotografien. Die Ergebnisse fasste Zucca in einem 260-seitigen Bericht zusammen, an dem auch die italienische Justiz nicht mehr vorbeikam.

Nach Jahren konnten alle Vorwürfe gegen die Demonstranten – die Qual und Folter nicht gerechtfertigt hätten – zurückgewiesen werden. Aber nur einige Verantwortliche wurden bestraft und kamen letztlich mit geringen Strafen davon. Die Opfer waren fassungslos. Nur weil das italienische Strafrecht keinen Folterparagraphen habe, schrieben die Staatsanwälte, sprächen sie nicht von Folter. Amnesty International bezeichnete die Vorgänge als die »größte Außerkraftsetzung von demokratischen Rechten in einem westlichen Land nach dem Ende des Zweiten Weltkriegs«.[184]

Mehr als sieben Jahre lang kämpften die Opfer der Torturen in der Diaz-Schule für die Verurteilung der Täter. Am 13. November 2008, nach 200 Verhandlungstagen, waren nur noch 29 angeklagte Polizisten übrig, 16 wurden freigesprochen, 13 verurteilt. Die dreizehn erhielten zusammen nur 35 Jahre und 7 Monate Haft, wenig mehr, als für die jungen Leute vom Göteborger Infotelefon gefordert worden war. Zu Freiheitsstrafen von zwei bis vier Jahren verurteilt wurden die Mitglieder der 7. Abteilung der mobilen Einsatztruppe in Rom und die zwei Beamten, die Molotowcocktails in der Diaz-Schule deponiert und den Demonstranten untergeschoben hatten. Die gesamte Führungsriege der Polizei, die für den Einsatz verantwortlich war, wurde freigesprochen. Praktischerweise hatte die Regierung Berlusconi 2005 eine Amnestie verkündigt, die für alle galt, die unter drei Jahren Haft erhielten.

Bei den Verfahren gegen die Verantwortlichen im Fall der Kaserne in Bolzaneto waren 45 zum Großteil hochrangige leitende Polizisten wegen Beweisfälschung, Körperverletzung und Folterung von Demonstranten angeklagt. Dreißig wurden im Juli 2008 freigesprochen, 15 Angeklagte zu Gefängnisstrafen von fünf Monaten bis fünf Jahren verurteilt. Fünf Jahre Haft erhielt der Kommandant der Kaserne. Der Richter sagte, er hätte gegen manche Angeklagte gerne höhere Strafen ausgesprochen, aber im italienischen Strafrecht gebe es die Folter nicht.

Die meisten der mehreren hundert Polizisten, Carabinieri und Vollzugsbeamten, die in der Diaz-Schule und in Bolzaneto im Einsatz gewesen waren, gingen vollkommen straffrei aus. Es konnte vor Gericht auch nicht *nachgewiesen* werden, dass es eine Befehlskette gab, dass also führende Politiker, Minister oder Staatssekretäre, Militär-, Geheimdienst- oder Polizeichefs usw. die Befehle gegeben hatten. Selbstverständlich ist allen kritischen Beobachtern klar, dass Polizisten nicht einfach ohne Order so handeln, wie sie handelten. Was es aber offensichtlich gab – und gibt –, ist eine faschistische Kultur, wenigstens innerhalb der italienischen »Sicherheits«-Kräfte und in Teilen des Staatsapparates, die durch Straffreiheit belohnt und gestärkt wurde.

Alle angeklagten Polizisten des G-8-Gipfels wurden befördert. Nur die wenigen Polizisten, die aufklären wollten und bereit waren, auch gegen ihre »Kollegen« auszusagen, stockten in ihrer Laufbahn. Viele verantwortliche Polizeioffiziere machten sogar eine steile Karriere: Gianni de Gennaro war während des Gipfels Polizeichef Italiens. 2007 wurde er, auch weil er wegen des Vorgehens gegen die Gipfelgegner noch in der öffentlichen Kritik stand, vom damaligen Ministerpräsidenten Romano Prodi abgesetzt. Aber die Regierung Berlusconis ernannte ihn im Mai 2008 zum Koordinator der italienischen Nachrichtendienste.[185] Oder Francesco Gratteri. Er war einer der Anführer des Massakers in der Diaz-Schule. Damals Chef der SCO, einer Sondereinheit der Bereitschaftspolizei, stieg er auf zum Leiter der nationalen Anti-Terror-Einheit und ist heute oberster Polizeichef in Bari.[186]

Nie musste sich ein einziger verantwortlicher Politiker rechtfertigen. Nie wurde, wie unzureichend auch immer, »erklärt«, wie es zu Tod, Folter und Massaker kommen konnte. Dafür wurden die Opfer mit einer Flut von erfundenen Beschuldigungen überschüttet und dafür Berge von Falschaussagen und gefälschten Protokollen konstruiert. Es dauerte Jahre, bis dieser Dschungel aus Lügen durchdrungen war.

Die Botschaft an die italienische Polizei und an die Carabinieri war eindeutig: Der Staat steht hinter euch. Es geht nicht mehr nur um eine »Suspendierung des Rechtsstaates«, wie Amnesty International kritisierte.[187] Denn ein Rechtsstaat ist auch dadurch definiert, dass er nicht ausgesetzt werden kann. Die unmissverständliche Botschaft von Genua war: Dieser europäische Staat, und nicht nur dieser, verwandelt sich allmählich in eine Diktatur auf Abruf.

Mark Covell, der englische Journalist, sagt: »Ich verlor die besten Jahre meines Lebens.« Er leidet heute an posttraumatischem Stress. Seine Gesundheit ist angegriffen. Er musste mehrmals operiert werden. »Ich werde wegen der physischen Folgen zehn Jahre früher sterben, als ich müsste. Wir wurden von unseren europäischen Regierungen verurteilt und verleugnet.«[188]

Einige der Opfer erwägen, vor dem Europäischen Gerichtshof für Menschenrechte zu klagen, um die Folterer doch noch zur Verantwortung zu ziehen. Covell: »Wir wollen, dass die italienische Regierung ein Anti-Folter-Gesetz beschließt, und wir wollen eine öffentliche Untersuchung. Wir wollen den Krebs des Faschismus aus der Polizei schneiden.«

Aber er sagt auch, dass er es nicht bereut hat, in Genua gewesen zu sein.

Über all die Jahre wurde die Erinnerung an die Ereignisse von Genua wachgehalten, von den Opfern, von politischen Organisationen, von Carlo Giulianis Eltern, von demokratischen Juristen, von kritischen Journalisten. Es gab immer wieder große Solidaritätsdemonstrationen, wie im November 2007, als sich mehr als 50 000 Menschen in Genua versammelten. Gäbe es all diese Menschen nicht, gäbe es wenig Hoffnung.

Nur wenige große europäische Medien haben die Bedeutung der Ereignisse von Genua verstehen können oder wollen. Das stimmt für die Zukunft bedenklich. Die englische Zeitung *The Guardian* gehört zu diesen viel zu wenigen kritischen Medien: »Zweiundfünfzig Tage nach dem Angriff auf die Diaz-Schule benutzten 19 Männer Flugzeuge, voll mit Passagieren, als fliegende Bomben und verschoben unsere Grundannahmen, worauf das Fundament westlicher Demokratien beruht. Seitdem haben Politiker, die sich selbst niemals als Faschisten bezeichnen würden, das umfassende Abhören von Telefonaten erlaubt, das Ausspähen von E-Mails, Haft ohne Gerichtsverfahren, systematische Folter, das scheinbare Ertränken von Häftlingen, unbegrenzten Hausarrest und das gezielte Töten Verdächtiger, während das Auslieferungsverfahren durch eine außergerichtliche Auslieferung ersetzt wurde. Das ist kein Faschismus mit Diktatoren in Kanonenstiefeln und mit Schaum vor dem Mund. Es ist der Pragmatismus von gefällig auftretenden Politikern. Aber die Resultate ähneln sich sehr. Genua sagt uns, dass, wenn der Staat sich bedroht fühlt, die Gesetze außer Kraft gesetzt werden können. Überall.«[189] Nur dass der Staat nicht einmal ernsthaft bedroht war, er musste eine Bedrohung erfinden. Was sagt uns das?

Europa rückt dramatisch nach rechts. Gibt es zwischen den Gesetzgebungen und Gewohnheiten in einzelnen EU-Staaten Widersprüche, kann man zurzeit sicher sein, dass in irgendwelchen »Reformen« meist die autoritärere und repressivere Variante durchgesetzt wird. Angesichts der Weltwirtschaftskrise und der Sorge von Staat und Kapital über mögliche wachsende soziale Unruhen wird die bürgerliche Demokratie immer hastiger zerstört werden – wenn wir dem nicht Einhalt gebieten. Aber wie und mit wem an unserer Seite? Und mit wem nicht?

8

SACKGASSE LINKSPARTEI

Es waren einmal, in den 1990er Jahren, zwei reformistische Parteien, die eine hieß SPD, die andere PDS, und beide waren sehr deutsch. Jede von ihnen erzählte ihren braven Anhängern gerne das Märchen, sie allein sei die Partei der sozialen Gerechtigkeit. Sie gingen feindselig miteinander um, was damit zu tun hatte, dass die SPD seit 1945 an den fortdauernden Weltfestspielen des Antikommunismus teilnahm, den Kapitalismus und die NATO als alternativlos rühmte und dafür sogar ein paarmal auf dem Regierungsthron hatte Platz nehmen dürfen. Und obwohl die SPD die neuen Mitglieder aus dem Osten des Landes gebraucht hätte, wusste sie einfach nicht, wie sie es den mächtigen Riesen im wichtigeren Teil der Welt hätte erklären können, warum sie sich mit »echten Kommunisten« einließ. Heimlich rieb sie sogar Flecken aus ihrer Kleidung, die von früheren Berührungen mit den Schwestern und Brüdern »von drüben« stammten.

Und die PDS, die einmal SED geheißen hatte? Es gab viele aufrichtige Weltverbesserer in ihren Reihen, wissbegierige Humanisten. Aber auch viele Mühselige und Beladene sowie gekränkte Angehörige der früheren DDR-Oberschicht. Der Verlust eines ganzen Staates und ein Lebenswerk zerstört zu sehen, abgeräumt, als sei alles wertlos gewesen, schürten Verbitterung und Mutlosigkeit. Viele vermissten in ihrem neuen »gesamtdeutschen« Leben auch das Falsche – Macht und gesellschaftliche Reputation nämlich. Auch um die zurückzugewinnen, beugten sie den Rücken und taten Buße in allerlei Talkshows. Im Westen wurde die PDS der SPD schließlich so ähnlich, dass es Sozialdemokraten gab, die nicht mehr wussten, in welcher der beiden sozialdemokratischen Parteien sie gerade Mitglied waren.

Seit 1989 sind zwanzig Jahre ins Land gegangen. Mittlerweile hat die Linkspartei einige Abtrünnige aus der SPD geschluckt, auch über den Umweg WASG (Arbeit & soziale Gerechtigkeit – Die Wahlalternative), deren restliche Strukturen sie längst rückstandslos verdaut hatte. Inzwischen treten frustrierte Sozialdemokraten, die kein Atomprogramm, keine Anti-Terror-Gesetze, kein Radikalenerlass, kein NATO-Doppelbeschluss und kein Jugoslawienkrieg je aus der SPD getrieben haben, ohne Umweg in die Linkspartei ein.

Beide Parteien haben Probleme. Die SPD ist nur noch ein Schatten ihrer selbst, die Linkspartei ist gewachsen, aber sie stagniert. Sie darf zu ihrem Ärger noch nicht überall mitregieren – außer dort, wo die Armut besonders groß ist und die Elendsverwaltung deshalb noch ein paar erfahrene und funktionstüchtige Apparatschiks braucht wie von 1998 bis 2006 in Mecklenburg-Vorpommern und seit 2002 in Berlin.

Wäre die SPD nach der sogenannten Wiedervereinigung nicht so feige antikommunistisch gewesen, hätte sie stattdessen die Arme ausgebreitet, wären die Brüder und Schwestern der PDS selig hineingelaufen, nicht alle, aber doch eine Mehrheit, und die SPD hätte heute keine Konkurrenz aus dem gleichen Teig. Und die unabhängige, antiautoritäre, emanzipatorische Linke wäre die Linkspartei los, die wie eine fette Kröte einen Teil des politischen Vakuums verstopft, das wir brauchen.

221 Busfahrer der Verkehrsbetriebe Saarbahn GmbH hatten Angst, dass ihr Betrieb privatisiert werden würde, und traten im Sommer 2008 ausgerechnet in die Linkspartei ein, weil die sich angeblich als einzige Partei gegen »den Privatisierungswahn« stellte. Statt Arbeitskampf Parteieintritt, was für eine Emanzipation! Lafontaine jubelte: »Das ist wie Weihnachten!«[190] Was der Weihnachtsmann bringt, sieht man ja in Ber-

lin unter dem SPD/Linkspartei-Senat. Aber das bekommen die Saarbrücker Genossen im fernen Westen offensichtlich nicht so mit.

Als Ministerpräsident des Saarlands, also genau in der Rolle, in der diese Busfahrer ihn am liebsten wieder haben wollen, forderte Lafontaine 1988 Arbeitszeitverkürzung ohne vollen Lohnausgleich[191], längere Maschinenlaufzeiten insbesondere durch Ausdehnung der Sonntags- und Wochenendarbeit (1988/1989)[192], die Erhöhung der Arbeitszeit im öffentlichen Dienst (1993)[193] und die Verpflichtung zu Zwangsarbeit (1998)[194]. Beim Blick auf die Erwerbslosen hatte Oskar Lafontaine stets das Interesse des Kapitals im Auge. 1998 drohte er Sozialhilfeempfängern via *Bild*-Zeitung: »Wir werden ähnlich wie in England dafür sorgen, dass die Zahlung von Sozialhilfe an strenge Regeln geknüpft wird! Eine angebotene Arbeit muss angenommen werden. Sonst wird die Sozialhilfe gekürzt!«[195] Sozialstaatliche Leistungen, zum Beispiel die Unterstützung Erwerbsloser, sollten nur noch nach »Bedürftigkeit« gewährt werden, das bedeutete nichts anderes als die Forderung nach Abschaffung der Arbeitslosenversicherung.[196] Neben der Verarmung der Betroffenen erzielt so etwas die Senkung der sogenannten Lohnnebenkosten, das freut das Kapital. Die Menschen arbeiten in den Augen Lafontaines auch nicht lang genug in ihrem Leben, er verlangte schon 2003 die Heraufsetzung des »tatsächlichen Renteneintrittsalters«.[197]

Damit der Zorn der Betroffenen sich nicht gegen ihn richtet, greift Oskar Lafontaine gern zu Ablenkungsmethoden mit langer deutscher Tradition, er schürt rassistische Ressentiments. 1989 war er aufseiten derjenigen, die das Asylrecht abschaffen wollten, und ist stolz darauf, 1992 zum »Asylkompromiss« von CDU, SPD und FDP beigetragen zu haben, der faktischen Abschaffung des Asylrechts.[198] »Ausländerfeindlichkeit« entsteht laut Lafontaine durch Zuwanderung.[199] Der Vorsitzende der Linkspartei befürwortet, vermutlich nur, um die Ausländerfeindlichkeit zu vermindern, die Errichtung von Flüchtlingslagern in Nordafrika. Er lehnt den Eintritt der Türkei in die EU ab.[200] 2005 verlangte er, deutsche Arbeiter vor »Fremdarbeitern« zu schützen: »Der Staat ist verpflichtet, seine Bürger und Bürgerinnen zu schützen, er ist verpflichtet, zu verhindern, dass Familienväter und Frauen [! J. D.] arbeitslos werden, weil Fremdarbeiter zu niedrigen Löhnen ihnen die Arbeitsplätze wegnehmen.«[201] Als er wegen seiner sich an die Nazis anlehnenden Terminologie kritisiert wurde, verwies er scheinheilig auf den Duden.[202] »Es ist richtig, dass auch die Nazis Deutsch gesprochen haben.« Der Duden verweise beim Begriff Fremdarbeiter nicht auf die Nazivergangenheit. »Und die Sprachregelung des Duden darf man ja wohl noch anwenden, ohne dass irgendwelche Betroffenheitslyriker versuchen, einem ans Zeug zu flicken.«[203] Schließlich dient sein Rassismus einem guten deutschen Zweck: »Wir dürfen das Thema Schutz vor Billiglohnkonkurrenz nicht der NPD überlassen. Die NPD hat Probleme, wenn eine linke Partei konsequent Arbeitnehmerrechte vertritt.«[204] Dazu passt auch, dass Lafontaine nicht davor zurückschreckte, einen Artikel in *MUT* zu veröffentlichen, einer Zeitschrift weit am rechten Rand.[205] Auch Gregor Gysi will der NPD »irregeleitete Wähler wegnehmen«.[206] Der NPD Stimmen abnehmen, indem man ihr *ähnlicher* wird?

Dass Lafontaine kein unerschütterlicher Demokrat ist, demonstrierte er 2004, als der Frankfurter Polizeivizepräsident Manfred Daschner einen Festgenommenen mit Folter bedrohte. Die Folter wurde damit gerechtfertigt, das Versteck eines entführten Kindes zu finden. Aber das ist vollkommen gleichgültig, Folter ist inakzeptabel. Wo leben wir, dass das betont werden muss? Gemäß der UN-Anti-Folter-Konvention (Artikel 1) von 1984 ist die Androhung von Folter bereits Folter. Lafontaine sagte, er hätte »genauso gehandelt« wie der Folter androhende Polizist. Würde der Beamte bestraft, sei das »eine Katastrophe für den Rechtsstaat«. Man müsse »formale Verfassungsartikel« schon mal außer Acht lassen, alles andere sei »Prinzipienreiterei«.[207]

Die Linkspartei wird's schon richten – wird sie es richten? Was wird sie anrichten? Es gibt eine merkwürdige irrationale Sehnsucht mancher Linker nach einer auch finanziell starken Organisation, an die sie sich anlehnen können, die die Dinge für sie erledigt. Eine kindliche Hoffnung, durch Wahlen und eine Regierung vieles in Ordnung gebracht zu sehen. Eine kollektive Regression vieler, die es besser wissen könnten, würden sie nur kritische Gedanken zulassen. Es ist die links gewendete Unterwerfung des deutschen Untertanen unter die Obrigkeit.

Die Linkspartei benutzt die Hoffnung der Menschen auf ein besseres Leben, und sie zerstört ihre dafür unabdingbare Bereitschaft, sich selbstbestimmt zu organisieren. Stattdessen bietet sie die gewohnte Hierarchie einer deutschen Partei. Die Anpassung an sozialdemokratische »Vernunft« ist aber – genauso wie das Geschwätz von »Sachzwängen«, »Realpolitik« oder »Standortinteresse« – nichts als die Unterwerfung unter die Verwertungsinteressen des Kapitals. Die Linkspartei will so wenig den Bruch mit den Gewaltstrukturen des Kapitalismus, wie es die SPD will. Beide macht jeder Gedanke an eine wirkliche soziale Emanzipation aggressiv.

Die heutige Partei Die Linke entstammt letztlich einer Umgründung der SED zur PDS-SED im Dezember 1989. Nur durch die Beibehaltung des alten Namens als Namensbestandteil war das Parteivermögen – und ein Teil der Mitgliedschaft – in die neue BRD zu retten. 1990 wurde der Name in PDS (Partei des Demokratischen Sozialismus) umgeändert, 2005 in Die Linkspartei/PDS. Inzwischen heißt dieselbe Partei anmaßend nur noch Die Linke. Wenn also im Folgenden von »PDS«, »Linkspartei« oder »Die Linke« die Rede ist, ist damit immer derselbe Laden gemeint.

Noch unsicher in ihrer künftigen Strategie, hatten führende PDSler Anfang der 1990er das Interesse, die Organisation nach Westen auszudehnen und dafür sogenannte Westpromis für sich zu gewinnen. Von 1984 bis 1988 war ich Bundesvorsitzende der Grünen gewesen. Die meisten linken Grünen traten zwischen 1989 und 1991 aus den Grünen aus, ich im April 1991. Die PDS lud mich ein, mich auf der Wahlprogrammversammlung der Linken Liste/PDS im September 1990 in einem Gastvortrag mit dem Programmentwurf der Partei auseinanderzusetzen.[208]

Ich kritisierte in meiner Rede vor dem PDS-Parteitag, dass in »öffentlichen Äußerungen von PDS-Vertretern erstaunliche Illusionen und Wunschträume über die SPD« zu finden waren, »als sei die SPD Teil der gesellschaftlichen Opposition. Realistischer ist doch wohl, dass die SPD eine Kapitalpartei mit marginalisierter Sozialfraktion geworden ist. Oskar Lafontaine, der gegen Lohnausgleich bei Arbeitszeitverkürzung und gegen Flüchtlinge wettert und sich mit einem ›modernisierten‹ militaristischen Großdeutschland in der NATO längst versöhnt hat«, sei ein »prototypischer Sozialdemokrat«. Die Zuhörer müssen mich falsch verstanden haben … seit 2007 ist Oskar Lafontaine, gemeinsam mit Lothar Bisky, Parteivorsitzender der Linkspartei.

Ich sagte 1990, dass es keinen im Programmentwurf konstatierten »sozialstaatlichen Kompromiss« (Programmentwurf) in der BRD gebe, an den eine Linke Liste/PDS anknüpfen könnte: »›Sozialstaatlicher Kompromiss‹ heißt in der BRD drei bis fünf Millionen Arbeitslose, viele Menschen in Psychiatrien, Altersheimen, Obdachlosenasylen, Isolation und Einsamkeit. Die Stärke einer linken Partei liegt auch in ihrer polarisierten Gegnerschaft zu Kapitalparteien und ihrer souveränen und bewussten Staatsfeindlichkeit. Die Hoffnung, linke Politik harmonisch und nicht polarisiert betreiben zu können, ist gefährlich falsch. Sozialistische Positionen stehen in antagonistischem Widerspruch zu den herrschenden Verhältnissen. Dummerweise lässt sich das nicht durch Parteitagsbeschluss ändern.«

Zum Fortschrittsbegriff der Linken Liste/PDS sagte ich: »Einige PDS-Vertreter haben das Loblied der ›Modernität‹ und des ›hohen technischen Niveaus‹ des Kapitalismus gesungen. Aber dieses ›hohe technische Niveau‹ baut auf hemmungsloser

Plünderung der ökologischen und menschlichen Ressourcen in der sogenannten Dritten Welt auf und hinterlässt seine Opfer auch in der reichen Bundesrepublik. Die Illusion, man könne Technik und Wissenschaft aus den konkreten kapitalistischen gesellschaftlichen Verhältnissen herausschneiden, war der SED, der KPdSU und der SPD gemein. Aber es gibt keine wertfreie Technologie. Eine für den Zweck der Profitmaximierung entwickelte Technologie sperrt sich gegen ihre humane und ökologische Umformung.«

Die Linke Liste/PDS möge, empfahl ich, ihr Verhältnis zu Technik, Wissenschaft und Natur aus der Tradition von Marx und Engels ableiten und nicht auf den zertretenen Pfaden des Sozialdemokratismus und des Stalinismus wandeln. Viele Fünfjahrespläne seien Belege dafür, dass die »realsozialistischen« Länder versucht hätten, den Kapitalismus in seiner eigenen Entwicklungslogik zu überholen, anstatt mit dieser, den Menschen und die Natur zerstörenden, Logik zu brechen. »Dabei entstanden miserable Kopien des Kapitalismus in der DDR und in Osteuropa und über sie vermittelt in der sogenannten Dritten Welt. Dass dort dabei ähnliche Umweltprobleme folgten, wenn auch zeitversetzt, war kein Wunder.«

Der Glaube, dass die technische Entwicklung der Produktivkräfte automatisch zum sozialen Fortschritt führe, sei Aberglauben, erklärte ich weiter. Eine wirklich fortschrittliche ökologische Linke müsse außerdem verstehen, dass es in der Entwicklung von Technologie und Wissenschaft sogar einen Punkt gibt, an dem Produktivkräfte in Destruktivkräfte umschlagen können, wie die Atomenergie und die Gentechnik. Im Programm fehle die Forderung nach sofortiger Stilllegung aller Atomanlagen in West und Ost, das sei ein unumstößliches Prinzip linker ökologischer Politik.

Die SPD/Grüne-Bundesregierung (1998–2005) hat die Modernisierung von Atomanlagen und Atomprogramm (»Energiekonsens«) als »Ausstieg« mystifiziert. Die Linkspartei hilft beim Betrug, indem sie diese Modernisierung, die den nahtlosen Übergang zur Atomfusion möglich macht, als »zaghaften« Atomausstieg anerkennt. Gleichsam im Gegenzug lobte Bundeskanzler Schröder 2000 die PDS in Mecklenburg-Vorpommern, weil sie über das übliche Maß der Aufgabenverteilung hinaus die Atomfusion fördere.[209]

Der Ausstieg aus der Atomenergie war im PDS-Programmentwurf von 1990 so windungsreich beschrieben, dass man der Forderung nicht trauen konnte, schon deshalb nicht, weil wir ja die Geschichte der SED kannten. Ich hatte noch im Ohr, wie uns die DDR-abhängige DKP in den 1970ern in Westdeutschland mit ihren Parolen genervt hatte, Atomkraftwerke seien zwar in der Hand des Kapitals gefährlich, nicht aber »in der Hand des Volkes«.

Aus meiner Rede von 1990: »Es gibt Technologien, die sind ohne jede Rücksicht abzulehnen, selbst wenn es Arbeitsplatzprobleme gäbe. Atomenergie verseucht die Umwelt auch im ungestörten Normalbetrieb mit Dutzenden von Billionen Becquerel radioaktiver Strahlung. Es existiert keine Trennung in zivile und militärische Nutzung: Wer Atomanlagen hat, kann Atombomben bauen. Atomstrom ist idiotischste Energieverschwendung. Atomenergie ist leicht ersetzbar, und sie kostet so viel, dass Alternativen wie rationelle Energienutzung, Energieeinsparung und Entwicklung und sofortige Anwendung der vorhandenen erneuerbaren Energieträger, Sonne, Wind, Wasser, verhindert werden. Radioaktive Stoffe bedrohen für Zehntausende von Jahren die Erde. Plutonium von der Menge einer Apfelsine genügt, die ganze Menschheit umzubringen.«

Meine Rede wurde sehr freundlich beklatscht, vermutlich, weil man es goutierte, dass eine sogenannte Westprominente auf einem Parteitag der gesellschaftlich noch verfemten Ostpartei redete, aber nicht, weil meine Argumente eine Mehrheit interessiert hätten.

Nach Beendigung meiner Rede kam eine Westlinke zu mir, die einmal im Kommunistischen Bund (KB) gewesen war und die ich als Anti-AKW-Aktivistin schätzte. Sie hoffte, dass meine Kritik Wirkung erzielte, denn sie engagierte sich für eine Veränderung der PDS. Am Ende veränderte sie sich und heiratete einen hohen Parteifunktionär.

Aus privaten und beruflichen Gründen verbrachte ich seit Mai 1990 viel Zeit im Osten Deutschlands – aus politischen Gründen hatte ich nie in die DDR einreisen dürfen. Es war interessant, eine Partei aus großer Nähe zu beobachten, die im Westen klein und stigmatisiert war, im Osten aber eine sehr deutsche Volkspartei. Ich sah PDS-Bürgermeister wie den von Hoyerswerda, dem nach rassistischen Anschlägen das Image seiner Stadt mehr am Herzen lag als das Wohlbefinden der Opfer (wie zornig wäre Brigitte Reimann darüber gewesen!)[210]; PDS-Bauunternehmer, deren Stasi-Vergangenheit ihren Auftraggebern aus dem Westen vollkommen egal war, weil man mit ihrer Hilfe Autobahnen durchs neu eroberte Land schneiden konnte; ehemalige Vorsitzende einer sozialistischen, kollektiven LPG, die in Blitzgeschwindigkeit zu Direktoren von hierarchischen und ökologiefeindlichen Massentierhaltungsbetrieben mutierten, und PDS-Funktionäre wie Christine Ostrowski, die in Sachsen Brücken zu Faschisten baute.

Ohnehin war und ist die Linkspartei/PDS schrecklich deutsch und national. Hans Modrows Konzept »Deutschland einig Vaterland« vom Februar 1990 war weder der Anfang noch das Ende der nationalen Orientierung. PDS-Minister Helmut Holter beklagte rückblickend sogar den angeblich mangelnden Nationalismus in der DDR: »In der DDR durfte sich Nationalstolz nicht entwickeln. […] Aber ich finde es nicht anrüchig, zugleich Internationalist und Patriot zu sein« (1999).[211] Es waren von Anfang an eine Menge Flanken nach rechts offen. Gregor Gysi wollte 1993 Protesten zum Trotz mit dem Chefredakteur der *Jungen Freiheit* an einer Podiumsdiskussion in Potsdam teilnehmen. Wie ärgerlich für ihn, dass der Potsdamer SPD-Oberbürgermeister die Veranstaltung verbot. Dafür konnte Gysi 1994 in Stuttgart mit dem reaktionären Manfred

Brunner (bis 1999 Vorsitzender des Bundes Freier Bürger) diskutieren und beklagen, dass die Linke »ein gestörtes Verhältnis zur Nation« habe.[212]

Wer die Linkspartei/PDS im Osten kennt, weiß, wie national gesinnt viele ihrer Kreise sind. Das weiß auch die Parteiführung, deshalb hat sie sich nie von ihrem extrem nationalen Flügel um Christine Ostrowski getrennt. 1992 traf Ostrowski sich mit Constantin Meyer, einem Funktionär der bald darauf verbotenen neofaschistischen Gruppe Nationale Offensive, zu einem nichtöffentlichen Gespräch über gemeinsame Jugendprojekte. Ostrowski sagte anschließend anerkennend: »Unsere sozialen Forderungen stimmen im Grunde überein – bis hin zum Wortlaut.«[213] Als die Kritik an Ostrowski lauter wurde, verteidigte der Parteivorsitzende Lothar Bisky sie. Wie Gysi hielt er Ostrowskis Rücktritt aus dem Parteivorstand für unnötig. Das hätte die Linkspartei/PDS Wählerstimmen im Osten gekostet.

Christine Ostrowski wurde 1998 sogar mit einem Mandat im Bundestag belohnt. Im gleichen Jahr erklärte sie, die PDS müsse sich zur »Stimme des Protestes« auch ausländerfeindlicher Bauarbeiter machen: »Warum gelang es der PDS nicht, viele von denen, die jetzt DVU gewählt haben [...] für sich zu gewinnen? [...] Jeder dritte Bauarbeiter im Osten ist arbeitslos. Gleichzeitig arbeiten nicht wenige ausländische Beschäftigte auf dem Bau. Kann man es einem hiesigen Bauarbeiter verdenken, daß er die Wut kriegt, wenn er nicht zuletzt deswegen seine Arbeit verliert? [...] Die Richtung allerdings, in die er Schuld suchend schielt, zeigt nicht die wirklich Verantwortlichen, sondern die noch Schwächeren. [...] Also seien wir die Stimme seines Protestes und denken wir darüber nach, warum wir es nicht sind, jedenfalls nicht genug.«[214]

Die Bundestagswahlen von 1998 bewiesen, wie stark sich ein erschreckend großes, rechtsextremes und völkisches Wählerpotenzial zur Linkspartei/PDS hingezogen fühlte. Die Forschungsgruppe Wahlen fand heraus, dass »23 Prozent der

DVU-Wähler mit ihrer Erststimme die PDS unterstützt [haben], damit erhält die PDS mehr Erststimmen von den DVU-Anhängern als alle anderen Parteien«.[215]

Ostrowski war in der Linkspartei/PDS nie marginalisiert, im Gegenteil, sie machte Karriere: Stadtverbandsvorsitzende in Dresden (1990–2000), stellvertretende Parteivorsitzende (1993), Stadträtin in Dresden (1994–2008), Landtagsabgeordnete in Sachsen (1994–1998), Mitglied im Bundestag (1990 und 1998–2002). Sie trat erst 2008, aus anderen Gründen, aus der Partei aus.

Das Nationale in der Linkspartei/PDS machte und macht sich nicht nur an der Person Ostrowski fest oder an PDS-Bürgermeistern wie in Hoyerswerda. Der Antikapitalismus der Linkspartei/PDS hat gelegentlich einen nationalen, aber auch antisemitischen Beigeschmack, in Zeiten der Weltwirtschaftskrise wird das nicht eben weniger: In Verlautbarungen und Redebeiträgen wird das Kapital künstlich getrennt, in das scheinbar voneinander fast unabhängige Produktivkapital einerseits und das Finanzkapital andererseits. Das produktive ist, in dieser Lesart, deutsch und gut und leistungsbegründet, das finanzielle international und böse und leistungslos, es rafft, statt zu schaffen, betätigt sich seltsamerweise vor allem in den USA und bekommt als »internationales Finanzkapital« eine antisemitische Färbung.[216]

Rund zwanzig Jahre lang haben wir inzwischen die Praxis der Linkspartei/PDS beobachten und analysieren können, in Rathäusern, Stadträten, Parlamenten und vor allem dort, wo sie die vielbeschworene »Verantwortung« in einer Landesregierung trug. In Sachsen-Anhalt tolerierte die PDS eine SPD-Regierung (1994–2002), eine Art Vorschule für Mecklenburg-Vorpommern, wo die PDS dann von 1998 bis 2006 mitregieren durfte. In Berlin regiert die Linkspartei/PDS seit 2002 mit der SPD.

Welches Wesen eine politische Organisation hat, zeigt sich manchmal an winzigen, für den Lauf der Zeitgeschichte beinahe belanglosen Beispielen. Helmut Holter, heute stellvertretender Landtagsfraktionsvorsitzender der Linkspartei, war von 1998 bis 2006 Minister für Arbeit und Bau in der SPD/PDS-Landesregierung in Mecklenburg-Vorpommern. SED-Mitglied seit 1973, in Moskau ausgebildeter Kader und sehr wendig. Während seiner Amtszeit verkaufte die Treuhand die Ostseehalbinsel Wustrow an die nordrhein-westfälische Investmentgruppe Fundus. Holter hatte es in der Hand, zu entscheiden, wie viel die Fundus-Gruppe an Profit aus der Nutzung der Halbinsel herauspressen könnte – wie dicht durfte das verwilderte Stück Natur bebaut werden? »Als Minister für Raumordnung liegt es in seiner Hand, wie viel Geld die Fundus-Gruppe mit Wustrow verdienen wird. In seinem Ministerium wird das Raumordnungsverfahren durchgeführt«, schrieb Brigitte Fehrle in der *Berliner Zeitung* im Dezember 1999.[217] Der Investor plante keinen Naturpark, wofür sich das seit Jahrzehnten verlassene Gelände wunderbar eignen würde, oder wenigstens eine autofreie, schonend bebaute Halbinsel, sondern eine luxuriöse, dichte Bebauung samt Jachthafen und mit allen Schikanen.

Das gab Ärger mit der Parteibasis. Viele Mitglieder verstanden sich noch als Sozialisten und sahen nicht ein, warum so viel öffentliches Eigentum privatisiert werden sollte. Der PDS-Minister hatte zwar im Großen und Ganzen leichtes Spiel, denn viele Menschen hatten nach der sogenannten Wende größere private Sorgen als je zuvor, und viele waren es zudem gewohnt, ihrer Parteiführung zu vertrauen. Aber der Unmut war so groß, dass es zu Versammlungen kam, bei denen der Minister sich rechtfertigen musste.

Ein älterer Mann fragte den Minister Holter auf einer PDS-Basisveranstaltung: »Aber, Genosse Holter, stärken wir damit nicht das Kapital?«[218]

Der gab die unnachahmliche Antwort: »Natürlich, Genossen, stärke ich damit das Kapital. Aber, Genossen, es sind doch unsere Leute.«[219]

Als die SPD 2006 mit dem Ende der Koalition drohte, stimmte die Schweriner PDS der umstrittenen Verwaltungsreform (Verwaltungsmodernisierungsgesetz) zu. Sonst wäre es, drohte die SPD, aus gewesen mit den schönen Minister- und Staatssekretärsposten und den vielen anderen Ämtern. Auch die PDS-Bundestagsfraktion hatte ihre Landtagsfraktion zur Zustimmung gedrängt.

Absehbare Folgen der Verwaltungsreform: Entdemokratisierung, eine extreme Zentralisierung und Entmündigung von Gemeinden (18 Landkreise und kreisfreie Städte wurden zu nur fünf Regionalkreisen zusammengelegt), Abbau von kommunaler Selbstverwaltung, eine höhere Kostenbelastung für Kommunen, die Zusammenlegung oder Auflösung von 100 Behörden und die Privatisierung eines ganzen Bündels bisher öffentlicher Aufgaben, das bedeutete Massenentlassungen und eine noch höhere Arbeitslosigkeit.

Alle Gemeinden in Mecklenburg-Vorpommern protestierten übrigens gegen das undemokratische Gesetz, auch die Mehrheit der PDS-Fraktion war ursprünglich gegen das Gesetz gewesen. Jetzt aber stimmten so viele PDS-Abgeordnete zu, wie für eine Mehrheit notwendig waren. Die PDS hatte sich ganz offenkundig den »Ströbele-Trick« bei den Grünen während der SPD/Grüne-Koalition im Bund abgeguckt: Man spielt Opposition, gibt der anderen Regierungspartei aber so viele Stimmen, dass das angeblich bekämpfte Projekt durchkommt, und so fällt man nicht aus der Regierung und behält all die schönen Mandate und Ämter.

Ein PDS-Abgeordneter, der wegen der Zustimmung seiner Fraktion zur Verwaltungsreform aus der Landtagsfraktion austrat, sagte später: »Die Angst vor dem Verlust von Regierungsverantwortung wog schwerer als die vor der Preisgabe grundsätzlicher Inhalte. Bei den Landtagswahlen hat sich das gerächt. Gemessen an den absoluten Zahlen haben wir jede Menge Wähler in den Nichtwählerbereich verloren.«[220]

Dank der Proteste vieler Gemeinden und Verbände – nicht

alle Argumente waren links – und dank der bürgerlichen Justiz wurde aus der Verwaltungsreform erst mal nichts: Im Juli 2007 stoppte das Landesverfassungsgericht das Gesetz, aber 2009 soll über eine veränderte Vorlage entschieden werden.

War die Linkspartei/PDS/Linke jemals eine Bewegungspartei, Protest- oder Oppositionspartei? Natürlich nicht. Alle Opposition gegen die SPD/Grüne-Bundesregierung war nur Schein. Schon seit vielen Jahren ist es die höchste Sehnsucht der Linkspartei/PDS, Teil einer Bundesregierung zu sein. Ihr Wunschpartner bleibt die SPD, aber sie nähme auch jeden anderen Regierungspartner, wenn er sie nur wollte.

Wenn Helmut Holter von »unseren Leute« spricht, meint er vor allem: ostdeutsche Deutsche, wenigstens Deutsche. Wenn eine Partei so strukturkonservativ ist und die nationale Flanke so weit offen hat wie die Linkspartei/PDS, sind auch Wahlbündnisse mit der CDU auf Dauer nicht mehr auszuschließen. Gregor Gysi sagte schon 1999, er wolle Berlin noch zu Lebzeiten »vereint« erleben. Da sah es so aus, als könne nach den Landtagswahlen eine numerische Mehrheit von CDU (vor allem im Westen) und PDS (vor allem im Osten) entstehen. Es gehe ihm allerdings nicht um eine Koalition, sondern um einen »Dialog« mit der CDU. Nichts Geringeres wollte er, als den »Kalten Krieg [zwischen PDS und CDU] beenden« und Berlin vor der Gefahr der »Provinzialität« retten.[221] Sein Ziel für das Jahr 2000 sei »ein ganz wichtiges: Linke und Konservative haben in Deutschland zum ersten Mal seit Kriegsende eine gemeinsame Verantwortung. Das ist die Herstellung der inneren Einheit Deutschlands. Für die CDU geht es dabei vor allem um die nationale Frage, für uns um die soziale. Das ist eine Aufgabe nicht nur für ein Jahr. Aber sie darf auch kein ganzes Jahrhundert dauern.«[222]

Auch der Parteivorsitzende Lothar Bisky konnte sich vorstellen, dass irgendwann auch eine Koalition mit der CDU denkbar sei: »Denn es ist auf längere Sicht eine Neuorientierung der Parteienlandschaft in der Bundesrepublik zu erwarten.«[223] Thomas Falkner, Berater der Partei, sah »die Modernisierer im Biedenkopf-Lager [...] in manchen gesellschaftspolitischen Fragen gar nicht so weit weg von den Modernisierern in der PDS«.[224] Nach den Berliner Landtagswahlen wurde es um diese Frage stiller, weil es 2001 zu einer von der PDS tolerierten SPD/Grüne-Landesregierung kam und 2002 zu einer Koalition von SPD und PDS – aber dazu später.

Die Koalitionsfrage hinsichtlich der CDU gärt und kommt auf die Tagesordnung, sobald eine Zusammenarbeit mit der CDU möglich ist. Der Fraktionschef der Linkspartei in Sachsen-Anhalt, Wulf Gallert, schloss 2008 eine Zusammenarbeit mit der CDU »nicht auf alle Ewigkeit« aus, »in zehn Jahren« sei sie denkbar: »Man kennt sich von früher. In Stendal wurde ein hochrangiger DDR-Grenzoffizier Oberbürgermeister; da redet man anders über Vergangenheit.« Gemeint war hiermit der NVA-Offizier Klaus Schmotz. Er hatte zu DDR-Zeiten 16 Jahre Dienst in der Führung des Grenzkommandos Nord an der innerdeutschen Grenze getan. Die Stasi-Unterlagen-Behörde protestierte gegen den Kandidaten. Aber die CDU verschaffte ihm die notwendigen Stimmen: »Schäuble macht Wahlkampf für DDR-Grenzoffizier«, titelte *Die Welt*.[225] Gallert wiederum erklärte, die CDU sei in vielen Kommunen im Osten besser als die SPD in der Lage, »auf den Stimmungswandel in der Bevölkerung zu reagieren«. Oftmals sei die Distanz zwischen CDU und Die Linke nicht größer als die zwischen SPD und Die Linke. In vielen Ostkommunen gebe es eine »punktuelle Zusammenarbeit« zwischen Linken und CDU, aber »viele in der Linken wollen nicht, dass darüber geredet wird – was für die CDU übrigens ebenso gilt«. Die »Basis« für diese Kooperation ist eher eine »sozial-konservative«, die CDU sei dagegen, »dass Strukturen verändert werden und wir sind es auch«.[226]

In Mecklenburg-Vorpommern hatte die Linkspartei/PDS, aus einem bestimmten Blickwinkel betrachtet, verdammtes Glück, dass sie während des G-8-Gipfels in Heiligendamm 2007 nicht mehr in der Landesregierung war. So konnte sie Menschen mit historischem Kurzzeitgedächtnis vortäuschen, ein Teil des Protestes zu sein und für keine der staatlichen Schandtaten mitverantwortlich.

Dabei waren die Vorbereitungen auf den G-8-Gipfel zwischen CDU, SPD und PDS ziemlich synchron gelaufen. Bundesinnenminister Schäuble drohte »gewaltbereiten Demonstranten« mit vorbeugender Haft. Die PDS in der Schweriner Landesregierung stimmte 2005 dem neuen Sicherheits- und Ordnungsgesetz (SOG) des Landes zu, das den sogenannten Unterbindungsgewahrsam bis zu einer Dauer von zehn Tagen möglich machte. Damit konnten – »vorsorglich« wie bei der »Schutzhaft« der Nazis – Menschen bis zu zehn Tage eingesperrt werden, die keine Straftat begangen hatten, denen die Polizei nur *unterstellte,* vielleicht eine solche begehen zu wollen.

Außerdem wurde, noch unter der Verantwortung der SPD/PDS-Koalition, von der »Projektgruppe G8« des Schweriner Innenministeriums die »Besondere Aufbauorganisation (BAO) Kavala« konstruiert. Anregung für den Phantasienamen war die gleichnamige Hafenstadt in Nordostgriechenland. In der BAO Kavala herrschte eine »in der verfassungsmäßigen Ordnung so nicht vorgesehene verschränkte Zusammenarbeit von Bundes- und Landesbehörden und des Militärs mit der Landespolizei. Sämtliche Polizeiaufgaben im Zusammenhang mit dem Gipfeltreffen wurden Kavala übertragen.«[227] Kavala nahm noch 2005 die Arbeit auf, wuchs rasch und hatte im Herbst 2006 schon 160 Mitarbeiter.

Für den G-8-Gipfel in Heiligendamm im Juni 2007 wurde der größte Polizeieinsatz in der Geschichte der Bundesrepublik vorbereitet. Es wurde eine Sonderrechtszone, eine für Demonstranten rechtlose Zone, geschaffen, in der Kavala herrschte. Formal war Kavala ein Sonderstab der Landespolizei von Mecklenburg-Vorpommern. Aber unter ihrem Dach, und das war der verfassungswidrige Trick, versammelten sich, und kooperierten zum ersten Mal und gegen alle verfassungsmäßigen Trennungsgebote und Prinzipien der Gewaltenteilung, Bundespolizei, Bundeskriminalamt, Landespolizei und Bundeswehr (mit See- und Lufteinheiten). Es gab keine parlamentarische Kontrolle. Die Landkreise gaben ihre Zuständigkeit, auch für das Versammlungsrecht, an die Polizeidirektion Rostock ab, und die lieferte die Demokratie an Kavala aus.

Der Führungsstab von Kavala beorderte im Bruch mit der verfassungsmäßigen Ordnung Kampfflugzeuge der Bundeswehr zur Überwachung der Widerstandscamps. Man muss sich das vorstellen: Ein angeblicher Sonderstab der Landespolizei setzt Einheiten der Bundeswehr gegen die linke Opposition ein, und kein Parlament wird gefragt (was die Sache nicht legitimer, aber legaler gemacht hätte).

Ihre Proteste hatten die Gipfelgegner lange vorbereitet. Es gab sehr unterschiedliche Flügel, die aber tolerierten sich im Großen und Ganzen gegenseitig, was die Qualität der Aktionen erhöhte. Die große Mischung machte den Protest in seiner Gänze auch angenehm unberechenbar, so dass die Polizei weder sicher sein konnte, mit welcher Medienstrategie sie den Widerstand hätte spalten können, noch, mit welchen Gruppen der Gipfelgegner sie verbindliche Verabredungen treffen könnte.

Wie repressiv die Strategie war, die der Staat durchzuziehen plante, zeigte sich, als die Bundesanwaltschaft am 9. Mai 2007 in Berlin, Hamburg, Bremen, in Niedersachsen und in Schleswig-Holstein vierzig Durchsuchungen und Razzien bei Linken durchführte, in Projekten, sozialen Zentren und Privatwohnungen. Diese sollten ihr aktuelle Einblicke in linke Strukturen verschaffen, sie erfassen und überwachen, und sie sollten den legitimen Protest gegen den Gipfel in der Öffentlichkeit als »Terror« stigmatisieren. Es war eine reine Machtdemonstration. Die Wirkung war unverhofft, zwar schreckte diese Kampagne einige Gipfelkritiker davon ab, nach Heiligendamm zu kommen, aber viele kritische und linke Leute, die ursprünglich nicht vorgehabt hatten, zum Gipfel zu fahren, planten um.

Die Großdemonstration am 2. Juni trug die weichgespülte Parole »Another world is possible«. Etwa 80 000 Menschen zogen zum Rostocker Stadthafen, darunter auch zwei »schwarze Blöcke«, einer mit etwa 6000 Leuten, Parole: »Make Capitalism History«, ein anderer mit etwa 3000 Menschen. Insgesamt nahmen viele ausländische Linke teil. Während der Abschlusskundgebung im Stadthafen stürmten plötzlich und ohne Anlass Polizeieinheiten, formiert wie ein Keil, in die Menschenmenge und begannen auf Köpfe einzuschlagen. In Rostock habe die Polizei, sagte der Münchner Polizeipsychologe Georg Sieber später, »lehrbuchgerecht alles so gemacht [...], wie es *nicht* sein soll«, der Polizeieinsatz sei eine »einsatztechnische Dummheit« gewesen.[228]

Viele Demonstranten aus anderen Ländern waren schockiert, wie aufdringlich und aggressiv sich die deutsche Polizei verhielt und wie viel sich manche deutsche Demonstranten gefallen ließen. Das Hineinschlagen in die Abschlusskundgebung einer großen Demonstration gehört noch nicht überall zur Norm ...

Zur Überraschung der Polizei wehrten sich die buntgekleideten Demonstranten unterschiedlichen Alters und unterschiedlicher Herkunft und trieben die Polizei aus ihren Reihen. Dann griffen Spezialeinsatzkommandos (SEK) an, begleitet von Reizgas und Wasserwerfern. Ihnen antwortete ein Steinhagel aus dem internationalen »schwarzen Block«, und eine Straßenschlacht brach aus. Es beteiligten sich Hunderte von Demonstranten – griechische, französische, italienische und deutsche – an dieser Gegenwehr. Durch die Razzien der Polizei und viele kleine lokale böse Ereignisse hatte sich bei den deutschen Protestierenden eine enorme Wut angestaut.

Ängstlich besorgt um ihr Image, distanzierten sich Sprecher des reformistischen Flügels der Demonstration von der »hirnlosen« Aktion, wobei unklar blieb, wem genau sie diese zuschrieben. Peter Wahl vom Attac-Vorstand verstieg sich gar dazu, die autonome Antifa, der allein er die Gegenwehr unterstellte, mit Neonazis zu vergleichen. Das verschaffte ihm unter den Demonstranten, aber auch in den eigenen Reihen großen Ärger.

Raul Zelik, Schriftsteller aus Berlin, antwortete ihm in einem offenen Brief: »Ich bin am Samstag mit blutigen Kleidern nach Berlin zurückgefahren, weil Polizisten – vermummt, schwarz gekleidet – beim Eintreffen der Demonstration am Kundgebungsort wie wild auf uns eingedroschen haben. […] Ein Fahrradkonvoi wurde Sonntagnacht auf einer Landstraße von Polizeifahrzeugen überholt und von den herausspringenden Beamten ohne Vorwarnung angegriffen. […] Schon seit Monaten heizte die Polizei die Stimmung in Rostock auf, indem sie alle Ladenbesitzer dazu aufforderte, ihre Geschäfte zu schließen. Über den Kundgebungsorten standen ununterbrochen Polizei- und zeitweise sogar Armeehubschrauber. Sieht so Deeskalation aus? […] Das, was der Begriff ›Gewalt‹ eigentlich beschreibt – den Angriff auf ungeschützte Körper –, wurde auch an diesem 2. Juni in großer Zahl von Polizisten verübt. […] es ist schon bemerkenswert, dass über diese Gewalttaten kein bisschen Empörung herrscht. […] Ich halte die Beseitigung von Gewalt und Gewaltverhältnissen für einen zentralen Punkt jedes widerständigen Denkens. […] Ihr habt die verurteilt, die bereits Verfolgungsziel sind und über jene Gewalt geschwiegen, die gesellschaftlich akzeptiert ist, weil sie mit der Position der Macht identisch ist. Über prügelnde, vermummte Polizisten fiel der Satz eben nicht: ›Mit solchen Leuten haben wir nichts gemeinsam, wir wollen sie nicht mehr sehen.‹ […] Ich werde deshalb nicht mit einstimmen in den Chor der Distanzierungen, die für mich etwas Heuchlerisches haben, weil sie sich – bewusst oder unbewusst – auf die Seite der Macht schlagen, die, das sollten wir nicht vergessen, immer auch die Anwendung der Gewalt in sich trägt.«[229]

Die Liste der Schikanen der Demonstranten ist endlos, hier in aller Kürze: Gepanzerte Spähwagen der Bundeswehr überwachten die Autobahn, Straßenbahn- und Busverkehr zu den Auftaktkundgebungen wurde eingestellt, es wurde verboten, Fahrräder in der S-Bahn oder im Zug mitzunehmen, auch gab es endlose Kontrollen überall, Züge wurden angehalten, Menschen wahllos abgegriffen und festgenommen.

Die Camps der Demonstranten wurden nicht nur von der Polizei, sondern auch aus Panzerspähwagen beobachtet und mit Tornado-Kampfflugzeugen der Bundeswehr in nur 110 Meter Höhe überflogen. Dabei wurden die Gipfelgegner gefilmt. Bei einem der Überflüge wurde ein Angriff simuliert. Jets dieser Art werden in Afghanistan zur Aufklärung im Kampf gegen die Taliban eingesetzt.[230] Die Filme und Fotos wurden den Sicherheitsbehörden ausgehändigt. Das Verteidigungsministerium rechtfertigte den Einsatz. Im Oktober 2008 beschloss der Koalitionsausschuss von CDU und SPD im Bundestag, dass »Bundeswehreinsätze wie der beim G 8 Gipfel 2007 in Heiligendamm […] legalisiert werden« sollen.[231]

Obwohl die kilometerbreite demonstrantenfreie Zone vor dem Zaun als nicht rechtmäßig beurteilt wurde und das deutsche Recht (Brokdorf-Urteil von 1985) erlaubt, genau dort zu demonstrieren, wo ein Ereignis stattfindet, gegen das der Protest sich richtet, blieben alle Protestaktionen verboten. Als Alibi wurde vom Bundesverfassungsgericht eine kleine Stellvertreterdemonstration von 50 Teilnehmern und auch nur in großer Entfernung vom Rostocker Flughafen erlaubt.

Kavala tyrannisierte während des ganzen Gipfels Demonstranten, Rechtsanwälte und kritische Journalisten. Sie sprach Platzverweise und Demonstrationsverbote aus, verprügelte nachweislich ohne jeden Anlass aufs brutalste und beraubte Menschen ungerechtfertigt ihrer Freiheit.

Kavala hatte auch in einer großen Werkshalle der Firma Siemens in der Rostocker Industriestraße eine »Gefangenensammelstelle« (Gesa) mit rund 20 Gitterkäfigen eingerichtet. »Guantanamo-Käfige« nannten die Gefangenen die nur fünf mal fünf Meter großen Käfige. Sie waren von allen Seiten einsehbar und oben mit einem Netz verschlossen. Die Gefangenen wurden an verschiedenen Orten abgegriffen, von Anfang an und aus willkürlichem Anlass. Es genügte zum Beispiel, mit dem Fahrrad an der Halle vorbeizufahren, jung zu sein, irgendwie links auszusehen und ein Foto zu machen, um gleichfalls geschnappt zu werden.

Auch weibliche Gefangene mussten sich vor männlichen Polizisten ausziehen. Es wurde gefilmt in den Käfigen, auch nachts brannte das Neonlicht, so dass die Gefangenen durch Schlafentzug gequält wurden. Notwendige Medikamente wurden verweigert, niemand konnte sich waschen. Die Festgenommenen lagen auf dem nackten Boden, anfangs waren nicht einmal Decken oder Matten vorhanden. Zu essen gab es kaum etwas und Trinkwasser nur manchmal. Einige G-8-Gegner blieben Tag und Nacht gefesselt, selbst auf dem Weg zur Toilette. Die meisten durften ihre Anwälte nie oder nur nach endlosen Verzögerungen sprechen. Manche Anwälte mussten ihre Schriftsätze auf der Straße schreiben, ein Anwaltsarbeitszimmer war nicht vorgesehen. Richter unterschrieben Haftanträge, als seien sie Angestellte von Kavala. Manche Demonstranten waren mehr als 30 Stunden unter diesen Bedingungen gefangen.

Kavala behinderte die Arbeit der Presse und verweigerte oder entzog mehr als 60 Journalisten die Akkreditierung, denn Pressefreiheit ist die Freiheit der Polizei, sich die Presse auszusuchen. Zwei Journalisten sperrte sie sogar in einen Gefangenenkäfig, nachdem sie die Presseausweise der beiden ungültig gestempelt hatte. Ein niederländischer Bus mit Journalisten wurde gleich ganz aufgehalten.

Absichtlich falsch gezählt und von unkritischen Massenmedien und Fernsehanstalten tagelang verbreitet, weil man blind Politik und Medien glaubte, statt seine Arbeit kritisch zu betreiben, wurde die Zahl der verletzten Polizisten: Die am 2. Juni, am ersten Tag, von Kavala verbreitete Zahl von rund 430 bei den Auseinandersetzungen schwer verletzten Polizisten stellte sich als Lüge heraus. Ganze zwei Polizisten hatten im Krankenhaus mit Knöchelbrüchen behandelt werden müssen. Die meisten anderen, die aber bald wieder einsatzfähig waren, waren vor allem in ihr eigenes Tränengas gelaufen.

Die Verantwortlichen, Staat, Polizei und Militär, nahmen tote Demonstranten in Kauf. Als elf Schlauchboote von Greenpeace in die 14 Kilometer weit in die Ostsee hinausreichende Sicherheitszone eindrangen, wurden sie von Polizeibooten in lebensgefährlichen Manövern abgedrängt. Eines der Greenpeace-Boote wurde samt seiner Zwei-Personen-Besatzung gezielt und ohne dass das Polizeiboot eine Sekunde gebremst hätte überfahren und unter Wasser gedrückt. Die zwei Aktivisten überlebten und konnten sich an Land retten.

Es gab kurze Zeit viel Kritik, von Linken, von Bürgerrechtsorganisationen, von Anwälten, auch von Medien. Aber den Stand des allgemeinen demokratischen Bewusstseins, vielmehr den Mangel, konnte man daran ablesen, dass es keine lang anhaltenden, breiten Proteste gab. Der deutsche Staat kann – und das ist die Botschaft – auf menschenrechtswidrige Weise agieren und in Kooperation von Polizei und Militär Menschen psychisch und physisch drangsalieren, manche schwer verletzen, sie einsperren, ihrer Rechte berauben, ohne dass eine demokratische Öffentlichkeit aufschreit oder die Justiz ein solches Vorgehen anschließend mit angemessener Energie klärt. Das ist für die Opposition in diesem Land eine weitreichende Erkenntnis.

Aber nicht nur die Repressionsinstrumente wurden anlässlich des G-8-Gipfels weiter geschliffen, sondern das geschah auch: Am 6. Juni 2007 zogen Tausende Demonstranten über die Felder bis an den Zaun um die Sperrzone, allen Polizeiaufmärschen zum Trotz. Die Polizei musste die Sicherheitszone vor dem Zaun aufgeben. Etwa 5000 G-8-Gegner blockierten die Zufahrtsstraßen und Kontrollstationen, so dass der Konferenzort über den Landweg nicht mehr zu erreichen war. Es gab in den Tagen des Widerstandes Kultur und Musik im Überfluss. Bis zu 100 000 Menschen nahmen an den Aktionen teil. Daraus wird nicht unbedingt ein dauerhafter Widerstand entstehen, aber es übt.

20 000 Polizisten einschließlich 13 000 Bereitschaftspolizisten, 1000 BKA-Beamte, 2500 Bundespolizisten sowie 1450 Soldaten waren im Einsatz gewesen. Es hatte 890 000 Personenkontrollen, davon 850 000 an den Schengen-Innengrenzen, gegeben, 556 Menschen waren an den Innengrenzen und Außengrenzen abgewiesen worden, so viele wie noch nie zuvor bei einer internationalen Demonstration. In 1112 Fällen wurde Menschen die Freiheit entzogen.[232] Ungezählt aber bleiben körperliche und psychische Verletzungen der Demonstranten.

Diese demokratiezerstörende Ermächtigungssituation in Heiligendamm war nur mit den Stimmen der PDS möglich, die nicht einmal für diese diktatorische Konstruktion ihre Regierungsbeteiligung hatte aufs Spiel setzen wollen und für das Polizeigesetz sowie für die Errichtung von Kavala gestimmt hatte. Die PDS half auch noch, bevor sie aus der Landesregierung flog, viele Millionen Euro in den Haushalt einzustellen, die das Land anlässlich des G-8-Gipfels in Heiligendamm 2007 für Polizeieinsätze, Sicherheitsmaßnahmen und Festlichkeiten verprassen wollte.[233] Und dann hatte die PDS in Mecklenburg-Vorpommern das große Glück, auch wegen ihrer Zustimmung zur Verwaltungsreform, bei den Landtagswahlen aus der Regierung zu fallen und sich hastig wieder den Oppositionsponcho umhängen zu können. Dass sie aber für die entscheidenden Beschlüsse für den Staatsterror beim G-8-Gipfel verantwortlich war, weiß sie selbst genau.

Nach dem G-8-Gipfel von Heiligendamm konnte sich kein Gipfelgegner auf die Linkspartei/PDS, die jetzt im Landtag von Schwerin die Rolle der Opposition spielte, verlassen. Verschleppt wurde unter anderem die Aufklärung des Einsatzes von Polizeiprovokateuren sowie der Frage, inwiefern Polizeibeamte an schweren Augenverletzungen von Gipfelgegnern schuld waren, auf die gezielt mit Wasserwerfern geschossen wurde. Die Mitverantwortung der Linkspartei/PDS – für die rechtliche und finanzielle Vorbereitung des Gipfels – könnte erklären, sagt die Anwältin Ulrike Donat, warum die Partei »in Mecklenburg-Vorpommern so zögerlich bei der Aufklärung von Gesetzesverstößen von Kavala vorgeht«.[234]

Selbstverständlich hätte die PDS, wäre sie Teil der Bundesregierung gewesen, auch die Agenda 2010 der SPD/Grüne-Regierung mitgetragen, aus deren vermeintlicher Ablehnung sie heute für einige Wähler ihre Attraktivität bezieht. Es gab 2004 laut Forsa-Umfrage mehr Bundestagsabgeordnete der PDS (58 Prozent) als der SPD (52 Prozent), die »die Meinung vertraten, dass den Bürgerinnen und Bürgern ›weitere Einschränkungen zuzumuten‹ seien«.[235]

1994 lautete eine Wahlkampfparole der PDS: »Veränderung beginnt mit Opposition«. Das klang noch links. Aber der letzte Schritt der Partei war schon mitgedacht: »... und endet mit Unterwerfung unter die herrschenden Verhältnisse«. Die Linkspartei/PDS liebäugelte eine Zeitlang mit der außerparlamentarischen Linken, mit neuen sozialen Bewegungen, ja gar mit antiautoritären Protesten – während ihre Bürgermeister lieber für Ruhe und Ordnung sorgten.

Dass die Linkspartei/PDS fest auf dem Boden des Kapitalismus stand, wurde früh deutlich. 1996 erklärte der damalige Parteivorsitzende Gregor Gysi, dass »demokratischer Sozialismus« à la PDS das Privateigentum an Produktionsmitteln einschließt und dass die Interessen dieser Privateigentümer zu schützen seien.[236] In den fünfzigseitigen Thesen der Programmkommission für ein neues PDS-Parteiprogramm erkannte die PDS 1999 laut Gysi »stärker als in irgendeinem Dokument zuvor die Vorzüge der kapitalistischen Gesellschaft an«.[237] Gysi wollte das Kapital auf keinen Fall überfordern. Er versprach 2001 »eine Politik zur Ansiedlung neuer Industrie und Dienstleistungen«.[238] Das bedeutete im Klartext, dass noch mehr Steuergelder und noch mehr öffentliches Eigentum, noch mehr Subventionen, Grundstücke und Infrastruktur ans Kapital verschenkt werden sollten – wie es unter PDS-Verantwortung dann ja auch geschah.

Um einem Teil der Parteibasis und der Wählerschaft vorzutäuschen, dass sie eine sozialistische Partei sei, während sie sich in Wirklichkeit auf striktem Kurs in die Arme des Systems befand, musste die Linkspartei die Widersprüche weichzeichnen. Da das nur wahrheitswidrig funktionierte, musste ziemlich viel antiaufklärerischer Blödsinn geredet werden. Gysi plapperte 1999 in einem Interview: »Wir sollten uns von der Vorstellung trennen, dass unser System in Deutschland nur kapitalistisch ist. Hunderte von Elementen sind kapitalistisch gar nicht zu erklären. Nehmen Sie die Bypass-Operation eines 70-Jährigen. Rein marktwirtschaftlich ist sie nicht zu erklären, nicht einmal für den Arzt. Ich behaupte, in der Bundesrepublik gibt es einige sozialistische Elemente.«[239] Rein markwirtschaftlich ist nicht zu erklären, warum Gysi so einen Unsinn redet. Weiß er als ausgebildeter Marxist-Leninist wirklich nichts davon, dass soziale Leistungen in einer kapitalistischen Gesellschaft vom Stand der Klassenkämpfe abhängen und auch der Befriedung und Integration dienen?

Im selben Interview gab Gysi eine weitere bahnbrechende Erkenntnis über den Kapitalismus und über die Rolle einer vermeintlich sozialistischen Partei preis: »Es ist Aufgabe einer sozialistischen Partei, diese Elemente zu stabilisieren gegen neoliberale Angriffe, sie auszubauen, bis an die Stelle der Dominanz der Kapitalverwertungsinteressen die Dominanz der sozialen Interessen der Menschen tritt. Es darf also Kapitalverwertungsinteressen geben, sie dürfen nur nicht dominieren.«[240] Und wie im Märchen will man heimlich den Kapitalismus abschaffen, ohne dass das Kapital was davon merkt. Und wenn sie nicht gestorben sind …

Die Steuerreform der SPD/Grüne-Bundesregierung von 2000 war einer der größten Beutezüge für das Kapital.[241] Die beiden Parteien machten deutschen Banken und Versicherungen »ein milliardenschweres Steuergeschenk«: »Gewinne aus der Veräußerung von Anteilen, die eine Kapitalgesellschaft an einer anderen Kapitalgesellschaft hält, sind nicht steuerpflichtig.«[242] Das bedeutete: Banken und Konzerne konnten künftig Unternehmensanteile verkaufen, ohne dafür Steuern zu bezahlen. Sofort »schossen die Aktienkurse von Dresdner und Deutscher Bank, von Allianz und Münchner Rückversicherung in die Höhe. Plus 10, plus 11, plus 15 Prozent«, die Werte »explodierten förmlich«, die »linke« Regierung »huldigte […] plötzlich dem Shareholder-Value«, wie *Der Spiegel* schrieb.[243] Es war, als fielen »Weihnachten und Ostern auf einen Tag«, jubelten Banker.[244]

Die Chefs der Allianz hatten sich stets beschwert, dass sie bei Veräußerungen von Beteiligungen 58 Prozent Steuern zahlen mussten. Sie hatten sich »nur« einen Steuersatz von 20 Prozent – wie in Frankreich – gewünscht und nicht erwartet, dass der »Abgabensatz gleich auf null« gesenkt werden würde. Auch an der heutigen Weltwirtschaftskrise wurde mitgebaut: Im Zug der Reform gab es auch Steuererleichterungen für Spekulationsgewinne beim Verkauf von Aktien, wovon auch Kleinaktionäre profitierten.

Vollkommen vergessen ist, zur Freude der Linkspartei/PDS, dass die Steuerreform auch mit der Stimme der Schweriner SPD/PDS-Landsregierung verabschiedet wurde. Die *Frankfurter Allgemeine Zeitung*, Zeitung des Besitzbürgertums, informierte ihr Publikum: »Die PDS ist überraschend, aber doch deutlich und endgültig, und aus freien Stücken im Westen angekommen: Sie hat, erstens, einer Steuerreform zugestimmt, die dem Kapital zugute kommt, und sie hat es zweitens gern getan.«[245]

Im Westen saß unterdessen jemand, der die Konkurrenz von der PDS genau beobachtete. Oskar Lafontaine war 1999 als

SPD-Parteivorsitzender und als Bundesfinanzminister zurückgetreten, war aber noch Mitglied der SPD und verfasste Kolumnen für *Bild*. Er lobte in einer Kolumne in der *Welt* den Anpassungsprozess der Linkspartei/PDS: »Die schrittweise Integration der PDS und ihrer Wähler in die Demokratie ist nicht aufzuhalten.« Und weiter: »Die PDS Mecklenburg-Vorpommerns hat im Bundesrat einem Steuergesetz zugestimmt, das vor allem das Großkapital um 30 Milliarden Mark im Jahr entlastet. Da kann man nur staunen. Ein solches Gesetz, das eine massive Umverteilung von unten nach oben zur Folge hat, hätte die Regierung Kohl dem Bundesrat nicht vorgelegt.«[246] Ein paar Jahre später war die Linkspartei/PDS »integriert« genug, damit Lafontaine ihr Vorsitzender werden konnte.

Wo sie mitregiert, betreibt die Linkspartei/PDS die Bereicherung kleiner Kreise und stützt den Raubzug gegen Millionen Arme. Ihr Image als »sozialistische« oder wenigstens irgendwie »linke« Partei wird vor allem von ihren antikommunistischen Gegnern aufrechterhalten. Selten ist ein Ressentiment so an der Realität vorbei- und ins Leere gelaufen. Sie ist nicht nur eine laue linke Partei, sondern eine klar prokapitalistische.

Es ist erstaunlich, wie wenig Linkspartei-Gläubige zur Kenntnis nehmen wollen, was in deren Parteiprogramm steht, zum Beispiel: »Unternehmerisches Handeln und Gewinninteressen sind wichtige Voraussetzungen für Innovation und wirtschaftliche Leistungsfähigkeit.«[247] Es gibt dort zwar auch noch einige Sätze gegen die böse Profitlogik, aber die sind nur Wahlkampfspielzeug für Naive. *Der Spiegel* titelte im Oktober 2003: »PDS im Kapitalismus angekommen« und schrieb weiter: »Was der SPD ihr Godesberg, ist der PDS Chemnitz: Die letzte sozialistische Partei Deutschlands ist nun keine mehr. Mit einem neuen Grundsatzprogramm bekannte sich die SED-Nachfolgepartei erstmals zu den Grundsätzen der Marktwirtschaft.«[248]

Auch in Sachen »Rettungspaket« geht das Täuschungsmanöver und das Doppelspiel der PDS/Linken immer weiter: Die mitregierende Berliner Linkspartei hat dem Finanzmarktstabilisierungsgesetz[249] für eine Stützung der angeschlagenen Banken in Höhe von 500 Milliarden Euro zugestimmt. Die Fraktionsvorsitzende Carola Bluhm trug im Berliner Abgeordnetenhaus ein paar Kritikpunkte vor und sagte dann: »trotzdem ist es klar, dass das Rettungsgesetz schnellstmöglich Bundestag und Bundesrat passieren muss« und: »die Rettungsmaßnahmen als solche sind unumgänglich«.[250] Überall dort, wo die Linkspartei – noch oder wieder – in der Opposition ist, lehnte sie das Rettungspaket ab (Mecklenburg-Vorpommern, Sachsen-Anhalt, Sachsen, Brandenburg, Hessen und Bremen), auch im Bundestag. Es wurden viele kritische Reden gehalten und Presseerklärungen abgeworfen. Aber immer wenn es darauf ankam, fiel die Linkspartei um.

Am 17. Oktober 2008 passierte das Gesetz den Bundesrat – mit Zustimmung des von SPD und Linken regierten Landes Berlin. Als Koalitionspartner der SPD hätte die mitregierende Linkspartei in Berlin eine Enthaltung des Berliner Senats im Bundesrat erzwingen können (das sieht der Koalitionsvertrag vor). Das hat sie nicht einmal versucht. Sonderbarerweise hat das auch keine der Linkspartei-Fraktionen in Bund und Land, die ja so viele Einwände gegen das 500-Milliarden-Euro-Paket vorgebracht hatten, von ihr verlangt. Mit pathetischen Reden rechtfertigten Landesvorstand und Fraktion ihre Zustimmung – als sei das 500-Milliarden-Euro-Paket die einzig mögliche Maßnahme und jeder, der das kritisierte, ein zynischer Befürworter sozialer Verelendung. Das soziale Elend anderer ist aber die Folge dieser Zustimmung: Das finanzielle Risiko des Rettungsgesetzes ist zwischen Bund und Ländern im Verhältnis 65 zu 35 Prozent aufgeteilt. Für das arme Berlin bedeutet dies ein Risiko von bis zu 290 Millionen Euro.

Wollen wir uns mal ansehen, wozu die Linkspartei/PDS/Linke alles fähig war und ist, wie sie handelt, sobald sie die sogenannte Verantwortung trägt. Sehr aufschlussreiches Anschauungsmaterial bietet Berlin, wo SPD und PDS seit 2002 gemeinsam regieren.

Die PDS ist dafür mitverantwortlich, dass städtische Wohnungsbaugesellschaften privatisiert wurden, zum Beispiel 2004 durch den Verkauf der Gemeinnützigen Siedlungs- und Wohnungsbaugesellschaft (GSW) an ein Konsortium der internationalen Fondsgesellschaften Whitehall (Goldman Sachs) und Cerberus für 405 Millionen Euro. Der SPD/PDS-Senat verkaufte 1700 Wohnungen der kommunalen Wohnungsbaugesellschaft Berlin-Mitte (WBM) an den Investor Puma Brandenburg Limited. Der britische Investmentfonds wollte – Stand von 2006 – innerhalb von 18 Monaten in Berlin Häuser und Wohnungen für eine Milliarde Euro einkaufen und spekulierte ganz offen auf steigende Mieten.[251]

Der landeseigene Wohnungsbestand wurde brockenweise verkauft. Die Folge waren und sind Mieterhöhungen und damit die Verdrängung sozial schwacher Mieter. Allein mit dem Verkauf von über 4500 Wohnungen zwischen Anfang 2007 und Herbst 2008 konnten die Berliner Wohnungsbaugesellschaften einen Erlös von rund 272 Millionen Euro erzielen.[252] Während die Mieten steigen, werden Mieterberatungsinitiativen die Zuschüsse gekürzt oder gestrichen. Es wäre ja auch ärgerlich, wenn gutinformierte Mieter sich besser wehrten.

Der Berliner Finanzsenator Sarrazin (SPD) versuchte mit allen möglichen empirisch instabilen Studien zu belegen, dass kein soziales Argument der Privatisierung der öffentlichen Wohnungsbaugesellschaften widerspricht. Der Berliner Soziologe Andrej Holm, seit Jahren in verschiedenen Stadtteilinitiativen und Mieterorganisationen aktiv, widerspricht: Öffentliche Wohnungsunternehmen »dämpfen [...] das Mietniveau, [...] erhalten [...] die Handlungsspielräume bei der Quartiersentwicklung« und haben drittens »eine wichtige Funktion bei der Wohnungsversorgung unterstützungswürdiger Haushalte«.[253] Er hat ausgerechnet: Seit 1995 wurden in Berlin

209 000 kommunale Wohnungen privatisiert, mehr als 57 Prozent davon, 120 000, allein von 2002 bis 2005![254]

Die Linkspartei/PDS ist dafür mitverantwortlich, dass in Dresden 48 000 städtische Wohnungen der Dresdner Wohnungsbaugesellschaft für 1,7 Milliarden Euro an die US-amerikanische Investorengesellschaft Fortress verkauft wurden. Eine Mehrheit der PDS-Stadträte (9 von 17) verhalf dem Dresdner OB Ingolf Roßberg (FDP) im März 2006 zur Durchsetzung des Beschlusses im Stadtrat. Rund 100 000 Mieter zahlen die Rechnung.

Die verantwortlichen PDS-Stadträte denunzierten Kritik als »ideologische Debatte« und »haltloses Zeug über Neoliberalismus«, denn »wir sind in der Verantwortung« und haben im Stadtrat »eine linke Mehrheit«, sagte Ronald Weckesser, Stadtrat und Landtagsmitglied. Als Weckesser im September 2008 im Dresdner Stadtrat einem Antrag des NPD-Ablegers Nationales Bündnis zustimmte, flog er nicht aus der Partei, er verlor nur, weil die Empörung einfach zu groß war, seine Ämter innerhalb der Landtagsfraktion.[255] Mit 19 zu 7 Stimmen entschied die sächsische Landtagsfraktion der Linken (!), ihn in der Fraktion zu behalten.[256]

Die PDS stimmte übrigens auch dort, wo sie in der Opposition ist – zum Beispiel in Frankfurt/Main –, dem Verkauf von kommunalem Grund und Boden zu. Das untergräbt dort wie überall den städtischen Wohnungsbau und verringert die Planungsautonomie einer Kommune.

Aber nicht nur zur Privatisierung von kommunalem Wohnraum trug die Linkspartei/PDS auf erstaunliche Weise bei. Der Berliner SPD/PDS-Senat zerschlägt das Berliner Gesundheitswesen in seit 1945 nie da gewesener Weise. Große Teile des Krankenhauswesens sind inzwischen privatisiert. Neuer Träger ist die Firma Vivantes mit dem alternativ klingenden Zusatz »Netzwerk für Gesundheit«. Das sogenannte Netzwerk ist ein Konzern, dem Stück für Stück nahezu alle Bereiche der stationären Gesundheitsversorgung und Altenpflege in den Rachen geworfen werden. Inzwischen ist in Berlin eine medizinische Versorgung von Kassenpatienten auf dem Niveau der aktuellen wissenschaftlich-technischen Möglichkeiten nicht mehr gewährleistet.

Von 2003 auf 2004 wurden in Berlin im Gesundheitsbereich 39 Millionen Euro eingespart, das meiste davon, weil 13 000 Beschäftigte auf ihr Weihnachts- und Urlaubsgeld verzichten mussten, anderenfalls drohten ihnen der »linke« Senat und die Vivantes-Geschäftsleitung mit Kündigung. Seit der Unternehmensgründung sind fast 4000 Vollstellen und etwa 1000 Ausbildungsplätze gestrichen worden. Die Beschäftigten werden erpresst: Insolvenz oder Lohnverzicht? Die Beraterfirma McKinsey strich ein Honorar von 2,7 Millionen Euro ein.

Die Entlassungen und der drastische Abbau von Personal machen die Vivantes-Kliniken höchst anziehend für Investoren. Aber für die Patienten ist durch die Personalknappheit und den Stress des Krankenhauspersonals eine (lebens)gefährliche Situation entstanden.[257]

In der Regierungszeit der PDS in Berlin seit 2002 kam es zu massivem Sozialabbau. Berlin strich Zuschüsse für Obdachlose und für Behinderteneinrichtungen (2002), schaffte das Blindengeld ab (2005), beseitigte das Sozialticket für den öffentlichen Nahverkehr (2004), um es später, wegen der heftigen Proteste, zu einem dreimal so hohen Preis wieder einzuführen. Des Weiteren wurde Berlin Vorreiter bei der Abschaffung der Lernmittelfreiheit (2003), erhöhte die Kita-Gebühren (2003), strich den Jugendhilfeetat von 400 Millionen (2001) auf 230 Millionen Euro herunter (2005) und schuf 24 000 Ein-Euro-Jobs, womit sich prima tariflich bezahlte Arbeitsplätze beseitigen lassen. Nicht selten finden sich entlassene Beschäftigte als Ein-Euro-Jobber in den Stellen wieder, die sie zuvor als Festangestellte ausgeübt haben – zum Beispiel in Kindertagesstätten.

Die Berliner Linkspartei/PDS war daran mitbeteiligt, die Mittel für die Universitäten zu kürzen und zugleich private

Elitehochschulen zu fördern. Unter Wirtschaftsenator Gregor Gysi wurde eine »Eliteuniversität« begründet, die ESMT (European School of Management and Technology). Der SPD/PDS-Senat gab den Betreibern, darunter so ärmlichen Einrichtungen wie die Allianz, DaimlerChrysler, Eon und ThyssenKrupp, eine städtische Immobilie in bester Lage: das ehemalige DDR-Staatsratsgebäude samt zugehörigem Grundstück kosten- und mietfrei.[258] Es musste dafür natürlich ein kleiner »Finanzausgleich« her: Seit März 2009 gelten zum Beispiel Neuregelungen für die Übernahme der Kosten der Unterkunft (KdU) für Langzeiterwerbslose, die viele Berliner Mieter zwingen werden, ihre Wohnung aufzugeben.

Gysi betrieb 2002 als Wirtschaftssenator in Berlin den Stellenabbau im öffentlichen Dienst, um eine halbe Milliarde Euro einzusparen, und erpresste im selben Jahr mit einem sogenannten solidarischen Beschäftigungspakt von den Beschäftigten den Verzicht auf Gehaltserhöhungen und auf die Hälfte des Urlaubsgeldes, indem er mit »betriebsbedingten Kündigungen« drohte.[259]

Als die PDS mitentschied, dass Berlin für die Skandalschulden der Bankgesellschaft Berlin (BGB), auf Kosten der Steuerzahler natürlich, in Höhe von mehr als 21 Milliarden Euro bürgen würde, entschied sie auch, noch mehr Sozialleistungen zu streichen. Rund 300 Millionen Euro werden pro Jahr unter dem Stichwort Risikoabschirmung denjenigen in den Rachen geworfen, die sich durch Vetternwirtschaft und Immobiliengeschäfte bereichert haben.[260]

Aber wehe, ein Armer genießt sein Leben und wagt es, seine Rente in Florida zu verzehren. Dann wird er von der *Bild*-Zeitung und den willigen Ämtern mit einer Hasskampagne überzogen wie 2003 ein gewisser Rolf X., bis er unglücklich und weit weg von seinem sozialen Umfeld in irgendeiner muffigen Ecke in Deutschland sein Leben fristete. Etwa tausend Deutsche leben in verschiedenen Ländern der Erde und sind dort sozialhilfeberechtigt. Einer von ihnen lebte seit 25 Jahren in Florida, war 64 Jahre alt, Frührentner und krank. Nach Paragraph 119, Absatz 1, des Sozialhilfegesetzes stand ihm Sozialhilfe zu: »Deutschen, die ihren gewöhnlichen Aufenthalt im Ausland haben und im Ausland der Hilfe bedürfen, kann in besonderen Fällen Hilfe gewährt werden.« Dieser Posten im Bundeshaushalt betrug insgesamt bloß 4,3 Millionen Euro und war noch nie in Frage gestellt worden. Aber dann brauchte die *Bild*-Zeitung im August 2003 ein nächstes Menschenopfer und titelte: »Er lacht uns alle aus«. Die Legende vom unverfrorenen Abzocker und Sozialhilfebetrüger »Florida-Rolf« war geboren. Wie viele Schlagzeilen folgten? Wie viele Millionen Deutsche ließen sich aufhetzen, weil es doch, so ein deutscher Wesenszug, leichter ist, nach unten zu treten, als sich nach oben zur Wehr zu setzen?

Der Druck genügte der SPD/Grüne-Bundesregierung, um wegen eines Menschen und wegen eines Drecksblatts ein Gesetz zu ändern. »Sozialhilfe unter Palmen«, sagte die überaus druckanfällige damalige Sozialministerin Ulla Schmidt, Kommunistin in jungen Jahren, werde es »in Zukunft nicht mehr« geben. Das Gesetz wurde verschärft, nur noch in Ausnahmefällen[261] dürfen im Ausland Lebende Sozialhilfe beziehen. Es nützte Rolf X. nichts mehr, sich zu verteidigen. *Bild* hatte gewonnen. »Sozialschmarotzer« nannten ihn opportunistische Politiker wie Guido Westerwelle. Zwanzig Prozent Zuschauer stürzten sich auf die Talkshow *Menschen bei Maischberger,* in der er sich hilflos zu verteidigen suchte. Rolf X. war schwer krank und lebte in einfachen Verhältnissen. *Bild* setzte sogar den niedersächsischen Beamten unter Druck, der Rolf X. die Leistungen nach Florida überwies. Triumphierend meldete *Bild,* dass der alte Mann im Frühjahr 2004 zurück nach Deutschland gezwungen wurde, und empörte sich darüber, dass Rolf, fern von seinen Freunden in Florida, es wagte, ein 13 Quadratmeter großes Zimmer im Obdachlosenwohnheim abzulehnen. Rolf bezog nun nur noch 341 Euro Grundsicherung. Im Sommer 2004 gelang es ihm, sich der Dauerbespitzelung durch die *Bild*-Zeitung zu entziehen. Er lebte dann in einer kleinen Hinterhofwohnung und telefonierte einmal in der Woche mit seinen Freunden in Florida.[262]

Während laufender Tarifverhandlungen kündigte der SPD/PDS-Senat im Jahr 2003 seine Mitgliedschaft im Verband öffentlicher Arbeitgeber und wurde damit zum »Vorreiter für eine bundesweite tarifpolitische Destabilisierung«, wie die Gewerkschaft Erziehung und Wissenschaft (GEW) es formulierte.[263] Wirtschaftssenator Gregor Gysi – auch sein *Sein* bestimmt sein *Bewusstsein* – war voller Mitgefühl für die Arbeitgeberseite: »Ich habe es hautnah erlebt, wie kompromisslos sich die Gewerkschaften verhalten, wenn es darum geht, Lohnerhöhungen für die Arbeitsplatzbesitzer durchzusetzen, auch wenn sich ein Arbeitgeber dies gar nicht leisten kann.«[264]

So viel Empathie hatte Folgen. Für die Betroffenen im öffentlichen Dienst bedeutete der Schritt des SPD/PDS-Senats Einkommensverluste zwischen acht und zwölf Prozent, zwei Jahre später für die Beschäftigten in der Berliner Verkehrsgesellschaft (BVG) Lohneinbußen von 15 bis 25 Prozent. Was man billiger macht, kann man profitabler privatisieren.

Es muss fast nicht erwähnt werden, dass die PDS/Linke nie verstanden hat, dass die ökologische Frage ein unlösbarer Teil der sozialen Frage ist. Jederzeit würde jeder Funktionär diesen Satz abnicken, immerhin hat er seine Wurzeln bei Marx. Aber dem Wesen der Politik der Partei ist der Gedanke fremd. Die Politik der Regierungspartei PDS/Linke in Berlin ist auch nicht ökologisch. Die Partei gab ihr Wahlversprechen und ihren Widerstand gegen den Bau des Großflughafens Schönefeld auf, als sie 2002 an die Regierung durfte, und ließ auch die weitere Ausdehnung des Autoverkehrs zu Lasten des öffentlichen Nahverkehrs und der Schiene zu.

Die Linkspartei/PDS in Berlin half 2002, den Stromversorger Bewag an den schwedischen Konzern Vattenfall zu verscherbeln und im folgenden Jahr die Berliner Wasserwerke zur Berlinwasser Holding AG teilzuprivatisieren. Der PDS/SPD-Senat war sehr besorgt um die Rendite der Käufer der Berliner Gas- und Wasserversorger. Die senken, wie nicht anders zu erwarten, die Kosten für Sanierung und Instandhaltung und erhöhen zugleich die Tarife der Verbraucher. Strom, Gas und Wasserversorgung sind mehrheitlich bereits in privaten Händen, die Verträge geheim. Berlin ist eine der ärmsten Großstädte in Deutschland, aber es hat »die mit Abstand höchsten Wasserpreise aller deutschen Großstädte, und zwar mit großem Abstand«.[265]

Die Bürgerinitiative Berliner Wassertisch und die Grüne Liga Berlin schafften es, mehr als 36 000 gültige Stimmen für ihr Volksbegehren »Schluss mit Geheimverträgen – Wir Berliner wollen unser Wasser zurück« zu sammeln. Der Berliner SPD/Linke-Senat lehnte es im März 2008 ab, das Volksbegehren zuzulassen, die Offenlegung der Geheimverträge verstoße gegen »höherrangiges Recht«. Konzerninteressen sind im Kapitalismus wichtiger als Bürgerrechte.[266]

Die Stärkung plebiszitärer Elemente gehörte früher mal zu den Wahlkampfparolen der Linkspartei. Seit der Wahl von 2006 war die Berliner Landesregierung damit befasst, Bürgerbegehren abzuwimmeln wie Cafébesucher Angriffe von Wespen. Mehr als 66 000 Menschen, ein Rekordergebnis, stimmten für eine umfassende Verbesserung der Kindertagesstätten und übersprangen damit souverän die Zulassungshürde. Aber der Berliner Senat aus SPD und Linkspartei ließ auch dieses Volksbegehren nicht zu.[267] Die Initiative hat Einspruch beim Berliner Verfassungsgerichtshof eingelegt.

Gegen die Pläne des Investorenvereins mediaspree e.V., der das Spreeufer in Kreuzberg-Friedrichshain mit Luxusbauten, Hotels und Bürohochhäusern zubauen und der Öffentlichkeit enteignen will, hatte sich völlig überraschend mit originellen Aktionen und guten Argumenten die Initiative Mediaspree

Versenken zusammengerottet, die ein »Spreeufer als Kultur- und Grünfläche mit vielfältiger und kleinteiliger Nutzung für Alle« erhalten und durchsetzen will.[268]

In den 1980ern war Harald Wolf Trotzkist bei den Grünen, beteiligt an der Kursänderung der Grünen Richtung bürgerlicher Partei. Als er dort genug Schaden angerichtet hatte, trat er Ende 1990 aus und wurde sogleich Kandidat der PDS für das Berliner Abgeordnetenhaus, er biederte sich erfolgreich bei den führenden Funktionärszirkeln an und machte Karriere. Heute trägt er den hübschen Titel »Senator für Wirtschaft, Technologie und Frauen und Bürgermeister von Berlin« und weigert sich, den erfolgreichen Bürgerentscheid im Bezirk Kreuzberg-Friedrichshain auszuführen, der sich im Juli 2008 mit 87 Prozent der Stimmen (rund 38 000 Stimmen) gegen die vollkommene Bebauung des Spreeufers aussprach.

Es ist sehr sonderbar, wie leicht Wähler der Linken darüber hinwegsehen wollen, dass Die Linke keine Linke ist. Viele Wähler, und das ist ihr Problem und nicht das der Linkspartei, fühlen sich irgendwie »systemoppositionell« oder wenigstens aufmüpfig, wenn sie Linkspartei wählen. Bis vor ein paar Jahren haben sich auch einige Parteimitglieder von der Illusion genährt, der Kurs der Linkspartei/PDS sei zu ändern. Spätestens seit Ende der 1990er Jahre ist der aber entschieden.

Ähnlich dem Konflikt bei den Grünen und doch in eigenen Farben und Verlaufsformen, war die Frage von Krieg und Frieden eine der letzten großen Streitfragen. Die PDS profitierte davon, dass die frühere pazifistische/antimilitaristische grüne Partei 1999 in ihren ersten Krieg zog, den NATO-Krieg gegen Jugoslawien. Eine Zeitlang schien die PDS die einzige Anti-Kriegs-Partei im Bundestag zu sein, das verschaffte ihr ein Image, das länger lebte als die Realität. Im Hintergrund wurde längst die heutige Position vorbereitet: pro Krieg, sofern der imperialistisch dominierte UN-Sicherheitsrat ihn absegnet.

Noch auf ihrem Parteitag in Rostock 1998 hatte die PDS

festgelegt, dass sie gegen alle Kriege war, auch gegen solche mit UN-Mandat. Das beendete die Diskussion aber nicht. Auch einige SPD-Funktionäre, unter ihnen Egon Bahr, machten Druck. Bahr sagte, er halte es »für richtig, die Parlamentarisierung der PDS zu praktizieren; bei den Grünen haben wir das [...] ja auch mit Erfolg gemacht«.[269] Womit er leider recht hat.

Im Herbst 1999 befürwortete, auf Antrag von Gregor Gysi und gegen den Parteitagsbeschluss, die PDS-Bundestagsfraktion »friedenserzwingende UN-Militäreinsätze« und verteidigte den UN-Einsatz in Osttimor.[270] Der stellvertretende Fraktionsvorsitzende Wolfgang Gehrcke sagte, »dass die Bundestagsfraktion künftig die Linie eines ›Gefühlspazifismus‹ endgültig verlassen wolle«.[271] Springers *Welt* lobte: »Die Anerkennung des Gewaltmonopols der UNO verbunden mit dem Recht zu internationalen Militäreinsätzen [...] soll das Überleben der PDS sichern.«[272] Kurz darauf schloss sich der Bundesvorstand der Linie der Fraktion an.[273]

Aber auf dem Münsteraner Parteitag 2000 wurde zum Ärger von Parteivorstand und Bundestagsfraktion die Grundsatzposition gegen UN-Kriege noch einmal mit deutlicher Mehrheit bestätigt. Die Parteiführung reagierte in der Manier von Otto Schily und Joseph Fischer, von Gerhard Schröder und Oskar Lafontaine. Der Vorstand der Linkspartei erklärte seine Parteibasis für verrückt, der Parteitag sei terrorisiert worden, man kündigte lauthals eine »Revision« an. Minister Holter erklärte den Medien, es sei »zu einer Diktatur der Minderheit« gekommen. Er versammelte »nach der entscheidenden Abstimmung ›seine‹ Delegierten aus Mecklenburg-Vorpommern um sich [...] und erklärte, es sei genau registriert worden, wie die Einzelnen abgestimmt hätten«.[274] Abends erklärte Gregor Gysi in den ARD-*Tagesthemen:* »Ich sage Ihnen voraus: Das wird korrigiert werden.«[275]

Lafontaines »Friedenskurs« folgte einer ähnlichen Logik. Zu den Hochzeiten der Friedensbewegung der 1980er Jahre kokettierte er damit, ein Gegner der NATO zu sein, musste dann aber 1987, in einem *Spiegel*-Streitgespräch mit mir, sein Doppelspiel beenden und zugeben, dass er die NATO keineswegs, wie viele Friedensbewegte unbedingt glauben wollten, abschaffen wollte, sondern dass er sie für »reformierbar« hielt.[276] Als Ministerpräsident des Saarlandes hatte er gegen die Wintex-Cimex-Manöver nichts einzuwenden, mit denen die NATO im März 1987 ihre Reaktion auf Notstand und Atomkrieg trainierte.[277] 2001 machte Lafontaine das Bekenntnis zur NATO zu einer Bedingung für mögliche Koalitionen der SPD mit der PDS: »Solange sie [die PDS] die NATO ablehnt, kann man mit ihr keine Außenpolitik machen.«[278]

Nach den Anschlägen vom 11. September 2001 auf das World Trade Center hielt Gysi begrenzte militärische Einsätze der NATO zur »Strafverfolgung« für möglich.[279] Damit wurde er ein »Tabubrecher« im Sinne der Schilys, Strucks und Becksteins, die Militäreinsätze auch gegen die Zivilbevölkerung im Grundgesetz verankern wollen. Gysi und der PDS-EU-Abgeordnete André Brie forderten 2002 in einem offenen Brief an Lafontaine, dass die gemeinsame Außen- und Sicherheitspolitik der EU, also der Aufbau einer EU-Militärmacht, zu stärken sei – als Antwort auf den imperialistischen Kriegskurs der USA.[280] Damit rannten sie bei Lafontaine offene Türen ein.

Im Mai 2002 kam US-Präsident Bush nach Berlin. Der Irakkrieg lag in der Luft. Seit Anfang des Jahres war die PDS zum ersten Mal in Berlin in der Landesregierung. Sie hatte einen Koalitionsvertrag unterzeichnet, in dessen unsäglicher Präambel sie auch NATO-Treue gelobte.[281] Die PDS-Senatoren Gregor Gysi, Heidi Knake-Werner und Thomas Flierl versprachen der SPD, nicht an Demonstrationen gegen den drohenden Irakkrieg teilzunehmen. Die PDS-Bundestagsfraktion weigerte sich sogar, im Bundestag Kritik an Bush zu artikulieren. Nur drei PDS-Abgeordnete (Winfried Wolf, Ulla Jelpke, Heidi Lippmann) hielten kurz ein Transparent hoch – »Mr. Bush +

Mr. Schröder: Stop your wars« –, Ordner rissen es ihnen aus den Händen. Unterwürfig entschuldigte sich der PDS-Fraktionsvorsitzende Roland Claus dafür beim US-Präsidenten.

Die Legende, dass die Bundesregierungsparteien SPD und Grüne aus antimilitaristischen oder pazifistischen Gründen gegen den Irakkrieg waren, währt noch. Tatsächlich gab es gut funktionierende Geschäftsbeziehungen zwischen Deutschland und dem Irak, das deutsche Kapital brauchte für seine ökonomischen Interessen keinen Krieg. Im Gegenteil. Es gab sogar die berechtigte Sorge, dass der von den USA angekündigte Irakkrieg alle diese Beziehungen durcheinanderwirbeln und zerstören würde und die Rohstoffreichtümer des Irak in die Hände der USA, aber auch ihres Bündnispartners Großbritannien gelangen würde. Es war keine Heldentat, »not convinced« zu sein.

Tatsächlich beteiligte sich die Bundesrepublik durchaus am Irakkrieg: Die US Army konnte von rund einem Dutzend Standorten aus in Deutschland agieren, die Bundesregierung gewährte ihr Überflugs- und Nutzungsrechte. Deutschland diente als Drehscheibe für Aufmarsch, Nachschub und Versorgung. Etwa 7000 Bundeswehrsoldaten halfen, US-Stützpunkte zu bewachen, und entlasteten die US Army. Schiffe der Bundesmarine gaben am Horn von Afrika Geleitschutz, deutsche Panzer standen in Kuwait für den ABC-Schutz der US-Truppen bereit usw.

Auf dem Parteitag in Chemnitz 2003 korrigierte die Linkspartei/PDS ihren antimilitaristischen Ausrutscher von Münster. Sie erkannte mit ihrem neuen Grundsatzprogramm das Gewaltmonopol der UNO uneingeschränkt an und stimmte damit UN-Militäreinsätzen und sogenannten friedenserzwingenden UN-Einsätzen zu.[282] Die neue Parteivorsitzende Gabi Zimmer, die auch der »linke Flügel« als seine Kandidatin betrachtete, verkündete folgerichtig: »Ich liebe Deutschland.«[283] Im Mai 2005 stimmte die Berliner SPD/PDS-Regierung für die EU-Kriegsverfassung.[284] Drei Jahre später sagte Oskar Lafontaine zufrieden: »Wenn der UN-Sicherheitsrat einen Blauhelm-Einsatz beschließen würde, würde dieser von der Linken unterstützt.«[285]

In Sachen Europäische Union (EU) spielt die Linkspartei/PDS eines ihrer frechsten Täuschungsmanöver. Sie ist eine Befürworterin des undemokratischen, unsozialen Projektes EU, aber sie tut so, als sei sie enorm kritisch und fast ganz dagegen, unbedingt, im Großen und Ganzen, aufseiten der Kritiker. Sie brachte es fertig, dem Entwurf der EU-Verfassung 2003 im EU-Verfassungskonvent zuzustimmen und ein Referendum zu fordern und gleichzeitig vorzutäuschen, dass sie gegen die Verfassung sei. Ihre Veröffentlichungen in EU-Wahlkämpfen lesen sich wie Werbematerial der EU, deren Gremien allen Ernstes als volksnah und parlamentarisch kontrolliert beschrieben werden. Dass die EU grundsätzlich ein Projekt im Interesse der Banken und Konzerne ist, dass es um offene Grenzen für Kapital, Waren, Billigstarbeitskräfte geht und um ein imperialistisches Konkurrenzprojekt zur USA und NAFTA (North American Free Trade Agreement), wird weggeheuchelt. Es findet sich auch keine ernsthafte Kritik an den Folgen, Massenerwerbslosigkeit und Sozialdumping durch die »Osterweiterung« beispielsweise, und kein klares Wort über die Kreation eines billigen Hinterhofes für Westeuropa und die deutsche Vorherrschaft.

Die EU ist vor allem auch ein Projekt des militärisch-industriellen Komplexes, wie schon der EU-Verfassungsentwurf[286] zeigt, dem die PDS zugestimmt hat, samt Bekenntnis zur kapitalistischen Wirtschaftsordnung und Zustimmung zu militärischen Auslandseinsätzen. Die beabsichtigte EU-Verfassung ist eine regelrechte Militärverfassung. Mit ihr soll »in Lichtgeschwindigkeit« (Javier Solana), eine 60 000 Mann starke EU-Interventionsarmee aufgebaut werden, die »europäische Werte« samt »ökonomischer Inwertsetzung rund um den Globus tragen« wird. Osteuropa, Afrika, der Nahe und Mittlere Osten liegen im expliziten »Hinterhofradius« dieser Truppe. »Am

Balkan und in Afrika absolvierte die EU-Interventionsarmee ihren ersten Probegalopp.« Große internationale Militäroperationen sollen folgen, auch dafür wird der Krieg in Afghanistan gebraucht.[287]

Die europäischen Rüstungsprogramme betreffen alle Waffengattungen und schließen die Militarisierung des Weltraums sowie die Modernisierung des Arsenals atomarer Massenvernichtungswaffen mit ein. Der Konzern EADS (European Aeronautic Defence and Space Company) wurde geschaffen, er ist Europas größter Luft-, Raumfahrt- und Rüstungskonzern und der zweitgrößte der Welt. Das künftige europäische Satellitennavigationssystem Galileo darf, nach Beschluss des EU-Parlaments vom Juli 2008, militärisch genutzt werden. Eine europäische Polizei wurde aufgebaut und Datensysteme zur Überwachungs- und Bespitzelung der Bürger ausgeweitet – gegen nichts davon hat die PDS gekämpft, allen grundsätzlichen Entscheidungen für die Militarisierung Europas hat die Linkspartei/PDS mit ihrer Unterschrift unter den EU-Verfassungsentwurf zugestimmt.

Was die PDS ist und was sie nicht ist, erklären zentrale Kader immer wieder laut und deutlich, seit es sie gibt. André Brie sagte gleich nach dem Mauerfall, im Dezember 1989, dass er von der Forderung, die Partei (SED) möge ihre staatstragende Rolle aufgeben, nichts halte.[288] Im Wesentlichen blieb er dabei. 1990 wurde Brie Wahlkampfleiter der PDS, heute ist er für Die Linke/PDS im Europaparlament. Der damalige Leiter des Bundestagswahlkampfs der PDS und heutige Bundesgeschäftsführer Dietmar Bartsch sagte 2002 zutreffend: »Das Wesen der PDS war nie das einer bloßen Protestpartei. Das erklärt sich schon aus ihrer Vorgeschichte: Die SED hat ja nun wirklich diesen Staat mitgetragen.«[289]

Die Rückkehr in die Rolle als staatstragende Partei, wenngleich es ein anderer Staat ist, den sie nun so gern mittragen möchte, ist offensichtlich abgeschlossen. Die Linke/PDS ist dort, wo ihre Führung und ein großer Teil ihrer Mitglieder seit 20 Jahren hinwollte: angekommen im kapitalistischen System Bundesrepublik Deutschland. Wer die Linkspartei wählt, akzeptiert den Kapitalismus als unveränderliches Schicksal, sagt grundsätzlich ja – Gequengel in Einzelfällen nicht ausgeschlossen – zu: Sozialterror, Militär, IWF und Weltbank, UNO und EU.

Von Beginn an war die Linkspartei/PDS eine auch den bürgerlichen Staat tragende Partei. Was ihre Funktionäre in der SED gelernt hatten, brachten sie mit. Erhalten blieben straffeste Hierarchie, Kaderwesen, Ausgrenzung linker Minderheiten, Regierungsfixiertheit. Die museale Kommunistische Plattform, eine Art diplomatischer Außenposten der DKP, ändert daran nichts – ganz im Gegenteil. Das heißt nichts anderes, als dass die PDS/Linke exakt die Eigenschaften modernisierte, die sie brauchte, um in einem kapitalistischen Staat regierungsfähig zu sein. Hierarchie, Kaderwesen, Ausgrenzung linker Minderheiten, Regierungsfixiertheit kennzeichnen schließlich alle bürgerlichen Parteien, auch die SPD und die Grünen – nur die jeweiligen Herkunftsgeschichten und Verlaufsformen, Moden und Attitüden unterscheiden sich. Aber das Leben ist zu kurz und die Verhältnisse für viele Menschen zu unerträglich, um noch so einen Niedergang wie den der SPD oder der Grünen – wenn auch in vollkommen anderer Verlaufsform – zu wiederholen.

In den Ländern Berlin und Mecklenburg-Vorpommern ist die PDS schon das, was die Linkspartei im Bund erst noch werden will: eine Betreiberin und Verwalterin des Sozialraubbaus im Interesse des Kapitals. In beiden Ländern trug die Linkspartei/PDS das Verarmungsprojekt Hartz IV mit. Die Partei wird für die Elendsverwaltung gebraucht, und sie ist dafür besonders geeignet, weil sie ihre durchaus auch staatstragenden Wähler ruhigstellt, denn ihre Wählerschichten sind überwiegend andere als die der anderen Bundestagsparteien: Traditionslinke, sozial bedrohte Kleinbürger, Ostdeutsche. Da ist sie unersetzlich, dafür wird sie gebraucht.

Die Linkspartei/PDS ist weder sozialistisch noch radikaldemokratisch. Sie ist prokapitalistisch und betreibt Sozialabbau. Sie behauptet, antimilitaristisch zu sein, aber sie fördert die Aufrüstung und ist, unter bestimmten Voraussetzungen, für Krieg. Sie ist ein Gegner emanzipatorischer linker Politik. Sie steht uns im Weg.

Die gesellschaftliche Linke in Deutschland hat seit 1945 dreimal die Erfahrung gemacht, dass eine angeblich antikapitalistische linke Partei die Seiten wechselt. Als stabile Erfahrung müsste das doch ausreichen. Also: Was tun?

9

WIR WERDEN ALLES SELBST MACHEN MÜSSEN

Es herrscht Klassenkrieg, richtig, aber es ist meine Klasse, die Klasse der Reichen, die Krieg führt, und wir gewinnen.« Sagte Warren E. Buffett, der reichste Mann der Welt, im November 2006 der *New York Times*.[290] Er meinte es nicht aggressiv, er kritisierte sogar, dass reiche Leute zu wenig Steuern zahlen müssen. Er stellte nur fest, was keinem deutschen Politiker oder Banker über die Lippen kommt. Der Krieg ist nicht vorbei, er geht in eine neue, härtere Phase.

Buffett unterstützte Barack Obama im Wahlkampf, und er berät ihn, seitdem er Präsident geworden ist. Die USA erlebe ihr wirtschaftliches »Pearl Harbor«, erklärte Buffett Anfang 2009. Obama sei der Mann, der »den Amerikanern die Schwere der wirtschaftlichen Situation richtig übermitteln« könne und der »gleichzeitig Hoffnung auf Besserung« verbreite.[291] Wie bedroht wäre die herrschende Ordnung, wenn die Menschen keine Hoffnung hätten und keinen Präsidenten, der ihnen gleichzeitig als die Verkörperung von Abraham Lincoln, Motown *und* Martin Luther Kings »dream« erscheint?

Zur Zeit von tiefen gesellschaftlichen Krisen muss in den Zentren des Kapitalismus gelegentlich auch die moderatere Fraktion der staatstragenden Parteien an die Regierung. Auch Bill Clinton wurde Präsident in einer Krise. Hätte ein republikanischer US-Präsident die Sozialausgaben so rigide zusammengestrichen wie er, wären wütende Proteste ausgebrochen.

In Deutschland kamen SPD und Grüne 1998 an die Regierung, als tiefgreifende Einschnitte durchzusetzen waren. Das

Land sollte in seinen ersten Krieg seit 1945 ziehen, und die Umwälzung des Sozialstaats stand bevor. Schröders Spruch vom »Koch« (Schröder) und vom »Kellner« (Joseph Fischer), mit dem er die Hierarchie zwischen sich und seinem grünen Außenminister klären wollte, ist ungewollt aufklärerisch, weil er die Eigentumsfrage ausblendet: Wem gehört die Kneipe und das Gebäude, in dem sie liegt? Dem, der das Kapital hat, dienen sowohl Koch als auch Kellner.

Barack Obama ist ein charismatischer Technokrat, ein Modernisierer des Kapitalismus, dessen historische Aufgabe es sein wird, die USA in der Weltwirtschaftskrise zusammenzuhalten, so dass es nicht zu einem Chaos kommt, an dessen Ende die herrschende Ordnung zerrüttet wäre. Das ordnungspolitische Vorhaben schließt ein, dass in seiner Amtszeit die Armut wachsen wird. Dass die soziale Frage – sofern die Betroffenen sich ihrem Schicksal nicht ergeben – weiterhin vor allem durch Armee, Polizei und Justiz »gelöst« wird. Und dass er jeden weiterführenden Protest so einbinden und unter Druck wird setzen müssen, damit es keine breite antikapitalistische Bewegung von unten geben wird (sofern die Weltwirtschaftskrise nicht zu einem Kollaps führt, aber dann sind ganz verschiedene Entwicklungen möglich, in alle Richtungen).

Einige haben den Weg in die kommende Weltwirtschaftskrise zutreffend analysiert. Dies waren vor allem Marxisten, aber auch kritische bürgerliche Wissenschaftler wie Nouriel Roubini, Professor an der Stern School of Business der New York University. Roubini sagt: »Ich bin kein Genie, ich habe nur richtig hingeschaut.« Er analysierte die Finanzkrisen in Mexiko 1994, Asien 1997 und Argentinien 2000 und fand Indikatoren, die er auf die USA anwandte. Und er kam 2005 zu dem Ergebnis, dass in den USA eine Rezession bevorstand. Er stellte seine Thesen 2006 dem Internationalen Währungsfonds (IWF) vor: In den USA werde der Immobilienmarkt kollabieren, so resümierte er, ein Ölschock stehe bevor, das Konsumklima werde einbrechen, Billionen von Dollar an Hypothekenkrediten würden faul, das globale Finanzsystem werde erschüttert, Banken und Hedgefonds gingen unter. Und das Ganze im globalen Maßstab. Als er geendet hatte, sagte der Moderator: »Ich denke, wir brauchen jetzt einen starken Drink.« Einige Zuhörer lachten.[292] Als Roubini Anfang Januar 2007 auf dem Weltwirtschaftsforum in Davos eine Krise prognostizierte, war er ein Außenseiter, man machte sich über ihn lustig. Einige seiner Kontrahenten sind inzwischen bankrott oder wurden vom Staat aufgekauft.[293]

Die Rezession hatte schon begonnen, und ihre Anzeichen waren nicht mehr zu übersehen, aber noch im Mai 2008 sah ja auch Josef Ackermann, der Chef der Deutschen Bank, noch »keine Indizien für eine neue Weltwirtschaftskrise«.[294] Erst Ende 2008 gestand die deutsche Bundesregierung eine Rezession ein. Anfang 2009 plapperten dieselben Mainstreamlinge, die seit Jahrzehnten dem Kapital applaudierten und grenzenlosen Profiten sowie dem deregulierenden Staat das Wort reden, dass die Krise im Sommer 2009 vorbei sein würde. Als seien sie zwischenzeitlich klug geworden.

Aber die Krise wird sich ausdehnen und noch mindestens ein Jahr dauern, meinte Anfang 2009 nicht nur Roubini: »Das Schlimmste steht uns noch bevor.« Neben den USA würden auch Europa, Russland und China »hart« getroffen. Er vermutete, dass der US-Wirtschaft als Folge der Krise Verluste von 3,6 Billionen US-Dollar drohten. »Hätte er Recht, dann wäre das gesamte amerikanische Bankensystem de facto insolvent«, schrieb Nikolaus Piper in der *Süddeutschen Zeitung*.[295]

Aber auch das ist nicht das Ende der Prognose. Einige westeuropäische Staaten wackeln, und nur wenige könnten reagieren wie die USA oder die stärksten europäischen Staaten, die Banken und Konzernen mit hohen Milliardenbeträgen aus der Bredouille helfen. Das kann neue Kettenreaktionen auslösen.

Welche Auswirkungen wird die Krise auf China haben und via China zurück auf die USA, auf Afrika und auf Lateinamerika? Und auf Russland, das sich nach einer langen Phase der

Schwäche nach dem Zerfall der Sowjetunion vor allem aufgrund seines Rohstoffreichtums ökonomisch wieder erholt hatte?[296] Auch die russische Regierung pumpte rasch mehr als 100 Milliarden US-Dollar in das russische Bankensystem und versucht, mit Verstaatlichungen und notfalls mit Staatskrediten, wichtige Branchen und Konzerne zu retten.[297]

Wer wird durch die Weltwirtschaftskrise am meisten schwächeln beim Kampf um den Einfluss in den rohstoffreichen Regionen der Welt – Russland, die USA, China oder EU-Europa? Während Staatschefs uns einreden wollen, dass alle am gleichen Strang ziehen, belauern sie sich im Interesse der jeweils stärksten hinter ihnen stehenden Kapitalfraktionen. Der sichere Zugang zu Energiereserven spielt für den Weg aus der Krise eine wesentliche Rolle. Der Krieg zwischen Russland und dem von den USA gestützten Georgien im August 2008 war nur eines von vielen Vorgeplänkeln. Die Runde ging an Russland. Indem die Regierung Obama nun mehr Truppen nach Afghanistan schickt, verändert sie wieder einmal die Kräfteverhältnisse.[298] Die USA werden auch unter Obama versuchen, in Afghanistan eine ihnen genehme Regierung zu installieren, weil es ihr Interesse ist, stabile Militärstützpunkte einzurichten, die es erlauben, Afghanistan zum Korridor für das reichlich sprudelnde Öl aus Zentralasien zu machen. Zentralasien hat bekanntermaßen keine Meeresanbindung, und auf anderen Routen stehen die Interessen oder Territorien Russlands oder des Irans im Weg.

Bevor man auf die US-amerikanische oder auch deutsche Menschenrechts-Rechtfertigung reinfällt, sollte man sich daran erinnern, wessen Produkt die Taliban bzw. ihre Vorläufer, die Mudschaheddin, auch sind – das der USA. Und ich erinnere mich an deutsche Medien, die deutsche Truppen in Afghanistan damit zu legitimieren versuchten, dass sie eine Demonstration »befreiter« afghanischer Frauen ohne Burka zeigten – bis sich herausstellte, dass diese »Demonstration« nicht einmal auf offener Straße, sondern in irgendeinem Hof hinter Mauern stattgefunden hatte. Das sei vorbereitend auf die erwartbaren nächsten Propagandakampagnen angemerkt.[299]

Unabsehbar sind die Auswirkungen, die die Weltwirtschaftskrise auf die neue imperialistische Regionalmacht China samt ihrer Weltmachtallüren haben wird und, in der Rückkopplung, dann wieder auf uns. Massenarmut, Umweltkatastrophen, Aufstände, auch von außen geschürte Sezessionsbestrebungen, geostrategische Konflikte zwischen den USA, Russland, China, EU-Europa und anderen asiatischen Staaten – man braucht nicht besonders viel Vorstellungskraft, um das kriegsträchtige Potenzial allein in Zentralasien zu erahnen. Aber auch in Lateinamerika: Welche Folgen wird die Rezession in China für die Unterstützung fortschrittlicher Regierungen wie Kuba oder Venezuela haben?

Während ich dieses Buch schrieb, stieg die offizielle Zahl der zusätzlichen weltweit verlorenen Arbeitsplätze um mindestens 50 Millionen. Wir wissen noch nicht, wie groß sie auf dem Höhepunkt der Weltwirtschaftskrise sein wird. Und wir wissen auch nicht, wie viele Menschen am Ende der Krise durch sie in welchen Teilen der Erde gestorben sein werden, sofort oder etwas später, weil der Mangel an sauberem Wasser und vielfältiger Ernährung eigentlich harmlose Krankheiten tödlich werden lässt und weil Kriege geführt und ausgeweitet werden.

Wenn die Ernährungsprogramme von Wohlfahrtsorganisationen schrumpfen, was wird aus den Sahraouis? Wenn der Einsatz von krebserregenden Pestiziden billiger bleibt als eine Umstellung auf gesunde Baumwollanbaumethoden, was wird aus den usbekischen Landarbeitern? Wenn kein Geld da ist und kein Wille, die Bewässerungsmethoden entlang des Amudarja und des Syrdarja zu modernisieren, was wird aus den Kasachen?

All das interessiert die Mächtigen nicht, solange das Öl ungehindert durch die Pipelines fließt. »Notleidende Banken«

müssen gerettet werden, nicht das Klima – und hat nicht die Klimakatastrophe auch manchen Vorteil, wie den, nun leichter an die Ressourcen am Nordpol heranzukommen? Bürgerkriege, Dürre, Krankheiten und Armut werden nicht nur zu Aufständen führen, sondern auch dazu, dass mehr Menschen, etwa aus Afrika, versuchen werden, Europa zu erreichen. Noch mehr Migranten werden unter den Augen auch deutscher Polizisten im Mittelmeer ertrinken. Wird es den kapitalistischen Zentren gelingen, ihre eigenen Ghettos unter Kontrolle zu halten und gleichzeitig einen größeren Teil der Mittelschicht vor dem Absturz zu retten? Und wenn ja: zu welchem Preis und auf welchen Leichenbergen?

Viele Menschen verdrängen die Lage, als gingen sie die dramatischen Veränderungen gar nichts an – solange es sie nicht persönlich trifft. Andere erstarren und glotzen wie das Kaninchen auf den Jäger. Mit solch einer ignoranten oder angstbesetzten Haltung kommt man im Allgemeinen als unkritischer Bewohner eines kapitalistischen Zentrums ganz gut durch. Die sozialen Katastrophen werden ja zum größten Teil erfolgreich exportiert. Und dass viele Menschen von der Welt ein durch und durch verlogenes Bild haben, liegt auch ganz im Interesse der Tourismuskonzerne. Jetzt aber wird die Krise möglicherweise so groß, dass alles Verdrängen nichts mehr nützt. Sichtweisen werden durcheinandergerüttelt, jüngere Leute wachsen mit einem im Kern veränderten Bild von der Welt auf, Bastionen der Selbstverständlichkeit werden eingerissen.

Für kritische Menschen liegt darin eine Chance. Soll unser Leben und das der anderen Menschen morgen nicht elender, unfreier, perspektivloser sein als heute, müssen wir uns wehren. Laut und unüberhörbar. Wir haben keine andere Wahl. Die Gegenseite zögert keine Sekunde. Es geht ums Ganze. Das Kapital nutzt die Krise, um sich alles Profitbeschränkenden zu entledigen: soziale und demokratische Menschenrechte (das, was davon noch übrig ist), Umweltanforderungen aller Art – freie Fahrt wie lange nicht mehr für ihre Gift- und Verseuchungsproduktion einschließlich einer Renaissance der radioaktiven Atomstromerzeugung.

Unter dem Druck der Krise soll sich der legitime Anspruch aller Lohnabhängigen auf gesündere Arbeitsplätze in giftigem Rauch auflösen. Wer um seinen Arbeitsplatz fürchtet, lässt sich vieles bieten. Bilder des 19. Jahrhunderts kehren zurück in die heutige soziale Realität. Marx beschrieb die Lage des Arbeiters so: »Alle Sinnesorgane werden gleichmäßig verletzt durch die künstlich gesteigerte Temperatur, die mit Abfällen des Rohmaterials geschwängerte Atmosphäre, den betäubenden Lärm usw., abgesehen von der Lebensgefahr unter dicht gehäufter Maschinerie, die mit der Regelmäßigkeit der Jahreszeiten ihre industriellen Schlachtbulletins produziert. [...] Die Ökonomisierung der gesellschaftlichen Produktionsmittel, erst im Fabriksystem treibhausmäßig gereift, wird in der Hand des Kapitals zugleich zum systematischen Raub an den Lebensbedingungen des Arbeiters während der Arbeit, an Raum, Luft, Licht, und an persönlichen Schutzmitteln wider lebensgefährliche oder gesundheitswidrige Umstände des Produktionsprozesses, von Vorrichtungen zur Bequemlichkeit des Arbeiters gar nicht zu sprechen.«[300]

Und die vor Jahren so verwirklichbar erscheinende Forderung nach Arbeitszeitverkürzung? Die Hoffnung der abhängig Arbeitenden, dass sie endlich vom ungeheuren Zuwachs an Produktivität für ihre freie Zeit profitieren? Wurde auf unbestimmt verschoben. Eine Weltwirtschaftskrise hat mächtig viele Vorteile für das Kapital, jedenfalls für den Teil, der die Krise überstehen wird.

Wie wird man mit den Menschen umgehen, die ihren Abstieg in Hunger und Diskriminierung nicht ertragen? Viele werden ausrasten. Sich in den Alkohol flüchten. Auf irgendwelche Sachbearbeiter in Behörden draufhauen. Sich selbst zerstören. Staat und Justiz werden darauf mit Repression und Wegschließen antworten, am besten gleich für immer, in Heime, Psychiatrien und Knäste. Nicht umsonst breitet sich heute in der Heimerziehung die schwarze Pädagogik von gestern wieder aus, und die aus der NS-Zeit stammende Sicherheitsverwahrung bis ans Lebensende ist die Antwort einer inhumanen Gesellschaft. Die soziale Ordnung einer permanent mit Repressionen drohenden Gesellschaft ist eine Gefängnisordnung.

In Deutschland muss man auch mit einem weiteren Rechtsruck rechnen. Den misst man nicht, wie fälschlicherweise oft getan, allein am Anteil faschistischer und rechtsextremer Parteien, sondern am Abdriften der bürgerlichen Parteien nach rechts. Sofern es nicht bald wieder eine starke Linke gibt (hilfreich und angenehm wäre zusätzlich ein aufgeklärtes, an der sozialen Frage interessiertes Bürgertum), bleibt die Gefahr groß, dass sich rechtsextreme und faschistische Kräfte ausbreiten. Das müssen nicht unbedingt allein Schläger mit stahlkappenbewehrten Stiefeln sein. Es gibt sie auch in der österreichischen oder italienischen Variante, sonnenbankgebräunt und im Maßanzug oder, etwas blasser meist, als deutsche Rechtsintellektuelle.

Also, was tun? In Deutschland hat radikaldemokratischer und linker Widerstand keine besonders erfolgreiche Tradition. Der hessische Generalstaatsanwalt Fritz Bauer, dem wir es verdanken, dass es die Auschwitz-Prozesse (1963–1965) gegeben hat, hat kurz vor seinem Tod im Juli 1968 darauf hingewiesen, dass ein ureigenes Widerstandsrecht des Menschen existiert, das sich gegen den Staat und die Obrigkeit richtet. Mit den Notstandsgesetzen war im Mai 1968 das Grundgesetz zum 17. Mal geändert worden, gegen die neue Notstandsverfassung hatten Linke und Radikaldemokraten zehn Jahre lang protestiert, eine der Ersten hieß 1960 Ulrike Meinhof. Scheinbar um ihnen entgegenzukommen, ist in den Artikel 20 des Grundgesetzes ein vierter Absatz aufgenommen worden: »Gegen jeden, der es unternimmt, diese Ordnung zu beseitigen, haben alle Deutschen das Recht zum Widerstand, wenn andere Abhilfe nicht möglich ist.«

Bauer schloss sich ausdrücklich den Kritikern an, die diesen Passus eine »Perversion des Widerstandsrechts« nannten. Bauer: »Das Recht zum Ungehorsam und das Recht zum Widerstand […] sind historisch überlieferte Institutionen, deren Inhalt nicht beliebig umfunktionalisiert werden kann.« Die Notstandsgesetzgebung aber erfasse nicht nur den »Staatsstreich von oben, sondern auch den durch revolutionäre Kräfte aus dem nichtstaatlichen Bereich unternommenen Putsch von unten. Dieses ist mit dem Begriff eines Widerstandsrechts, wie er sich durch Jahrhunderte und Jahrtausende gebildet hat, schlechthin unvereinbar.« Fritz Bauer weiter: »Das Widerstandsrecht – wenn das Wort überhaupt einen Sinn haben soll – kann sich nur gegen den ungerechten Staat, den Unrechtsstaat, die Tyrannis, richten; nie hat das Wort einen anderen Sinn besessen. Der Staat selbst braucht kein Widerstandsrecht. Seine Beamten, seine Offiziere und Soldaten haben Machtmittel genug.«[301]

Für Bauer war der Kontrast zwischen Deutschland und Frankreich augenfällig: »Frankreich hatte seine Revolution. Es bekannte sich zu den Menschenrechten. Hierzu wurde sofort das Recht auf *résistance* gezählt. Anders in Deutschland. Die deutschen Philosophen machten im Kielwasser des autoritären Staates dem Widerstandsrecht der Jahrtausende den Garaus.« Bauer zitierte Kant, der dem Untertan kein bisschen Widerstand erlaubt, was auch immer der Staat verbricht, um den Menschen unglücklich zu machen. »Die Worte Kants, denen ganz ähnliche Hegels, auch […] Treitschkes und vieler anderer entsprechen, sind das Spiegelbild der sozialen Realität in Deutschland.«[302]

Um diese fatale Tradition in der Bundesrepublik zu durchbrechen, mussten nach 1945 Karl Marx, Friedrich Engels und Rosa Luxemburg wiederentdeckt werden, musste die Frankfurter Schule mit Theodor W. Adorno und Max Horkheimer nach der Befreiung vom NS-Faschismus aus dem Exil zurückkehren und einer der ihren, Herbert Marcuse[303], auf die junge westdeutsche Linke einwirken. Ein emigrierter deutscher Jude, vor seinen deutschen Mördern geflohen, dessen Bücher 30 Jahre nach seiner Flucht gelesen wurden und der das Recht auf »résistance« nach Deutschland zurückbrachte. So zerstört hat sich Deutschland in der Nazizeit, und über die Spuren stolpern wir noch immer.

Marcuse sprach von »politischen Maßnahmen, Bedingungen und Verhaltensweisen […], die nicht toleriert werden sollten, weil sie die Chancen, ein Dasein ohne Furcht und Elend herbeizuführen, behindern, wo nicht zerstören. Diese Art von Toleranz stärkt die Tyrannei der Mehrheit.«[304] Und: »Ich glaube, dass es für unterdrückte und überwältigte Minderheiten ein ›Naturrecht‹ auf Widerstand gibt, außergesetzliche Mittel anzuwenden, sobald die gesetzlichen sich als unzulänglich herausgestellt haben […] Es gibt keinen anderen Richter über ihnen außer den eingesetzten Behörden, der Polizei und ihrem eigenen Gewissen. Wenn sie Gewalt anwenden, beginnen sie keine neue Kette von Gewalttaten, sondern zerbrechen die etablierte.«[305] Fritz Bauer kommentierte diese Passage: »Das ist ganz in Übereinstimmung mit dem, was Gemeingut der Rechtsgeschichte ist.«[306]

Einmal ist es in der Bundesrepublik gelungen, mit einer emanzipatorischen Revolte die herrschende Ordnung durcheinanderzuwirbeln: mit der außerparlamentarischen Opposition (APO) von 1964 bis 1968. Den Klugen in der APO war damals klar, dass sie nicht nur an der Oberfläche der gesellschaftlichen Ordnung kratzten, sondern dass ihre Gegner in Staat und Kapital sehr viel beunruhigter waren, als sie eingestanden. Auf überraschende Weise wurde das 40 Jahre danach, ungewollt und unverhofft, noch einmal deutlich. Mit einer intensiv vorbereiteten Kampagne sollte im Jahr 2008 angeblich das 40. Jubiläum von »68« gewürdigt werden. Es wurde – natürlich gab es Ausnahmen – eine einerseits verniedlichende und andererseits denunziatorische Kampagne. Noch 40 Jahre danach war zu spüren, dass nicht nur die katholische Kirche in Frankreich den Mai 1968 »als Katastrophe fast schon in den Ausmaßen der Großen Revolution erlebt«[307] hat.

Die Denunziation der außerparlamentarischen Revolte von 1968 passte zur aufkommenden Wirtschaftskrise, denn welche herrschenden Kreise wünschen sich, wenn unberechenbare Zeiten bevorstehen, eine positive kollektive Erinnerung an einen der wichtigsten politischen Kämpfe der Nachkriegszeit?

Anlässlich der Konstituierung der großen Koalition 1966 rief Rudi Dutschke auf einer Versammlung des Sozialistischen Deutschen Studentenbunds (SDS) zur »außerparlamentarischen Opposition« (APO) auf. Später sagte er auch, dass die Revolte mit den Protesten gegen den Besuch des Diktators Moïse Tschombé 1964 in Westberlin begonnen habe. Dass die SPD mit der CDU eine große Koalition einging, dass ein NS-Verfolgter wie Willy Brandt (SPD) Außenminister unter einem früheren Mitglied der NSDAP, dem Bundeskanzler Kurt Georg Kiesinger (CDU), wurde, war für die junge Linke Verrat. Die älteren Linken erinnerten sich außerdem noch daran, dass die SPD 1961 den SDS aus der Partei geworfen hatte, dass Willy Brandt den Vietnamkrieg verteidigte und die SPD ihre antimilitaristischen Nachkriegspositionen in den 1950er Jahren verraten hatte. 1968 stimmte sie auch den Notstandsgesetzen zu.

Zehn Jahre nach 1968 gab es kein Jubiläum, da steckte der Linken noch der Deutsche Herbst von 1977 in den Knochen. Die brachiale Vorgehensweise der Regierung von Bundeskanzler Helmut Schmidt (SPD) gegen jede staatsunabhängige Linke, unter dem Vorwand der Verfolgung der RAF, ließ 1978 keine Zeit für sentimentale Erinnerungen.

1988, 20 Jahre danach, gab es den neuen Code »68« und zum ersten Mal »Veteranentreffen«. Leute waren dabei, die hatte man früher nie auf der Straße gesehen. »68« war schick geworden. Älter gewordene APO-Leute, viele in Parteien, Verbänden und Gewerkschaften etabliert, hielten Reden über ihre ruhmreiche Vergangenheit. Es waren auch gute Texte darunter. Ein Jahr später fiel die Mauer.

Ich weiß nicht, wie viele frühere APO-Leute an der Legende mitstrickten, bei der Bundesrepublik handele es sich um eine nachhaltig zivilisierte Gesellschaft. Adenauer und Brandt hatten Diktatoren empfangen und Mörder, man hatte Kriege wie den in Vietnam gutgeheißen, hatte sich die Hände zwar mit Rüstungsgeschäften, aber noch nicht wieder in einem Krieg schmutzig gemacht. Kurz nach dem 30. Jubiläum der APO, im März 1999, zog Deutschland in seinen ersten Krieg nach dem Ende des Zweiten Weltkriegs. Nicht einmal 50 Jahre hatte der Schwur »Nie wieder Krieg« gehalten. Ohne die Propaganda einiger alter APO-Leute, allen voran Gerhard Schröder (SPD), Joseph Fischer (Grüne) und Daniel Cohn-Bendit (Grüne), wären die Bomben auf Belgrad in der rot-grünen Wählerschaft nicht durchzusetzen gewesen. Das obszönste Argument war das von Joseph Fischer, dass Deutschland sich *wegen Auschwitz* am Krieg beteiligen müsse.

Im vierzigsten Jahr der Revolte, 2008, erlebten wir zum ersten Mal, dass sich einige frühere APO-Linke, befördert nicht nur mit Literaturpreisen und Bundesverdienstkreuzen, als Kronzeugen aggressiv auf die Seite der herrschenden Kreise schlugen.

Linke machen Fehler. Manche Linke machen manchmal sogar böse Fehler. Wären also gewisse APO-Leute aufgetreten und hätten darüber gesprochen, was sie und ihre politischen Zirkel in Theorie und Praxis damals falsch gemacht hatten, wäre das unter Umständen lehrreich gewesen. Was sie 2008 fabrizierten, war aber etwas ganz anderes. Sie bauten hier und da marginale Selbstkritiken ein, um dann umso grobschlächtiger gegen die APO auszuholen. Die Geschichte wurde gefälscht. Es entstanden »wissenschaftliche« Texte und Beiträge, in denen sogar die Entstehungsbedingungen der APO geleugnet wurden: die alten Nazis, die uns damals überall umgaben, der Vietnamkrieg, die grausamen Verhältnisse in den Kinder- und Jugendheimen, die widerlichen autoritären Strukturen allüberall, pädagogische Konzepte und Ordnungsvorstellungen aus der Nazizeit und nicht zuletzt der Antikommunismus.

Der auffälligste Wendehals war Götz Aly, der ein ganzes Buch breit die APO mit der NS-Studentenbewegung verglich.[308] Und damit den NS-Faschismus auch mit der APO. War also die faschistische Machtergreifung nichts als eine »schreckliche Jugenddiktatur«? Es gab auch eine frauenspezifische Variante von Denunziation und Relativierung: Jutta Brückners Theaterstück von 2008, *Bräute des Nichts,* in dem sie allen Ernstes Ulrike Meinhof mit Magda Goebbels verglich.[309]

Die Botschaft dieser Kronzeugen und der Kronzeugin war: Rebellion ist kriminell, der Rebellierende faschistoid oder geisteskrank. Die Abrechnung mit der APO war eine organisierte Kampagne, an deren Ende alle begriffen haben sollten, wie verwerflich Protest, Widerstand und Revolte sind. Rechtzeitig für die Erschütterungen durch die kommende Weltwirtschaftkrise.

Schön, dass es nicht geklappt hat. Die Idee, die APO zu diskreditieren, flog auf, als der Frankfurter Kulturdezernent Semmelroth (CDU) sie, Seit an Seit mit dem konservativen Herausgeber Alfred Neven DuMont, auf der Frankfurter Buchmesse 2007 ausplauderte. Gegenöffentlichkeit und politische Auseinandersetzungen konnten vorbereitet werden, keine Denunziation blieb unwidersprochen stehen. Am Ende standen die Kronzeugen so nackt, rechts und angepasst da, wie sie es waren.

Es gab auch den – erfolgreicheren – Versuch, die APO zu entpolitisieren. Auch hierfür gab es die passenden Zeitzeugen. Der Deutsche-Bank-Chef Josef Ackermann antwortete im Mai 2008 – im selben Interview, in dem er *keine* Weltwirtschaftskrise kommen sieht – auf die Frage »Sie sind ein Achtundsechziger?«: »[…] ich war kein Revoluzzer, wenn Sie das meinen. Aber ich gehöre natürlich der Generation an, und ich habe miterlebt, wie eine in mancherlei Hinsicht erstarrte Gesellschaft, zum Beispiel in puncto Erziehung oder Sexualität, aufgebrochen wurde. Leider ist dann später aus manchen positiven Absichten und Ansätzen viel Negatives erwachsen. Aber zweifellos gab es damals eine Aufbruchstimmung.«[310]

Sex, Drugs and Rock 'n' Roll – es sei ihm gegönnt. Die Mitläufer und Zuschauer, so streberhaft sie sich auch auf ihre Karrieren vorbereiteten, profitierten eben auch von besserer Musik, freizügigerem Sex und entspannteren Umgangsformen. Natürlich bleibt in ihrer Erinnerung der politische Kern der außerparlamentarischen Revolte auf der Strecke: der Kampf gegen Krieg und Kapitalismus, die Abscheu gegen alte und neue Nazis und ein umfassender Begriff sozialer Emanzipation.

2008 wurde versucht, die »68er« zu diffamieren, 2009 wird versucht, nationale Gefühle zu stimulieren. Beides soll helfen, die Vorstellung klein zu halten, dass diese Verhältnisse Widerstand verdienen. Wir sind aber nicht »alle in einem Boot«, sondern die einen ersaufen im Meer oder schuften im Maschinenraum, und die anderen logieren im Penthouse der Reederei. Es bedarf also einer Meuterei.

Das Gift des Nationalismus ist in Deutschland immer virulent. Es wird gern gespritzt, wenn dem Kapitalismus Gefahr droht. Dann entwickelt sich die Ideologie der »nationalen Schicksalsgemeinschaft«, und auf einmal – hast du nicht gesehen? – gibt es keine sozialen Klassen mehr und keine internationale Solidarität. Es wird unterstellt, dass ausgerechnet der kapitalistische deutsche Staat eine fürsorgliche, auf das Wohl aller Deutschen – vor allem der schwächsten – ausgerichtete Institution ist. Der Arbeitslose in England, der Wanderarbeiter in China, die Gewerkschafterin in Venezuela, der revoltierende Jugendliche in Griechenland – alle rücken plötzlich weit weg. Dem national berauschten Deutschen ist sein deutscher Kapitalist näher als ein Mensch ähnlicher sozialer Lage, der wie der

Zufall der Geburt es so will, in einem anderen Teil Welt aufgewachsen ist.

Einmal mit Pomp und Fahnen Mitglied der nationalen Schicksalsgemeinschaft geworden, wird die Opfer- und Verzichtsbereitschaft des deutschen Untertanen größer. Dafür verspricht – zurzeit auch seine gläubigsten Anhänger nur schwer überzeugend – der Staat dann ja auch scheinbaren Schutz: vor größeren Schicksalsschlägen, vor Fremden, vor Veränderungen und anderen »Sicherheits«-Problemen. Wirklich wertvolle Grundwerte wie soziale Gleichheit aller Menschen, Freiheit von Ausbeutung, Erniedrigung, Rassismus, Antisemitismus und Sexismus, Solidarität über alle nationalen Grenzen hinweg und eine umfassende gesellschaftliche Emanzipation hat die Nation niemals im Angebot. Ganz besonders nicht die deutsche, die nicht mal ein Recht auf »résistance« kennt.

Was ist »deutsch« außer einem Zufall der Geburt? Wie absurd und armselig ist die Identifikation mit einer Nation? Und dann mit dieser. Das Deutsche Reich wurde auf dem Deutsch-Französischen Krieg von 1870/71 gegründet, den Bismarck angezettelt hatte, um unter preußischer Führung die Großmacht zu errichten. Im Krieg brannten deutsche Truppen französische Städte nieder und töteten mit Vorliebe Zivilisten, die es wagten, sich gegen die Eindringlinge zu wehren. Sie belagerten Paris, die Menschen hungerten und aßen Ratten. Zur Demütigung Frankreichs ließ sich Kaiser Wilhelm I. im Spiegelsaal von Versailles krönen. Vier Jahre vorher, auf der Weltausstellung in Paris, hatten sich die Pariser über die preußischen Exponate lustig gemacht: eine Kruppsche Kanone und ein überlebensgroßes Reiterstandbild des preußischen Königs. Die siegreichen deutschen Armeen lagen noch vor der Stadt, als im März 1871 in Paris eine Revolution ausbrach: die Kommune.

Die »sozialen Maßregeln« dieser ersten proletarischen Revolution sind bis heute nicht verwirklicht. Die soziale Gleichheit der Menschen, die Emanzipation der Frau, direkte Demokratie und jederzeitige Rechenschaftspflicht und Abwählbarkeit der Räte, die aus Arbeitern oder anerkannten Vertretern der Arbeiterklasse zu bestehen hatten. Die Kommune schaffte die Guillotine ab und die politische Polizei. Beamte hatten kein höheres Einkommen als Arbeiter. Betriebe wurden von kooperativen Arbeiterassoziationen geführt. Das Bildungswesen war offen für alle. Staat und Kirche waren endlich getrennt und Religion Privatsache. Die Kunst war frei und die Todesstrafe verboten. Die katastrophale Gutmütigkeit der Kommune bestand erstens darin, die Bank von Frankreich nicht zu enteignen, so dass die geflohene Regierung sich finanzieren konnte, und zweitens darin, nicht nach Versailles marschiert zu sein, um die Revolution auch militärisch abzusichern. Auch als die Niederlage absehbar war, kämpften so viele Männer, Frauen und Kinder an den Barrikaden, dass an einer Stelle zwanzigtausend Regierungssoldaten volle drei Stunden benötigten, um eine Straße zu erobern.

Die deutschen Generäle beobachteten vom Stadtrand den Bürgerkrieg und das brennende Paris mit Vergnügen, einer schrieb nach Berlin: »Es (ist) himmlisch, daß sie nun selbst das heilige Paris zu bombardieren anfangen.«[311] Auf den Straßen und den Treppen von Montmartre stapelten sich die Leichen von Kindern, Frauen und Männern. Das neue Deutsche Reich half der französischen Regierung, die Revolution niederzuschlagen. Der Funke sollte nicht nach Deutschland fliegen. »Daß nach dem gewaltigsten Krieg der neuern Zeit die siegreiche und die besiegte Armee sich verbünden zum gemeinsamen Abschlachten des Proletariats – ein so unerhörtes Ereignis« beweise, schreibt Marx, »die nationalen Regierungen sind eins gegenüber dem Proletariat!«[312] Wir können das als frühen Kommentar zur EU lesen.

Die Lehren aus der »Gutmütigkeit« der Pariser Kommune wurden gezogen – mit wenig Erfolg 1918/19 in Deutschland, mit umso größerem 1917 in Russland und während des Faschismus in der französischen Résistance. Die fünf Milliarden Goldfrancs Kriegsbeute von 1871 finanzierten die reichsdeutschen Gründerjahre, das war gleichsam der erste Versailler Vertrag. Auf den Krieg von 1870/71 folgten zwei von Deutschland angezettelte Weltkriege, dazwischen Kolonialkriege in Afrika und China, Sozialistenverfolgung, Freikorps und Putsch, Judenvernichtung und NS-Faschismus.[313] Worauf also stolz sein?

Von der Kommune bis zur Novemberrevolution von 1918/19, deren Scheitern den NS-Faschismus vorbereiten half, dauerte es 47 Jahre, seit der Befreiung vom Faschismus haben wir 64 Jahre hinter uns, seit der Revolte von »68« vierzig. Niemand von uns weiß, was genau auch nur die nächsten zehn Jahre bringen, an Krieg, Elend oder auch Hoffnung.

Um das große Ziel zu erreichen, »alle Verhältnisse umzuwerfen, in denen der Mensch ein erniedrigtes, ein geknechtetes, ein verlassenes, ein verächtliches Wesen ist«, wie Karl Marx es formuliert, haben wir, angesichts der Weltlage, künftig etwas mehr zu tun als bisher. Einerseits. Andererseits werden die herrschende Ordnung und ihre Ideologie soeben auf unberechenbare Weise erschüttert. Die ersten Risse in der Gesellschaft sehen wir. Nur keine Angst, was haben wir zu verlieren, wir können die Instabilität nutzen. Organisieren wir Proteste und Aktionen, bevor der Beton die Risse wieder verschließt. In die irritierten Köpfe hinein werfen wir die Widerhaken unserer rebellischen Gedanken, bevor die mörderische alte Ordnung sie erneut zuschmiert.

Ein paar Lektionen sollten nach ein paar hundert Jahren endlich klar sein: Der Kapitalismus ist durch Reformen nicht in eine humane Gesellschaft zu überführen. Die sozialen Interessen der Menschen können niemals in einer Gesellschaft entfaltet werden, in der gleichzeitig das Kapital seinen Verwertungsinteressen nachgehen kann, wie Gregor Gysi uns glauben machen möchte, um seiner Partei eine Existenzberechtigung zu geben.[314] Denn diese Kapitalinteressen sind unzähmbar, sie sind eine mörderische Maschine, die den Menschen und die Natur verschlingt. Sie dulden neben sich nicht den freien und gleichen Menschen!

Eine gerechte Gesellschaft ist keine, in der die Gerechtigkeit bloß darin besteht, dass ein Hartz-IV-Empfänger bei Wahlen genauso viele Stimmen hat wie ein Konzernchef, denn der kann anders auf den Staat Einfluss nehmen und brauchte die Wahlstimme eigentlich nicht. Eine gerechte Gesellschaft ist auch keine, in der für beide vor Gericht die gleichen Paragraphen gelten. Ihre ungleiche soziale Lage macht sie natürlich auch vor der bürgerlichen Justiz ungleich. Gesellschaftliche Reputation und einen erstklassigen Anwalt besitzen Stützeempfänger eher selten.

Also keine Gerechtigkeit bei ungleicher sozialer Lage und auch keine Freiheit. Eine Gesellschaft von Freien und Gleichen anzustreben ist keine moralische Frage. Es macht sehr viel glücklicher, in einer Welt zu leben, die nicht von Hass, sozialer Gewalt und Not durchsetzt ist. Eine Gesellschaft, in der Kinder nicht früh gebrochen und zu ängstlichen, selbstwertlosen, unfreien Menschen gemacht werden. Es ist die schönste vorstellbare Utopie, in einer Welt zu leben, in der alle Menschen, die geboren werden, die Chance haben, ihr ganzes soziales, intellektuelles und kreatives Potenzial frei zu entfalten.

In 500 Jahren kapitalistischer Entwicklung ist einiges an Fortschritt für den Menschen abgefallen. Oft aber ambivalente Fortschritte, weil sie ja nicht angestrebt und finanziert wurden, um dem Menschen ein besseres Leben zu ermöglichen. Der Schiffsbau für Krieg und Handel hat die Wälder Südeuropas vernichtet. Die Forschung für die militärische Eroberung des Weltraums wirft ein paar Konsumgüter ab wie Brosamen vom Tisch der Reichen. Wäre all der Reichtum an Ressourcen, Wissenschaft und Technologie mit dem Ziel eingesetzt worden, das Leben der Menschen zu verbessern, wie viel anders würde die Welt heute aussehen.

500 Jahre Kapitalismus bedeuten 500 Jahre Fortschritt und zugleich Ruin des möglichen Fortschritts. Unbestritten sei der Fortschritt, den die Medizin uns gebracht hat, aber die Lage *aller* Menschen betrachtet, wäre sauberes Wasser in ausreichender Menge ein größerer gesundheitlicher Fortschritt als Hochtechnologie für wenige und Verdursten für so viele. Wie wäre es, wenn alle Menschen Zugang zu beidem hätten? Nur mit dem Kapitalismus und seiner internationalen Arbeitsteilung geht auch das nicht, weil der einer Minderheit die Vorteile verschafft, während er zugleich die Mehrheit der anderen schädigt.

So ist ein menschenwürdiges Leben für alle nur in einer Gesellschaft ohne Lohnarbeit und Kapital vorstellbar, wenn die Banken überflüssig geworden sind und das Geld keine Rolle mehr spielt, wenn die innere Qualität der Ware entscheidet und das Design sekundär ist, wenngleich nicht belanglos. Also wenn in einer Gesellschaft Gebrauchsgüter gefertigt werden, die nicht von der Profitlogik deformiert sind und deren Herstellung nicht asketisch-zwanghaft von einer bürokratischen Kommandowirtschaft wie dem sogenannten Realsozialismus reguliert wird sowie ohne das grenzenlose Wachstum des kapitalistischen Wirtschaftens mit seinem Zwang zu Profit, Konsum, Konkurrenz und unsozialer Leistung.

Und wie kommen wir dahin? Es gilt der alte Dreiklang: Theorie, Aktion, Organisation. Nach geschlagenen Schlachten – wie nach der APO, nach den Massenstreiks, nach der Anti-AKW-Bewegung, nach der Frauenbewegung, nach der Friedensbewegung, nach der Hausbesetzerbewegung, nach den letzten wirklichen gewerkschaftlichen Kämpfen, nach dem Aufblühen der antifaschistischen Bewegung – kommt meist ein Wellental, eine große Erschöpfung. Soziale Kämpfe haben nun mal solche Verlaufsformen. Manche Menschen steigen dann aus und bilden sich ein, alles sei vorbei. Dabei ist es die Zeit zum Atemholen, zur Analyse, zur Vorbereitung des nächsten Angriffs.

Oder wie der Schriftsteller Dietmar Dath sagt: »Aber der Zerfall von Bewegungen tritt immer dann ein, wenn ein Anlauf genommen wurde und dieser an den herrschenden Verhältnissen abprallt. Die Lähmung ist das Resultat der jüngsten Niederlagen. Man kann dasselbe bei Marx sehen: Wann fängt er an, *Das Kapital* zu schreiben? Im *Kommunistischen Manifest* ist die Überzeugung, dass Europa alsbald umgestaltet werde, noch mit Händen zu greifen. Doch dann passiert das eben nicht. Also hat er sich noch einmal in die Bibliothek gesetzt und aufs Neue versucht, alles zu verstehen. Mal wird angegriffen, mal ausgewertet. So geht Denken.«[315]

Es gibt kein Ende der Geschichte. Die gewalttätigen kapitalistischen Verhältnisse, der Widerspruch von Kapital und Arbeit, werden Widerstand produzieren, solange es Menschen gibt. Die wirklich interessante Frage ist nur: Von welcher Qualität ist der Widerstand? Wie viel wissen die Widerstehenden von der Geschichte sozialer Kämpfe und von dem zerstörerischen Potenzial des Kapitalismus? Haben sie das Wellental der Bewegung, die Ruhe vor dem nächsten Sturm, die Zeit ohne täglichen Aktionismus genutzt, um klüger zu werden? Um die Entwicklung der Gesellschaft genau zu beobachten? Neues zu entwerfen? Sich im besten Sinne rücksichtslos und erkenntnisfördernd miteinander zu streiten?

Wer glaubte, nach der letzten Revolte käme nichts mehr, wer die eigene Biographie mit der Zeitgeschichte verwechselt hat und ausgestiegen ist und heute die Welt nicht mehr ganz versteht, der hat eben ein kleines Problem und muss nacharbeiten. Ungleich ist unser Stand ohnehin, nicht nur sozial. Denn da es kein klassisches »revolutionäres Subjekt« in Gestalt einer von gleichen Arbeits- und Lebensbedingungen geformten Arbeiterklasse mehr gibt, sondern viele verschiedene revolutionäre Subjekte in national wie weltweit höchst unterschiedlichen Lebenslagen und -phasen, haben wir alle ungleiche Ausgangsvoraussetzungen. Darin liegen auch viele Chancen: Weiter ausholende soziale Erfahrungen kommen zusammen und ein hoffentlich offenerer Blick auf die Welt. Aber es gibt auch ein paar Komplikationen, was die Frage der Organisierung angeht.

Theorie, Aktion, Organisation: Zunächst also die Anstrengung der Kopfarbeit. Die Selbstdisziplin und Geduld, den eigenen Verstand zu strukturieren. Theoretisch arbeiten, lesen, denken. Aber wer das auf Dauer tut, ohne die Füße in politischer Praxis zu haben, läuft Gefahr, Hofnarr oder Elfenbeinturmbewohner zu werden. Was ist schlimmer? Er oder sie wird ungefährlich und von Angehörigen der besitzenden Klasse vereinnahmbar. Und ist es nicht eine sehr anregende Vorstellung, dass der Mensch ein so vielseitig begabtes, auch sinnliches Wesen ist, dass er besser denkt und lernt, wenn er auch praktisch kämpft (und umgekehrt)?

Dann gibt es die, die politische Praxis und Aktionen lieben, die das *Machen* gut können, mit einigem technischen und sportlichen Geschick, ohne allzu viel Angst und mit taktischer Phantasie. Ihr Problem kann sein, dass sich, ganz ohne Theorie, ohne Kenntnis der Geschichte, ohne Kopfarbeit eben, die eingesetzte Kraft verflüchtigen und ziellos werden kann. Denn ihr Besitzer mag festen Boden unter sich spüren, kennt den historischen Grund aber nicht, auf dem er steht. Ganz abgesehen von der ärgerlichen Möglichkeit, bei theorieblindem oder sektiererischem Aktionismus allzu leicht kriminalisiert zu werden. Oder bei falscher politischer Praxis an Bürokratie zu ersticken.

Also Theorie *und* Praxis. Aber mit wem und in welchem organisatorischen Rahmen? Klar ist: An Bündnisse sind verbindliche inhaltliche Anforderungen zu stellen. Darunter geht gar nichts. Es gibt das alte reformistische Argument, dass man »auf die Menschen zugehen muss«, sie abholen muss an jeder Bushaltestelle. Das klingt nur nett. Aber eine interventionsfähige emanzipatorische politische Bewegung ist kein eingetragener Verein von Sozialarbeitern. In der Geschichte der Sozialdemokratie und der Gewerkschaften hat der Spruch vom »Abholen« immer die Ausrede geliefert, sich opportunistisch dem Mainstream zu unterwerfen. War der Arbeiter rassistisch, hatte man Verständnis. War die Arbeiterin national gesinnt, galt das nicht als Streitfall, sondern als Anknüpfungspunkt.

Unter heutigen Bedingungen könnte das auch heißen, sich in end- und sinnlosen Gesprächen mit *Bild*-Zeitungs-Lesern, BWL-Studenten und neoliberalen Journalisten zu verzetteln. Auf »die Menschen« zugehen ist richtig, sofern es bedeutet, Erkenntnisse zu vermitteln, an ihre soziale Lage anzuknüpfen, ungewohnte und radikale Gedanken populär zu vermitteln und sich in emanzipatorischer Absicht auseinanderzusetzen. Mit Menschen anderer Herkunft zu reden, das müssen einige Linke noch lernen.

Für die kommenden Kämpfe nützt uns keine qualitätslose Masse, die sich mal einen Tag auf dem Marktplatz versammelt, mit Fähnchen winkt, Glühwein trinkt und sich zählen lässt. Aber nichts ist gegen eine politisierte Masse von Menschen einzuwenden, die sich lernend wehrt und vielerlei Aktionen kennt.

Es geht um die politische Qualität der kommenden sozialen Auseinandersetzung. Wir sollten nicht unterschlagen, dass wir das Ziel haben, den Kapitalismus abzuschaffen. Das muss Konsens sein. Die Bewegung, die dort hinführt, ist kein Selbstzweck und keine Party (Partys gibt es zusätzlich). Diese Auseinandersetzung ist ein Prozess, dessen Verlauf wir noch nicht kennen. Manche Rahmenbedingungen ändern sich gerade. Unsere Schritte in diesem Prozess müssen wir miteinander aushandeln. Einige Bedingungen sind fest.

Wir haben das Recht, uns gegen die Demütigung, Ausbeutung und Vernichtung von Menschen und gegen die Zerstörung der Natur zu wehren. Das ist unverhandelbar. Für Rassismus, Antisemitismus, Sexismus und Nationalismus ist kein Platz. Gewalt ist, wo immer möglich, zu vermeiden. Aus prinzipiellen Gründen, denn die Methoden der politischen Auseinandersetzung sollten von unseren Grundwerten getragen sein. In einer durch und durch gewalttätigen Gesellschaft aber wird

»Gewaltlosigkeit« nicht immer möglich sein, sofern wir keine Opfer sein wollen. Allerdings ist unsere Definition von Gewalt eine andere als die derjenigen, die sich heute das Gewaltmonopol anmaßen und ihre Interessen weltweit überhaupt nur mit Gewalt durchsetzen – mit struktureller Gewalt, mit sozialer Gewalt, mit ökonomischer Gewalt, mit polizeilicher und militärischer Gewalt.

Auf einem Plakat an der Wand meines Zimmers, als ich in Glasgow lebte, stand: »Streik ist Gewalt. Ohne Streik kein Acht-Stunden-Tag.« Und nicht nur der. Alle sozialen Rechte, die wir heute verteidigen müssen, sind Resultate von oft blutigen Auseinandersetzungen. Auf das pharisäerhafte Gerede von der furchtbaren Gewalt, die zum Beispiel in Betriebsbesetzungen oder Blockaden gegen Militärmanöver liege, kann man den guten Bürgern, die nicht mal wissen, woher ihre Privilegien kommen, gut mit Dietmar Dath antworten: »Die bürgerliche Demokratie hat auch ein paar Anläufe gebraucht. Zunächst mal ist sie in Frankreich im Blut ersoffen, alle haben sich gegenseitig geköpft.«[316]

Wenn man sich überlegt, wie viel Schweiß und Blut, wie viel Verachtung, Prügel und Gefängnisfolter Frauen Anfang des 20. Jahrhunderts auf sich nahmen, nicht, um sich soziale Gleichheit, sondern nur, um sich das Wahlrecht zu erkämpfen! Wie groß die Anstrengung, wie klein der Erfolg, misst man ihn am Grundanliegen der Gleichheit. »Humanismus auf Erden, jener schwere Versuch einer Vereinigung von Vernunft und lebendigem Herzschlag, Vereinigung von Freiheit und Gleichheit, fällt uns nicht in den Schoß. Widerstand und Ungehorsam im Kampf um eine humane Welt fordert Schweiß, Tränen und Blut«, sagte Fritz Bauer kurz vor seinem Tod.[317] Natürlich war der Kampf der Suffragetten richtig und bewundernswert. Aber über hundert Jahre später haben wir nicht einmal gleichen Lohn für gleiche Arbeit, sondern alte und neue Ungleichheiten und modernere Formen der Sklaverei.

Die Justiz unterscheidet nicht mehr zwischen Sachen und Menschen. Die Straftat »Landfriedensbruch« setzt die Beschädigung einer Sache mit der Verletzung von Menschen gleich und nennt beides Gewalt. Auf diese Weise kamen die Göteborger Demonstranten länger ins Gefängnis als die Folterer von Genua.

Wir hingegen unterscheiden: Menschen sind uns mehr wert als Dinge. Es war wunderbar, dass die Bauern und Winzer vom Kaiserstuhl, als sie auf den ausgelatschten Trampelpfaden der Bürgerbeschwerden nichts erreichten, einen Zaun durchschnitten und ganz handgreiflich einen Bauplatz besetzten, um das Atomkraftwerk in Wyhl zu verhindern, was ihnen auf diese Weise und mit ein paar weiteren Aktionen und in wachsenden Bündnissen gelang.

Unserer staatsunabhängigen, gewaltfreien, aber phasenweise auch militanten Anti-AKW-Bewegung der 1970er Jahre gelang es, direkt und indirekt, rund 70 geplante Atomkraftwerke in Deutschland zu verhindern[318], in wenigen Jahren, ohne Staatsgelder und ohne auch nur einen parlamentarischen Vertreter. Ihre Politisierung, ihre Unberechenbarkeit und ihr Erfolg waren der Grund, warum die erste Anti-AKW-Bewegung im Deutschen Herbst von 1977 unter die Räder des Staates kam, ohne dass ihr aber bisher ihre Erfolge wieder abgenommen werden konnten.

Ein Teil dieses Selbstbewusstseins kommt manchmal abhanden. Eine politische und geschichtsbewusste Anti-Atom-Bewegung würde sich von den verkommenen Grünen nicht als PR-Kulisse missbrauchen lassen, wie Ende 2008 bei den Castor-Transporten im Wendland geschehen. Da fiel sie hinter bereits gewonnene Erkenntnisse zurück. Immerhin sind diese Grünen nicht nur Kriegspartei und verantwortlich für die Agenda 2010, sondern haben als Regierungspartei auch mit dem »Energiekonsens« die zentrale Forderung der Anti-AKW-Bewegung verraten, die da hieß: »Sofortige Stilllegung aller Atomanlagen.« Mit diesem Energiekonsens haben die Grünen dem Atomkapital und den Energiekonzernen das Hintertürchen geliefert, das sie heute nutzen, um Atomanlagen länger laufen zu lassen.

Mit wem also Bündnisse? Mit sozialdemokratischen Organisationen sind sie ausgeschlossen, das ist klar, egal ob diese nun SPD oder Linkspartei heißen. Ausgeschlossen seit der SPD/Linkspartei-Koalition von Berlin, seit dem Deutschen Herbst, seit den Notstandsgesetzen, seit der großen Koalition, seit Godesberg, seit Ebert und Noske, seit den Kriegskrediten von 1914, seit dem Gothaer Programm. Wenn es auch bei manchen lange gedauert hat, den Charakter des Reformismus zu begreifen, Hauptsache, man hat ihn endlich begriffen. Also kein Bündnis mit SPD und Linkspartei. Und natürlich ebenso wenig mit einer antisozialen bis reformistischen, naturzerstörerischen grünen Kriegspartei. Also: reformismusfreie Zone!

Eine neue staatsunabhängige antikapitalistische Linke wird sich neugierig umschauen: Wo sind Bündnispartnerinnen und Bündnispartner, auch solche, an die man vielleicht noch nicht gedacht hat? Das klassische revolutionäre Subjekt, die Arbeiterklasse mit einem kollektiven Bewussstsein ihrer sozialen Lage, existiert so nicht mehr. Unsere heutigen potenziellen Bündnispartner sind: Migranten, Subproletarierinnen, Straßenkinder, Facharbeiter, Schüler, Studentinnen, Leiharbeiterinnen, Künstler, Hartz-IV-Empfänger, Intellektuelle – was die Sache ein bisschen mühsamer macht, aber auch ziemlich interessant. Es kommt auf Grundüberzeugungen an, jenseits aller Unterschiede.

Und in welche Form bringen wir das Ganze? Muss es eine haben? Ja, sogar eine verbindliche und zugleich bewegliche. Ist sie nicht verbindlich, scheucht uns der Gegner auseinander wie die Fliegen. Passen wir uns den herrschenden bürgerlichen Formen zu sehr an, ersticken wir. Erstarrt die Form, bricht sie.

Marx war der Meinung, die Befreiung müsse das Werk der Ausgebeuteten selbst sein, an eine Partei dachte er nicht, er analysierte die neu geschaffene SPD, an der im 19. Jahrhundert noch nicht alle Hoffnung verloren war. Seine Kritik am Gothaer Programm der SPD war allerdings weitsichtig.[319] 1871 korrigierte Marx das *Kommunistische Manifest* (1847) in einem Punkt, indem er eine Lektion aus der Pariser Kommune zog: Vor allem die »Pariser Kommune, wo das Proletariat zum ersten Mal zwei Monate lang die politische Gewalt innehatte«, habe »den Beweis geliefert, daß ›die Arbeiterklasse nicht die fertige Staatsmaschinerie einfach in Besitz nehmen und sie für ihre eignen Zwecke in Bewegung setzen kann‹«.[320]

Wie ist *unsere* Lage? Mit Parteien haben wir schlechte Erfahrungen, aber mit Bewegungen auch. Beides hat Mängel. Bewegungen können an ihrer Unverbindlichkeit ermatten, können leicht zerfallen, einzelne Teile lassen sich gegeneinander ausspielen und von der Gegenseite vereinnahmen. Sind sie mehr als ein spielerisches Ventil? Sind sie interventionsfähig? Verlässlich? Eine Partei, die ja eine in einer bürgerlichen Gesellschaft wäre, trüge andere Krankheitskeime in sich. Die verbindlichere Struktur kann Hierarchie, Verspießerung und Selbstzweck im Gepäck haben. Gibt es eine Art der Organisierung, die all diese Mängel aufhebt?

Die Lösung könnte eine verbindliche Organisation sein, die in der Lage ist, ihre eigenen Strukturen permanent in Frage zu stellen, damit sie nicht erstarrt, aber ihre Grundsätze nicht zur Disposition zu stellen. Eine Organisation, die beweglich und stark zugleich auf die sich verändernden gesellschaftlichen Verhältnisse eingehen kann. Manche Menschen reagieren allergisch auf Worte wie »Organisation« und »Verbindlichkeit«, sie unterschätzen die korruptive und integrative Kraft ihrer täglichen vermeintlich unpolitischen Geschäfte in einer bürgerlichen Gesellschaft.

Viele haben versucht, das Wellental zu nutzen, zum Klügerwerden, zum Analysieren, zum Ausruhen nach jahrelangen Kämpfen, zur Vorbereitung für neue. Jetzt ist die Zeit, in der die Bedingungen sich so ändern, dass wir schauen müssen, in welcher größeren Formation sich die vielen kleinen Gruppen zusammenschließen können. Aufmerksam und vorsichtig natürlich, viele von uns haben ja schon einschlägige Erfahrungen gemacht. Auch anderswo werden neue Versuche unternommen. Und während wir nebenbei neu über die Frage »Wie organisieren?« nachdenken, gibt es eine Menge zu tun, wovon wir uns währenddessen nicht abhalten lassen sollten.

Es geht für uns alle darum, dass wir besser lernen, uns unsere Welt wieder anzueignen. Die gequälte Natur von menschengemachten Schäden zu entlasten. Den überwachten öffentlichen Raum zurückzuerobern. Unsere Angst bekämpfen zu lernen. Hoffnung zu schöpfen. Unser Leben selbst in die Hand zu nehmen. Dinge zu lernen, die wir alle in der Schule nicht erfahren. Als Schüler in Griechenland zum Beispiel eine Schule besetzten, nachdem im Dezember 2008 der 15-jährige Alexis Grigoropoulos von einem Polizisten erschossen worden war, warfen ihnen etablierte Kreise Unvernunft vor, weil sie alle möglichen Dinge forderten, z. B. die Reparatur eines Fahrstuhls in einem zweigeschossigen Gebäude, und weil sie Spaß daran hatten, auf einer umgedrehten Schulbank im Treppenhaus Schlitten zu fahren. Von einem Journalisten gefragt, warum sie ihre Schule besetzten, antwortete eine Schülerin selbstbewusst: Ich will lernen, wie man eine Besetzung macht.[321]

Darum geht es: sich die Welt aneignen. Lernen. Ausprobieren. Sich mit anderen solidarisch zusammenrotten. Meistens wird das zwischen Gleichaltrigen und Gleichgesinnten erst einmal leichter sein. Wenn der andere die gleiche Musik mag und einander die gleiche schulische oder berufliche Erfahrungswelt verbindet, erleichtert das die Zusammenarbeit. Wenn es aber darum gehen soll, die Gesellschaft tiefgreifend zu verändern, dann brauchen diese sozialen Inseln Brücken, dann wäre es gut, wenn wir lernten, mit sehr verschiedenen Menschen solidarisch zusammenzuarbeiten.

Es wird vom Kapital und seinen Handlangern viel dafür getan, dass der Funke einer Bewegung nicht von einem Land auf das nächste überspringt. Deshalb erfahren wir üblicherweise wenig von den sozialen Kämpfen in aller Welt. Große Streiks in Kanada? Bergarbeiterstreiks in Virginia? Millionen Menschen auf einer Demonstration in Athen? Nicht einmal aus den Zentren des Kapitalismus erfahren wir regelmäßig, was uns besonders interessiert. Wir sollen es auch nicht. Dafür kriegen wir Tratsch und Klatsch in Tsunami-Dimensionen. Natürlich ist die Sache gewollt. Ob nun jede einzelne Moderatorin irgendeiner hirnrissigen TV-Sendung weiß, was sie tut, ist bedeutungslos. Wichtig ist, dass wir unsere eigene Gegenöffentlichkeit schaffen.

Wo sind die strategisch richtigen Konflikte, denen man auf keinen Fall aus dem Weg gehen soll, weil man mit ihnen in die gesellschaftliche Debatte eingreifen kann? Wie überwindet man törichte Milieubeschränkungen? Es muss ja nicht auf ewig so sein, dass Menschen, die dem Kapitalismus die Harke zeigen wollen, nur deshalb nicht zusammenkommen, weil sie unterschiedliche Musik hören. O. K., es gibt Grenzen der Toleranz: Deutsche Volks- und Marschmusik sind auf ewig ausgeschlossen.

In Deutschland ist die Opposition gegen die Kapital- und Staatsverhältnisse traditionell diskreditiert. Nicht nur wenn sie konkret und praktisch wird. Dass die Verhältnisse eine Umwälzung verdienen, soll nicht einmal mehr gedacht werden. Bestimmte Paragraphen, die angeblich dem Kampf gegen den Terrorismus dienen, machen inzwischen selbst die abweichende Gesinnung strafbar. Würden alle Gesetze auf einen Schlag angewendet, die sich gegen streikende Arbeiter, agitierende Studentinnen, Besetzerinnen von Plätzen und Straßen, Gipfelgegner, Antifaschisten und NATO-Gegner richten könnten, wäre auch unpolitischen Menschen schnell klar, dass dieses Land ein anderes ist als das, in dem sie zu leben glaubten. Aber dieses juristische Waffenarsenal liegt in einer Art Vorratskammer, es wird nicht immer angewendet und nicht gleichermaßen gegen jeden, den es betrifft.

Je breiter eine Bewegung ist, je besser vernetzt, umso mehr

kann sie sich leisten. In Zeiten der Krise, in Zeiten des Zorns, wenn die Erschütterungen mehr Menschen aus dem Alltagstrott und täglichen Sorgen reißen und wenn sie aufmerksamer werden für die Welt jenseits des Tellerrands und vielleicht für die Sorgen anderer, muss ein Staat vorsichtiger sein, allzu schnell und allzu hart zuzuschlagen gegen diejenigen, die in Opposition sind. Der Funke soll schließlich auch nicht von einem sozialen Milieu auf das nächste überspringen.

Unser Ziel ist, dass Menschen ein Leben ohne Ausbeutung, Diskriminierung, Hunger und Krieg führen können. Dafür sind energischere Maßnahmen als Mahnwachen und Kundgebungen nötig. Ein Bündel von Maßnahmen, dessen Wirksamkeit am größten ist, wenn wir viele sind und wissen, was wir tun. Unser Ziel ist eine Gesellschaft, die auf Solidarität aufbaut und auf sozialer Gleichheit, in der es keine Ausbeutung und keine Herrschaft von Menschen über Menschen mehr gibt, eine Gesellschaft, in der wir basisdemokratisch entscheiden, wie wir leben und arbeiten wollen. Das ist ein tollkühner Plan. Und wir müssen alles selbst machen. Die Mittel, durch die wir dieses Ziel erreichen könnten, werden manche eine soziale Revolution nennen. Einverstanden.

Und wie wird die Sache ausgehen? Das soll Marx beantworten: »Die Weltgeschichte wäre allerdings sehr bequem zu machen, wenn der Kampf nur unter der Bedingung unfehlbar günstiger Chancen aufgenommen werden würde.«[322]

ANHANG

ANMERKUNGEN

1 Vgl. Francis Fukuyama: *Das Ende der Geschichte,* München: Kindler Verlag 1992

2 Anna K. Tibaijuka, die leitende Direktorin von UN-Habitat (Nairobi, Kenia), berichtete anlässlich der Vorstellung des UN-Reports: *The Challenge of Slums: Global Report on Human Settlements 2003,* dass mindestens 40 Prozent der Wohnsiedlungen weltweit als Slums klassifiziert werden müssen, 71 Prozent in Afrikas Subsahara, etwa 40 Prozent in Asien, 6 Prozent in den sogenannten entwickelten Ländern, das allein sind immerhin 54 Millionen Menschen. Vgl. Tann vom Hove: »More than one billion people call urban slums their home«, *City Mayors Report*, Februar 2004, auf: www.citymayors.com/report/slums.html, gefunden am 24.12.2008

3 Vgl. Friedrich Engels: *Die Lage der arbeitenden Klasse in England* (1845), in: Karl Marx/Friedrich Engels Werke (MEW), Band 2, Berlin (DDR): Dietz Verlag 1972, S. 259 f. und 276 ff. Siehe auch: »Friedrich Engels. Daten seines Lebens und seiner Tätigkeit«, in: MEW, Band 1, Berlin (DDR): Dietz Verlag 1988 (15. Aufl.), S. 639/640

4 Karl Marx: »Zur Kritik der Hegelschen Rechtsphilosophie. Einleitung« (1843–1844), in: MEW, Band 1, Berlin (DDR): Dietz Verlag 1988 (15. Aufl.), S. 385 [Hervorhebg. im Original]

5 Karl Marx/Friedrich Engels: »Die deutsche Ideologie« [Abschnitt: I. Feuerbach] (1845–1846), in: MEW, Band 3, Berlin (DDR): Dietz Verlag 1973 (o. Ang. d. Aufl.), S. 28

6 Bertolt Brecht: »Denn wovon lebt der Mensch?«, in: ders.: *Die Dreigroschenoper* (1928), in: ders.: Gesammelte Werke, Stücke 2, Werkausgabe edition suhrkamp, Frankfurt/Main: Suhrkamp 1967, S. 457

7 Karl Marx: *Das Kapital. Erster Band* (1867), MEW, Band 23, Berlin (DDR): Dietz Verlag 1988 (17. Aufl.), S. 529/530

8 Vgl. Jutta Ditfurth: »Kommunismus und Natur. Das aufgelöste Rätsel der Geschichte – Über Wissenschafts- und Technikgläubigkeit, Ignoranz der Naturfrage und das rassistische und eugenische Menschenbild in der sozialdemokratischen und leninistischen Linken sowie in der Arbeiterbewegung« (Juli 1997), in: *ÖkoLinX* 26/1997

9 Britta Waldschmidt-Nelson: *Martin Luther King – Malcolm X: Gegenspieler,* Frankfurt/Main: Fischer Taschenbuch 2000, S. 142

10 Ebd.

11 Vgl. Elmar Jung: »Front gegen Flüchtlinge«, in: *Süddeutsche Zeitung* v. 19.8.2008; Dieter Hanisch: »Klimaschützer rücken Frontex auf die Pelle«, in: *Neues Deutschland* v. 19.8.2008

12 Naomi Klein: *Die Schock-Strategie. Der Aufstieg des Katastrophenkapitalismus,* Frankfurt/Main: S. Fischer Verlag 2007, S. 16 und 570–596. Vgl. auch: Christian Jakob/Friedrich Schorb: *Soziale Säuberung. Wie New Orleans nach der Flut seine Unterschicht vertrieb,* Münster: Unrast Verlag 2008

13 Inge Kloepfer: *Aufstand der Unterschicht. Was auf uns zukommt,* Hamburg: Hoffmann und Campe 2008

14 A. a. O., S. 276

15 A. a. O., S. 275

16 A. a. O., S. 32

17 Bundesministerium der Verteidigung: *Verteidigungspolitische Richtlinien 1992*, Bonn, 26.11.1992, Dokumentation, auf: www.imi-online.de/2003.php3?id=556, gefunden am 15.2.2009

18 Bisher durfte die Bundeswehr nur »im Spannungsfall« im Innern eingesetzt werden. In den heute gültigen *Verteidigungspolitischen Richtlinien 2003* heißt es u. a.: »Auch wenn dies vorrangig eine Aufgabe für Kräfte der inneren Sicherheit ist, werden die Streitkräfte im Rahmen der geltenden Gesetze immer dann zur Verfügung stehen, wenn nur sie über die erforderlichen Fähigkeiten verfügen oder wenn der Schutz der Bürgerinnen und Bürger sowie kritischer Infrastruktur nur durch die Bundeswehr gewährleistet werden kann.« Bundesministerium der Verteidigung: *Verteidigungspolitische Richtlinien 2003*, zit. nach: Tobias Pflüger: »Deutschland ist kriegsbereit nach innen und außen und mit den ›Verteidigungspolitischen Richtlinien‹ fit für die Militarisierung der EU«, in: *Zeitung gegen den Krieg,* Nr. 15 v. Sept. 2003, auf: www.imi-online.de//2002.php3?id=671, gefunden am 15.2.2009

19 »Ausschließlich für die herkömmliche Landesverteidigung gegen einen konventionellen Angreifer dienende Fähigkeiten werden angesichts des neuen internationalen Umfelds nicht mehr benötigt.« Das alte Recht auf Verteidigung wird zum Recht auf Angriff umdefiniert: »Nach Artikel 87a des Grundgesetzes stellt der Bund Streitkräfte zur Verteidigung auf. Verteidigung heute umfasst allerdings mehr als die herkömmliche Verteidigung an den Landesgrenzen gegen einen konventionellen Angriff.« *Verteidigungspolitische Richtlinien 2003*, a. a. O.

20 »Künftige Einsätze lassen sich wegen des umfassenden Ansatzes zeitgemäßer Sicherheits- und Verteidigungspolitik und ihrer Erfordernisse weder hinsichtlich ihrer Intensität noch geografisch eingrenzen.« Der Einsatz der Bundeswehr kann »weltweit und mit geringem zeitli-

chen Vorlauf« erfolgen und das »gesamte Einsatzspektrum bis hin zu Operationen mit hoher Intensität umfassen«, mit Letzterem sind Operationen der geheim agierenden Elitetruppen »Kommando Spezialkräfte« (KSK) und der »Division Spezialoperationen« (DSO) gemeint. Es gibt keine scharfe Trennung mehr, die »Grenzen zwischen den unterschiedlichen Einsatzarten [sind] fließend« und können auch zum Krieg führen: »eine rasche Eskalation von Konflikten [...] ist nie auszuschließen«. Explizit kann »ein friedenserhaltender Einsatz in eine Operation mit höherer Intensität« übergehen. »Internationale Konfliktverhütung und Krisenbewältigung – einschließlich des Kampfs gegen den internationalen Terrorismus – sind für deutsche Streitkräfte auf absehbare Zeit die wahrscheinlicheren Aufgaben und beanspruchen die Bundeswehr in besonderem Maße.« Und: »Zum Schutz der Bevölkerung und der lebenswichtigen Infrastruktur des Landes vor terroristischen und asymmetrischen Bedrohungen wird die Bundeswehr Kräfte und Mittel entsprechend dem Risiko bereithalten.« *Verteidigungspolitische Richtlinien 2003*, a. a. O.
Offen bleibt, was mit »asymmetrischen« Bedrohungen gemeint sein könnte.

21 Zit. nach: Pflüger, a. a. O.

22 »Rund 7200 Soldaten«, davon knapp 300 Soldatinnen, waren laut Bundeswehr am 11.2.2009 im Einsatz: 3560 in Afghanistan (Kommandos ISAF und UNAMA) und Usbekistan (ISAF); 2610 im Kosovo (KFOR); 280 am Horn von Afrika und in Dschibuti (OEF); 270 im Libanon (UNIFIL); 230 vor der Küste Somalias (ATALANTA); 140 in Bosnien-Herzegowina (EUFOR); 40 im Sudan (UNMIS und UNAMID); 13 in Georgien (Kommandos UNOMIG und »OSCE to Georgia«); 3 im Kongo (EUSEC RD CONGO). Auf: www.einsatz.bundeswehr.de/portal/a/bwde/einsaetze/einsatzzahlen, gefunden am 15.2.2009; vgl. auch www.dfg-vk.de/thematisches/auslandsein saetze-beenden/ 2008/271, gefunden am 15.2.2009

23 Karl Marx/Friedrich Engels: »Manifest der Kommunistischen Partei«, in: MEW, Band 4, Berlin (DDR): Dietz Verlag 1990 (11. Aufl.), S. 464

24 »Ich sehe keine Indizien für eine neue Weltwirtschaftskrise«, Interview mit Josef Ackermann, Erster Vorstandsvorsitzender der Deutschen Bank, in: *Frankfurter Allgemeine Sonntagszeitung* v. 18.5.2008

25 Vgl. *Frankfurter Allgemeine Zeitung* v. 30.10.2008

26 *Frankfurter Allgemeine Zeitung* v. 14.10.2008

27 Vgl. »Neue Bilanzregeln für Banken«, http://www.teleboerse.de/1045875.html v. 30.10.2008, gefunden am 6.12.2008; *Frankfurter Allgemeine Zeitung* v. 10.10.2008; *Frankfurter Allgemeine Zeitung* v. 14.10.2008

28 Vgl. *Frankfurter Allgemeine Zeitung* v. 14.10.2008

29 Horst Köhler: Weihnachtsansprache 2008, auf: www.spiegel.de/politik/deutschland/0,1518,598274,00.html, gefunden am 15.2.2009

30 Stephan Hebel: »Kapitalismus ja – aber am Zügel«, *FR-online.de* v. 17.10.2008, gefunden am 6.12.2008; *Frankfurter Rundschau* v. 18./19.10.2008

31 So zum Beispiel: Elmar Altvater/Frigga Haug/Oskar Negt u. a.: *Turbokapitalismus. Gesellschaft im Übergang ins 21. Jahrhundert,* Hamburg: VSA-Verlag 1997

32 Marion Gräfin Dönhoff/Helmut Schmidt u. a.: *Weil das Land sich ändern muss. Ein Manifest,* Reinbek: Rowohlt 1992

33 Vgl. Gerhard Hanloser: *Krise und Antisemitismus,* Münster: Unrast Verlag 2003, S. 106–110

34 *Frankfurter Allgemeine Zeitung* v. 26.9.2008

35 Wladimir I. Lenin: »Der Imperialismus als höchstes Stadium des Kapitalismus« in: *Lenin Werke,* Band 22, Berlin (DDR): Dietz Verlag 1974 (1. Aufl. 1960), S. 240

36 Lars Rensmann: *Kritische Theorie über den Antisemitismus. Studien zu Struktur, Erklärungspotential und Aktualität,* Berlin/Hamburg: Argument 1998, zit. nach: Hanloser, a. a. O., S. 107

37 Wladimir I. Lenin: »Der Imperialismus …«, a. a. O., S. 212

38 Robert Liefmann: »Die internationale Organisation des Frankfurter Metallhandels«, in: *Weltwirtschaftliches Archiv,* Band 1, Jena 1913, S. 122, zit. nach: Wladimir Iljitsch Lenin: *Hefte zum Imperialismus* (1915/1916), in: *Lenin Werke,* Band 39, Berlin (DDR): Dietz Verlag 1987 (5. Aufl.), S. 11

39 Robert Liefmann: *Beteiligungs- und Finanzierungsgesellschaften. Eine Studie über den modernen Kapitalismus und das Effektenwesen,* (1. Aufl.), Jena 1909, S. 212, zit. nach: Lenin: »Der Imperialismus …«, a. a. O., S. 212/213

40 Vgl. *die tageszeitung* v. 15.10.2008

41 Vgl. *junge Welt* v. 16.10.2008. Zur Zerstörung der regionalen Märkte im Trikont durch die kapitalistischen Zentren auch: Annette Groth, Alexander King: »Wer die Nahrung kontrolliert«, in: *junge Welt* v. 13.6.2008

42 Vgl. Johan Carlisle: »Public Relationships: Hill & Knowlton, Robert Gray, and the CIA«, in: *CovertAction Quarterly,* Spring 1993, No. 44. Auf: http://mediafilter.org/caq/Hill&Knowlton.html, gefunden am 30.12.2008

43 Das wusste auch die SPD/Grüne-Bundesregierung. Im Ausschuss für Entwicklungszusammenarbeit sagte ein Vertreter der Bundesregierung, dass nicht vergessen werden dürfe, »dass es auch um Bodenschätze wie

beispielsweise Erdöl und Phosphat ginge«. SPD und FDP stimmten zu, dass »die Bodenschätze in der Westsahara ein ganz wesentlicher Faktor« seien. Die CDU sagte, die Situation in der Westsahara habe sich »verschlechtert« und es bestehe sogar die Gefahr einer »Intifada«: »Menschen, die so verzweifelt sind, werden eher zu Waffen greifen«. Vgl. hib-Meldung Nr. 163/2005 v. 15.06.2005, auf: www.bundestag.de/aktuell/hib/2005/2005_163/05.html, gefunden am 16.2.2009

44 Interview von Ralf Leonhard mit Abdel Kader Taleb Aomar, Premierminister der Demokratischen Arabischen Republik Sahara, in: *Neues Deutschland* v. 29.5.2008; Axel Goldau: »Westsahara im Visier von Energiemultis«, in: *Neues Deutschland* v. 1.3.2005; Kerr-McGee, auf: http://en.wikipedia.org/wiki/Kerr-McGee, gefunden am 16.2.2009

45 »Marokko macht die Westsahara dicht!«, Ralf Streck interviewt die Journalistin Kristina Berasain, auf: http://de.indymedia.org/2005/06/119740.shtml, gefunden am 15.2.2009

46 Vgl. Gerd Schumann: »Feuer und Wasser«, in: *junge Welt* v. 22.12.2007

47 Vgl. Jutta Ditfurth: »Habt Geduld, das Leben ist so kostbar«, in: *Süddeutsche Zeitung Magazin* Nr. 44 v. 2.11.1990

48 »What's this Boyko/Deutsche Bank thing all about, anyway?«, auf: http://foreclosingcleveland.wordpress.com/2007/11/21/whats-this-boyko-deutsche-bank-thing-all-about-anyway/, gefunden am 19.2.2009

49 Ralph Sina: »US-Hypothekenkrise ruiniert ganze Städte« v. 20.1.2008, auf: www.tagesschau.de/wirtschaft/ushypothekenkrise2.html, gefunden am 19.2.2009

50 »City of Cleveland führt Verfahren gegen Deutsche Bank wegen der Steuerausfälle (Subprime-Krise)«, Bericht von Rechtsanwalt Helge Naber, *experten Report* 3, 2008, S. 68–69, zit. nach: www.news4press.com/City-of-Cleveland-fuehrt-Verfahren-gegen-_377406.html, gefunden am 19.2.2009

51 Vgl. Steve Schifferes: »Foreclosure wave sweeps America« v. 5.11.2007, auf: http://news.bbc.co.uk/2/hi/business/7070935.stm, gefunden am 19.2.2009

52 Greg Newton: »Deutsche Bank owns Cleveland. Who knew?« v. 6.11.2007, auf: http://seekingalpha.com/article/53004-deutsche-bank-owns-cleveland-who-knew, gefunden am 19.2.2009

53 Ralph Sina, a. a. O.

54 Klageschrift (Aktenzeichen Az. CV-08-0646970 [Ohio Ct. Com. Pl.]), vgl. »City of Cleveland führt Verfahren gegen Deutsche Bank wegen der Steuerausfälle (Subprime-Krise)«, Bericht von Rechtsanwalt Helge Naber, Bremen, auf: www.news4press.com/City-of-Cleveland-fuehrt-Verfahren-gegen-_377406.html, gefunden am 19.2.2009

55 »Die Stadt Cleveland behauptet, dass sich wegen der vielen Zwangsvollstreckungen in diesen Wohngegenden öffentlich finanzierte Sanierungsprojekte nicht durchführen ließen, da die Grundstückswerte in diesen Vierteln verfielen und neu sanierte Stadtviertel zu verslummen drohten. So sei der Stadt Schaden durch letztlich wirkungslose Sanierungskosten und daraus folgend auch durch weitere Steuerausfälle zugefügt worden.« Helge Naber, a. a. O.

56 Ralph Sina, a. a. O.

57 Vgl. Robert Kurz: »Kasino-Keynesianismus«, in: *Neues Deutschland* v. 10.10.2008; ders.: »Wettlauf nach unten«, a. a. O., 12.9.2008; ders.: »Die letzte Instanz«, a. a. O., 19.9.2008.

58 Vgl. *Der Spiegel* 40/2008, S. 28

59 »Rettungsaktion kostet US-Regierung viele Milliarden«, *Spiegel online,* Meldung v. 7.9.2008, auf: http://www.spiegel.de/wirtschaft/0,1518,druck-576850,00.html, gefunden am 19.2.2009

60 Lucas Zeise: »Gratulation an Fannie«, in: *lunapark 21,* auf: http://www.lunapark21.net/archiv/lp21/LP21_0803_10–11.pdf, gefunden am 19.2.2009

61 Vgl. Winfried Wolf: »Zinsanhebung im Euroraum: Globale Klassenpolitik«, in: *junge Welt* v. 5.7.2008

62 Vgl. *Der Spiegel* 40/2008, S. 27. 8,5 Milliarden Euro sind 11 Billionen US-Dollar. Ergänzung zur Umrechnung: US-Billionen sind in Europa Milliarden, US-Trillionen sind in Europa Billionen.

63 Sammelquelle US-Autokonzerne: Laurent Carroué: »Giganten auf tönernen Füßen. Wie die Automobilkrise chronisch wurde«, in: *Le Monde diplomatique,* Februar 2009, Beilage in: *die tageszeitung* v. 12.2.2009; *Spiegel online* am 16.2.2009, www.spiegel.de/wirtschaft/0,1518,607759,00.html, gefunden am 17.2.2009

64 Bradford C. Snell: *American Ground Transport. A Proposal for Restructuring the Automobile, Truck, Bus & Rail Industries* (»Snell-Report«), Report to Subcommittee on Antitrust and Monopoly of the Committee on the Judiciary United State Senate (1974), auf: www.worldcarfree.net/resources/freesources/American.htm, gefunden am 17.2.2009; vgl. Edwin Black: »Hitler's Carmaker: How Will Posterity Remember General Motors' Conduct?«, Teil 1–4, History News Network (HNN), Seattle, hier Teil 4 v. 14.5.2007, auf: http://hnn.us/articles/38829.html, gefunden am 17.2.2009; Winfried Wolf: *Verkehr. Umwelt. Klima – Die Globalisierung des Tempowahns,* Wien: Promedia 2007, S. 251 ff.

65 Dietmar Ostermann: »Brot für Philadelphia«, in: *Frankfurter Rundschau* v. 17.2.2009

66 Zu Afghanistan: *ZEIT online/Tagesspiegel* v.18.2.2009, auf: www.zeit.de/news/artikel/2009/02/18/2733276.xml, gefunden am 18.2.2009;

Meldung v. 18.2.2009, auf: www.focus.de/politik/ausland/afghanistan-usa-stocken-truppen-auf_aid_372246.html, gefunden am 18.2.2009

67 Vgl. *Süddeutsche Zeitung* v. 3.12.2008

68 Vgl. *die tageszeitung* v. 4.10.2008

69 Wolfgang Mendel: »Böses Spiel«, auf: www.focus.de/panorama/reportage/reportage-boeses-spiel_aid_214303.html, gefunden am 19.2.2009

70 Ebd.

71 »20 Millionen Wanderarbeiter arbeitslos«, Meldung v. 2.2.2009, auf: www.sueddeutsche.de/politik/213/456876/text/, gefunden am 19.2.2009

72 Vgl. *Frankfurter Rundschau* v. 1.8.2008

73 Vgl. *Frankfurter Allgemeine Zeitung* v. 30.10.2008; *junge Welt* v. 16.10.2008

74 Vgl. *Frankfurter Allgemeine Zeitung* v. 20.11.2008

75 *die tageszeitung* v. 27.11.2008; *junge Welt* v. 16.10.2008; *Frankfurter Rundschau* v. 1.8.2008

76 Vgl. *Die Zeit* Nr. 40 v. 25.9.2008; Hermann L. Gremliza: »Der Untergang des Amilands«, in: *konkret* 11/2008, S. 9; Winfried Wolf: »Finanzcrash setzt sich fort«, in: *junge Welt* v. 26.9.2008

77 1,9 Billionen US-Dollar

78 Vgl. *Frankfurter Allgemeine Zeitung* v. 25.10.2008

79 Vgl. Meldung v. 17.10.2008, auf: http://www.tagesschau.de/wirtschaft/chinaspielzeug100.html - 31k - , gefunden am 19.2.2009

80 *Frankfurter Allgemeine Zeitung* v. 30.10.2008

81 *die tageszeitung* v. 22.4.2008

82 Vgl. Georg Blume: »Jetzt oder nie«, in: *die tageszeitung* v. 27.3.2008

83 Vgl. »China hat sich in Tibet verschätzt«, Interview von Georg Blume mit Shang Dewen, in: *die tageszeitung* v. 29.3.2008

84 Jutta Ditfurth: *Das waren die Grünen. Abschied von einer Hoffnung,* München: Econ Taschenbuch Verlag 2001 (3. Aufl.)

85 Vgl. Winfried Wolf: »Finanzcrash setzt sich fort«, in: *junge Welt* v. 26.9.2008

86 Vgl. *stern* 42/2008, S. 58; vgl. *Der Spiegel* 40/2008, S. 34

87 Vgl. *stern* 42/2008, S. 60

88 Vgl. ebd., S. 50

89 Interview mit Hilmar Kopper, in: *Die Zeit* Nr. 42 v. 9.10.2008, S. 44

90 Friedrich Engels an Max Oppenheim, Brief v. 24.3.1891, in: MEW, Band 38, Berlin (DDR): Dietz Verlag 1968, S. 64

91 Friedrich Engels: *Anti-Dühring* (1878), in: MEW, Band 20, Berlin (DDR): Dietz Verlag 1973, S. 260. Engels schreibt dort weiter: »Das

Staatseigentum an den Produktivkräften ist nicht die Lösung des Konflikts, aber es birgt in sich das formelle Mittel, die Handhabe der Lösung.«

92 Vgl. *die tageszeitung* v. 18.10.2008

93 Eigentlich: Gesetz zur Umsetzung eines Maßnahmenpakets zur Stabilisierung des Finanzmarktes, vgl. BGBl I Nr. 46 v. 17.10.2008, S. 1982

94 Finanzmarktstabilisierungsfonds (FMStF), auch Sonderfonds Finanzmarktstabilisierung (SoFFin)

95 Vgl. http://www.bundestag.de/ausschuesse/a08/finanzfond/index.html, gefunden am 2.2.2009

96 Vgl. www.tagesschau.de/wirtschaft/hyporealestate200.html (16.2.2009), gefunden am 17.2.2009; Agence France Press (AFP), Meldung v. 16.2.2009, auf: http://news.de.msn.com/wirtschaft/Article.aspx?cp-documentid=14232219, gefunden am 17.2.2009; Frank Thewes: »Hypo Real Estate: Enteignet werden bislang nur die Steuerzahler«, in: *Focus* v. 6.2.2009, auf: http://www.focus.de/finanzen/steuern/thewes/hypo-real-estate-enteignet-werden-bislang-nur-die-steuerzahler_aid_368131.html, gefunden am 19.2.2009

97 *Neues Deutschland* v. 19.2.2009

98 Vgl. *Usedom Kurier* v. 15.8.2008

99 Gregor Kochan, Referent für Existenzsicherung des Diakonischen Werks der Pommerschen Landeskirche, laut: *Usedom Kurier* v. 15.8.2008

100 Vgl. Statistisches Bundesamt, Pressemitteilung Nr. 443 v. 25.11.2008: »Ausführliche Ergebnisse zur Wirtschaftsleistung im 3. Quartal 2008«, www.destatis.de, gefunden am 4.12.2008; *die tageszeitung* v. 19.11.2008

101 Manfred Götzke: »Die ersten Opfer der Auto-Krise: Leiharbeiter«, auf: www.dw-world.de/dw/article/0,,3751457,00.html, gefunden am 19.2.2009

102 http://wapedia.mobi/de/Agenda_2010

103 Laut DGB, vgl. www.welt.de/wirtschaft/article3146760/Schon-bis-zu–120-000-Leiharbeiter-entlassen.html, gefunden am 19.2.2009

104 Vgl. *Frankfurter Allgemeine Zeitung* v. 17.11.2008; *Frankfurter Allgemeine Zeitung* v. 14.10.2008; *Der Spiegel* 45/2008

105 Vgl. *Der Spiegel* 43/2008

106 Vgl. *Der Spiegel* 40/2008 und *Der Spiegel* 43/2008

107 Vgl. Ralf Schröder: »Feier der Fabrikmoral«, in: *konkret* 11/2008, S. 16

108 Vgl. *Frankfurter Allgemeine Zeitung* v. 25.10.2008

109 Vgl. GegenStandpunkt Marburg: »IG Metall: Lohnverzicht und Stär-

kung der Massenkaufkraft – wie geht das?«, Texte aus 2005, auf: www.gs-marburg.de/texte/2005-03-02lohnverzicht.htm, gefunden am 13.12.2008

110 Vgl. *Der Spiegel* 45/2008

111 Vgl. *Der Spiegel* 40/2008; *Der Spiegel* 42/2008

112 *Frankfurter Allgemeine Zeitung* v. 10.10.2008

113 Vgl. *stern* 42/2008

114 Vgl. *Frankfurter Allgemeine Zeitung* v. 10.10.2008

115 Vgl. *Frankfurter Allgemeine Zeitung* v. 26.9.2008

116 Ernst Bloch: *Das Prinzip Hoffnung,* Zweiter Band, Frankfurt/Main: Suhrkamp Verlag 1970, S. 541

117 Vgl. Interview mit Gerhard Schröder in: *Bild*-Zeitung v. 5.4.2001, zit. nach: *Manager Magazin* v. 6.4.2001

118 Katharina Schuler: »Hartz IV – Arbeiten fürs Essen«, *ZEIT online* v. 10.5.2006, auf: www.zeit.de/online/2006/20/Schreiner, gefunden am 2.1.2009

119 Wie zum Beispiel beim Sportpresseball in Frankfurt/Main am 28.1.2006, vgl. Foto auf: www.rp-online.de/public/bildershowinline/aktuelles/gesellschaft/leute/19802

120 Joachim Möller, Direktor des Instituts für Arbeitsmarkt- und Berufsforschung (IAB), interviewt von Sibylle Haas: »Da wird an der Schraube gedreht«, in: *Süddeutsche Zeitung* v. 27.5.2008

121 Vgl. Bundesagentur für Arbeit, Presse Info Nr. 7 v. 29.1.2009, http://www.arbeitsagentur.de, gefunden am 2.2.2009; Meldung v. 11.1.2009, auf: www.manager-magazin.de/unternehmen/artikel/0,2828,600611,00.html, gefunden am 2.2.2009; Nina Bovensiepen/Sibylle Haas: »Geschönte Arbeitslosenzahlen«, in: *Süddeutsche Zeitung* v. 27.5.2008

122 Felix Berth: »Viele Ausländer übersehen«, in: *Süddeutsche Zeitung* v. 21.5.2008

123 Heribert Prantl: »Armes Deutschland«, v. 19.5.2008, auf: www.sueddeutsche.de/politik/846/442586/text/, gefunden am 3.1.2009

124 Laut Wikipedia. Die Online-Enzyklopädie schreibt allerdings auch, dass die Gesamtzahl der Wohnsitzlosen in Deutschland von keiner Statistik erfasst wird. Vgl.: http://de.wikipedia.org/wiki/Obdachlosigkeit, gefunden am 19.2.2009

125 Bundesministerium für Familie, Senioren, Frauen und Jugend, Pressemitteilung v. 14.12.2006, auf: www.bmfsfj.de, gefunden am 9.11.2008

126 Vgl. Jutta Ditfurth: »Meer ohne Wasser. Der Aralsee«, in: *stern* Nr. 19 v. 2.5.1991

127 Nach Angaben meiner Gesprächspartner in Moskau folgende Pestizi-

de und Insektizide: B-58, Metaphos, Kotoran, Butylchlorophos, Lindan und DDT

128 Film von Gerold Hoffmann: *Kasachstan, UdSSR 1949–1989,* WDR, 17.9.2005, Teil 1 von *Das Geheimnis der Atombombenversuche;* Bundesamt für Strahlenschutz: *Jahresbericht 2002,* »Gesundheitliche Folgen der sowjetischen Atombombenversuche in Kasachstan«, auf: http://www.bfs.de/de/bfs/druck/jahresberichte/jb2002_was06.pdf

129 Sébastien Daycard-Heid/Simon Mazurelle: »Auf der Suche nach Öl hofieren die Großmächte Kasachstan«, auf: www.caucaz.com, gefunden am 13.12.2008

130 Bernadette Calonego: »Kanadas Kampagne für Asbest«, in: *Süddeutsche Zeitung* v. 29.12.2008

131 Vgl. Silicon Valley Toxic Coaliton (SVTC): »Silicon Valley Toxic Tour«, auf: www.etoxics.org/site/PageServer?pagename=svtc_silicon_valley_toxic_tour, gefunden am 26.2.2009; vgl. auch: Environmental Protection Agency of the United States, www.epa.gov/superfund/sites/index.htm, gefunden am 26.2.2009; Conrad de Aenlle: »Silicon Valley Seeks New Ways to Attack High Tech Pollution«, in: *International Herald Tribune* v. 19.12.1991, auf: www.iht.com/articles/1991/12/19/calt.php, gefunden am 26.2.2009

132 Die Montanunion (eigentlich: Europäische Gemeinschaft für Kohle und Stahl, EGKS), gegründet 1951, hatte sechs Mitgliedsstaaten: Frankreich, Deutschland, Belgien, Niederlande, Luxemburg und Italien. Am 25. März 1957 unterzeichneten sie die »Römischen Verträge«, die am 1. Januar 1958 in Kraft traten. Die umfassten die Europäische Atomgemeinschaft (Euratom) und die Europäische Wirtschaftsgemeinschaft (EWG). 1965 wurde der »Fusionsvertrag« geschlossen, der ab 1967 einige Organe von EGKS, Euratom und EWG zusammenlegte und sie zur Europäischen Gemeinschaft (EG) machte, der Vorläuferin der Europäischen Union (EU).

133 Jutta Ditfurth: *Feuer in die Herzen – Gegen die Entwertung des Menschen,* Hamburg: Konkret Literatur Verlag 1997 (3. erweit. und akt. Neuausg.), hier das Kapitel »Renaissance der Atomtechnologie«, S. 103–225

134 Jutta Ditfurth: *Das waren die Grünen*, a. a. O., S. 22

135 Jutta Ditfurth: *Das waren die Grünen,* a. a. O.; Matthias Küntzel: *Bonn und die Bombe. Deutsche Atomwaffenpolitik von Adenauer bis Brandt.* Frankfurt am Main/New York: Campus Verlag 1992, S. 12 und S. 28f.

136 Vgl. Kommission der Europäischen Gemeinschaften: »Vorschlag für eine Entscheidung des Rates über das spezifische Programm zur Durchführung des siebten Rahmenprogramms (2007–2011) der

Europäischen Atomgemeinschaft (Euratom) für Forschungs- und Ausbildungsmaßnahmen auf dem Gebiet der Kerntechnik«, vorgelegt am 21.9.2005, S. 27

137 *Frankfurter Rundschau* v. 13.6.2003; Greenpeace Redaktion: »Abschaffung des Euratom-Vertrages«, Beitrag v. 12.06.2003, auf: www.greenpeace.de/themen/atomkraft/nachrichten/artikel/abschaffung_des_euratom_vertrages/, gefunden am 26.2.2009. Im Anhang zur EU-Verfassung wurde der Euratom-Vertrag bekräftigt: »Die Bestimmungen des Vertrages zur Gründung der Europäischen Atomgemeinschaft müssen weiterhin volle rechtliche Wirkung erhalten« (Protokoll zur Änderung des Euratom-Vertrages). Ziel des Euratom-Vertrages ist, die Atomenergie zu fördern, um »die Voraussetzungen für die Entwicklung einer mächtigen Kernindustrie zu schaffen« (Präambel). Vgl. www.imi-online.de/download/EU-Flyer.pdf, gefunden am 26.2. 2009

138 Vertrag über eine Verfassung für Europa, Luxemburg: Amt für Veröffentlichungen der Europäischen Gemeinschaften 2005, S. 398 ff. (2004, abgelehnt).

139 Aus einem Interview mit Ernest Mandel, in: *Grenzen des Wachstums, Pro und Contra,* Reinbek: Rowohlt 1974, zit. nach: Till Geist/Winfried Wolf: *Wir spielen nicht mit im Atomverein!,* Frankfurt/Main: ISP Verlag 1977, S. 111 f.

140 Die Zahlen stammen vom Bundesfinanzministerium, vgl.: www.bundesfinanzministerium.de/nn_2368/DE/BMF__Startseite/Service/Glossar/I/003__Internationaler__Waehrungsfonds___28IWF_29.html, gefunden am 22.2.2009

141 Vgl. Jochen Hippler: »Erfahrungen der Intervention – Guatemala 1954«, in: ders. (Hrsg.): *Intervention in Mittelamerika und der Karibik,* Dokumente und Materialien – Loseblattsammlung in Fortsetzungen, Wuppertal: Edition Nahua 1984 ff., S. II/7/1–13, Beitrag auf: www.jochen-hippler.de, gefunden am 7.11.2008

142 »Herzlichen Glückwunsch, Monsieur Mobutu!« (ohne Autor), *Die Zeit* 04/1996, auf: www.zeit.de/1996/04/Herzlichen_Glueckwunsch_Monsieur_Mobutu_, gefunden am 22.2.2009; Jubilee South: »Beendet 60 Jahre der Zerstörung: IWF – Weltbank raus!«, in: *Sand im Getriebe,* Newsletter von attac Deutschland, Österreich, Schweiz, hier auf: http://sandimgetriebe.attac.at/index.php?id=943&type=98, gefunden am 22.2.2009

143 Davison L. Budhoo: »Enough Is Enough: Dear Mr. Camdessus ... Open Letter of Resignation to the Managing Director of the International Monetary Fund«, New York: New Horizons Press, S. 102, zit. nach: Naomi Klein: *Die Schockstrategie. Der Aufstieg des Katastrophenkapitalismus,* Frankfurt/Main: S. Fischer Verlag 2007, S. 23

144 Der anonyme Bankier wird zitiert von Sam Zuckerman: »Bolivian

Bankers See Some Hope after Years of Economic Chaos«, in: *American Banker* v. 13.3.1987, zit. nach: Naomi Klein: *Die Schockstrategie. Der Aufstieg des Katastrophenkapitalismus,* Frankfurt/Main: S. Fischer Verlag 2007, S. 213

145 Zu Bolivien: Naomi Klein, a. a. O., S. 200–217

146 Zit. nach: Naomi Klein, a. a. O., S. 284

147 Maurice Lemoine: »Der lange Marsch des Rafael Correa«, in: *Le Monde diplomatique,* Januar 2007, zit. nach: Eric Toussaint/Damien Millet: »Sechs gegen die Weltbank. Die Bank des Südens als Alternative für Lateinamerika«, auf: www.monde-diplomatique.de, gefunden am 5.10.2008

148 Zit. nach: Deutscher Bundestag Drucksache 11/2526, 11. Wahlperiode. Antwort der Bundesregierung auf die Kleine Anfrage der Abgeordneten Frau Schilling und der Fraktion Die Grünen (Drucksache 11/2419) betreffend: Polizeiliche Sondereinheiten für Demonstrationseinsätze. Vgl.: http://dip21.bundestag.de/dip21/btd/11/025/110 2526.pdf

149 Vgl. Georgia Tornow: »Presseprotest gegen Berliner Polizei«, in: *die tageszeitung* v. 29.9.1988

150 Ebd.

151 Ebd.

152 »Kewenig bestreitet Polizeikessel«, in: *die tageszeitung* v. 4.10.1988

153 Vgl. www.datenschmutz.de/cgi-bin/moin.cgi/Datenbanken_Bayern

154 Henrike Thomsen: »Münchens blinder Polizeipräsident«, in: *die tageszeitung* v. 8.7.1992; *die tageszeitung* v. 9.7.1992

155 Henrike Thomsen, a. a. O.

156 »5.4.1 Speicherungen im Zusammenhang mit den Vorkommnissen beim Münchner Weltwirtschaftsgipfel 1992«, in: Der Bayerische Landesbeauftragte für den Datenschutz: *17. Tätigkeitsbericht* (1996), Stand: 13.12.1996, auf: www.datenschutz-bayern.de/tbs/tb17/k5.htm, gefunden am 7.9.2008

157 Der Bayerische Landesbeauftragte für den Datenschutz, a. a. O., Abschnitte: 5.2.3.1 (SPUDOK-Datei »Gewaltbereite Personen aus den Bereichen Rechts- und Linksextremismus, politisch motivierte Skinheads und Ausländergruppen – OFR-GEPE-S«), 5.2.3.3 (Errichtung einer bayerischen Staatsschutzdatei, SDBY) und 5.4.1 (Speicherungen im Zusammenhang mit den Vorkommnissen beim Münchner Weltwirtschaftsgipfel 1992)

158 Zit. nach: *SoZ/Sozialistische Zeitung* Nr. 2 v. 20.1.2000

159 Zit. nach: »Seattle Aftermath« v. 18.1.2000, auf: www.pbs.org/newshour/bb/international/jan-june00/seattle_1-18.html, gefunden am 3.11.2008

160 Zit. nach: Paul de Armond: »The Day of the Police Riot«, in: *Albion Monitor* v. 29.2.2000, auf: www.albionmonitor.net/seattlewto/seattlewto13.html, gefunden am 3.11.2008

161 So Bill Clinton, interviewt von Michael Paulson, in: *Seattle Post*, zit. nach: Paul de Armond: a. a. O.

162 Todesfälle bei Kindern: Mangelernährung spielt mindestens bei der Hälfte aller jährlichen 10,9 Millionen Todesfälle von Kindern eine Rolle. Vgl. »World Hunger Facts 2008«, auf: www.worldhunger.org, gefunden am 2.2.2009. Jacques Diouf, Generaldirektor der Food and Agriculture Organization of the United Nations (FAO), am 3.7. 2008, auf: www.fao.org/newsroom/en/news/2008/1000866/index.html, gefunden am 11.11.2008

163 Vgl. *The Guardian* v. 24.8.2000

164 Vgl. Rainer Falk: »Zur Reform des Internationalen Währungsfonds (IWF)«, auf: www.weltwirtschaft-und-entwicklung.org/cms/downloads/apiwfreform.pdf, gefunden am 23.2.2009

165 Walden Bello: »The Prague Castle Debate – A Few Questions for Mr. Wolfensohn and Mr. Kohler«, *Focus on Trade,* No. 55, Oct. 2000, auf: http://waldenbello.org/content/view/75/49/; Steven Pearlstein: »Tough Crowd for IMF – World Bank Leaders in Prague«, in: *Washington Post* v. 24.9.2000

166 *Wiener Zeitung,* zit. nach: Verena Herzog/Stefanie Kron: »Ideologisches Tuttifrutti«, in: *Jungle World* Nr. 27 v. 27.6.2001

167 Vgl. Amnesty International, Jahresbericht 2003 über Schweden, web.amnesty.org/report2003/Swe-summary-eng, zit. nach: http://info.gipfelsoli.org/Home/Goeteborg_2001/115.html, gefunden am 7.11. 2008

168 Zit. nach: Peter Nowak: »Beweise vom Schneidetisch der Polizei?«, *Telepolis online* v. 5.12.2001, auf: http://www.mkm-info.de/Archivb/Chronologisch2001/Falschung_Beweismaterial_/falschung_beweismaterial_.html, gefunden am 12.1.2009

169 »Infotelefon Göteborg: Schwache Anklage«, Übersetzung eines Artikels von Erik Wijk aus: *Göteborgs-Posten* v. 16.01.2002, auf: http://de.indymedia.org/2002/01/13789.shtml, gefunden am 2.10.2008

170 Quellen für die Ereignisse in Göteborg und danach: Berichte von Teilnehmerinnen und Teilnehmern. Darüber hinaus: www.gipfelsoli@gmx.de; Jörgen Gassilewski: *Göteborgshändelserna* (Roman), Stockholm: Albert Bonniers förlag 2006; Berliner SoliKomitee Göteborg (Hrsg.): *Göteborg '01 – the Summer of Resistance,* Berlin: Juni 2002; Arne Norden: »Von Göteborg nach Genua«, in: *Jungle World* Nr. 29 v. 17.7.2003; ders.: »Verlängerter Arm«, in: *Jungle World* v. 27.3.2003; Wolfgang Pomrehn: »Der Zirkus zieht weiter«, in: *junge Welt* v. 18.6.2001; Anton Landgraf: »Geschlossene Gesellschaft«, in: *Jungle*

World v. 20.6.2001; Kerstin Eschrich/Verena Herzog: »Pardon gibt es nicht«, in: *Jungle World* v. 11.7.2001; Brigitte Zarzer: »Göteborg-Urteile: Vier Jahre Haft für eine Handvoll SMS«, auf: www.heise.de am 28.1.2002, gefunden am 20.12.2008; Erik Wijk, in: *Göteborgs-Posten* v. 16.1.2002; *TATblatt* Nr. 172/3 v. 1.9.2001; Peter Nowak: »Haft für Versenden von SMS«, auf: http://www.nettime.org am: 12.2.2002, gefunden am 23.12.2008

171 Quellen zum G8-Gipfel in Genua:
Private Augenzeugenberichte; Berichte auf: http://nadir.org/nadir/initiativ/agp/free/genova/reports.htm; verschiedene Websites des Rechtshilfeteams Supportolegale (Berlin); Nick Davies: »The bloody battle of Genoa«, in: *The Guardian* v. 17.7.2008; Federica Matteoni: »Zur falschen Zeit am falschen Ort. Der Schuss auf Carlo Giuliani«, in: *Jungle World* Nr. 50 v. 14.12.2006; Christian Rath: »Carlos Familie klagt an«, in: *die tageszeitung* v. 6.12.2006; Interview mit Mario Placanica: »Ich habe Carlo Giuliani nicht erschossen«, in: *Calabria Ora* v. 29.11.2002, zit. nach: *Indymedia* v. 2.12.2002, aktualisiert: 2.12.2006; »Giuliano Giuliani – Was geschah auf der Piazza Alimonda?«, Video-Dokumentation von Giuliano Giuliani, des Vaters von Carlo, Rekonstruktion der Ereignisse, welche die offizielle Darstellung der Staatsanwaltschaft anhand von Fotos und Videosequenzen zu widerlegen versucht, auf: www.piazzacarlogiuliani.org; Arne Norden: »Von Göteborg nach Genua«, in: *Jungle World* Nr. 29 v. 17.7.2003; Andrea Dernbach: »Fassungslos nach Freispruch«, in: *Tagesspiegel* v. 22.11.2008; Verena Herzog /Stefanie Kron: »Ideologisches Tuttifrutti«, in: *Jungle World* Nr. 27 v. 27.6.2001; Stefanie Kron/Wibke Bergemann/Thorsten Fuchshuber: »Das Imperium schießt zurück«, in: *Jungle World* Nr. 31 v. 25.7.2001; »G8 2001 Genua: Urteile im Diaz-Verfahren«, http://de.indymedia.org/2008/11/232618.shtml, gefunden am 24.12.2008; Manuela Pfohl: »Suspendierung des Rechtsstaates«, *stern online* v. 20.7.2008, auf: www.stern.de/politik/panorama/:G8-Urteile-Genua-Suspendierung-Rechtsstaates/631695.html?p=2, gefunden am 24.2.2008; »Genova G8 – Mark Covell: ›I lost the best years of my life‹«, Interview auf: https://roma.indymedia.org/printable/node/3833, gefunden am 24.12.2008

172 Verena Herzog / Stefanie Kron: »Ideologisches Tuttifrutti«, in: *Jungle World* Nr. 27 v. 27.6.2001; Günther Beckstein am 18.6.2001, zit. nach: http://www.boa-muenchen.org/boa-muenchen/n0106190.htm, gefunden am 24.2.2009

173 Zit.nach: Verena Herzog / Stefanie Kron, a. a. O.

174 Alle Zitate von Placanica aus: Interview mit Mario Placanica, a. a. O.

175 Federica Matteoni: »Zur falschen Zeit am falschen Ort«, in: *Jungle World* Nr. 50 v. 14.12.2006; »Ich habe Carlo Giuliani nicht erschossen«, a. a. O.

176 Christian Rath: »Carlos Familie klagt an«, a. a. O.

177 Dario Azzellini: »Wer erschoss Carlo Giuliani?«, Telepolis, 20.7.2002

178 Giuseppe D'Avanzo: »Das Grauen von Genua«, in: *La Repubblica* (Rom), übersetzt von Andrea Dernbach, nachgedruckt in: *Tagesspiegel* v. 27.3.2008

179 Manuela Pfoh: »Suspendierung des Rechtsstaates«, a. a. O.

180 Stefanie Kron/Wibke Bergemann/Thorsten Fuchshuber: »Das Imperium schießt zurück«, in: *Jungle World* Nr. 31 v. 25.7.2001

181 Zit. nach: Stefanie Kron u. a., a. a. O.

182 Zit. nach Johannes Agnoli, interviewt von Bernd Beier, auf: www.nadir.org/nadir/periodika/jungle_world/34/17a.htm, gefunden am 24.2.2009

183 Manuela Pfohl, a. a. O.

184 Andrea Dernbach, a. a. O.

185 Vgl. Aureliana Sorrento: »Genua 2001 – Keine Strafe für die Verantwortlichen« v. 25.11.2008, auf: www.fr-online.de, gefunden am 28.11.2008

186 Hier finden sich Darstellungen einiger der Karrieren der beteiligten Polizisten: Alessandro Mantovani: »Prozess gegen die Polizei in Genua«, in: *Il Manifesto* v. 27.9.2003

187 Manuela Pfohl, a. a. O.

188 »Genova G8 – Mark Covell: ›I lost the best years of my life‹«, a. a. O.

189 Nick Davies: »The bloody battle of Genoa«, in: *The Guardian* v. 17.7.2008

190 *Spiegel online* v. 4.7.2008, auf: www.spiegel.de/politik/deutschland/0,1518,563878,00.html, gefunden am 27.11.2008

191 Vgl. *stern* 36/1988 v. 1.9.1988

192 Vgl. Interview mit Oskar Lafontaine, in: *stern* 5/1989 v. 26.1.1989; Interview mit Oskar Lafontaine, in: *die tageszeitung* v. 28.9.1988

193 Vgl. *Frankfurter Rundschau* v. 26.3.1993

194 Vgl. Oskar Lafontaine/Christa Müller: *Keine Angst vor der Globalisierung. Wohlstand und Arbeit für alle,* Bonn: Verlag J.H.W. Dietz Nachfolger GmbH 1998 (2., durchges. und akt. Aufl.), S. 321

195 Interview mit Oskar Lafontaine, in: *Bild* v. 9.7.1998

196 Vgl. *Der Spiegel* 36/2004 v. 30.8.2004

197 Interview mit Oskar Lafontaine, in: *stern* 43/2003 v. 16.10.2003

198 Vgl. *Frankfurter Rundschau* v. 12.8.1989; Oskar Lafontaine: *Das Herz schlägt links,* München: Econ Verlag 1999, S. 174 f.; *Jungle World,* a. a. O.; Vgl. Heribert Prantl: »Oskar Lafontaine – Ein Hai, kein Haider«, in: *Süddeutsche Zeitung* v. 22.6.2005; Jürgen Voges: »Die Asylkampagne als Modellfall«, in: Ursel Sieber u. a.: *Deutsche Demo-*

kraten, Göttingen Verlag Die Werkstatt 1994, auf: http://www.amnesty-muenchen.de/asyl/basisinfos/asyl_voges.htm, gefunden am 1.3.2009

199 Oskar Lafontaine: *Das Herz schlägt links,* a. a. O., S. 174; *Jungle World* Nr. 25 v. 22.6.2005; *Frankfurter Rundschau* v. 2.7.2005

200 Vgl. *die tageszeitung* v. 8.5.2004, 25.6.2005 und v. 13.7.2005

201 *Die Welt* v. 17.6.2005; *Süddeutsche Zeitung* v. 24.6.2005; *Frankfurter Rundschau* v. 30.6.2005

202 Vgl. Christian Semler: »Lafontaine im Nazi-Jargon«, in: *die tageszeitung* v. 17.6.2005; *Die Welt* v. 17.6.2005; *Süddeutsche Zeitung* v. 24.6.2005; *Frankfurter Rundschau* v. 30.6.2005

203 »Linksbündnis. Applaus und Pfiffe für Lafontaine«, auf: www.stern.de/politik/deutschland/541967.html v. 20.6.2005, gefunden am 30.6.2005

204 Interview mit Gregor Gysi und Oskar Lafontaine, in: *stern* 27/2005 v. 30.6.2005

205 Oskar Lafontaine: »Mehr Kooperation statt Konfrontation«, in: *MUT* Nr. 331, März 1995. Lafontaine wird von MUT als Autor genannt: vgl. www.mut-verlag.de/autoren/index.html, gefunden am 1.3.2009, Peter Kratz: »Lafontaine rechts außen«, Auszüge aus ders.: Rechte Genossen. Neokonservatismus in der SPD, Berlin: Berliner Institut für Faschismus-Forschung (BIFFF) 1995, auf: www.bifff-berlin.de/Lafontaine.html, gefunden am 2.3.2009

206 Interview mit Gregor Gysi und Oskar Lafontaine, a. a. O.

207 Micha Brumlik: »Lafontaines Volksstaat«, in: *Frankfurter Rundschau* v. 16.7.2005; Oskar Lafontaine: »Soll der Polizei-Chef verurteilt werden?« v. 27.11.2004, auf: www.bild.t-online.de, gefunden am 30.7.2005; *Frankfurter Neue Presse* v. 18.5.2004; Interview mit Oskar Lafontaine, in: *die tageszeitung* v. 28.6.2005; Interview mit Gregor Gysi und Oskar Lafontaine, in: *stern* 27/2005 v. 30.6.2005

208 Die folgenden Zitate stammen aus meinem Redemanuskript zum Wahlprogrammparteitag der Linken Liste/PDS am 15./16.9.1990 in Berlin (DDR).

209 Rede von Bundeskanzler Gerhard Schröder anlässlich der Eröffnung der neuen Gebäude des Max-Planck-Institutes für Plasmaphysik v. 7.7.2000, in: www.bundesregierung.de/Reden-Interviews, gefunden am 10.12.2004

210 Vgl. Anita Katzbach: »Die Leute haben andere Probleme«, in: *Jungle World* Nr. 40 v. 2.10.1997 auf: www.nadir.org/nadir/periodika/jungle_world/40/29a.htm, gefunden am 24.2.2009; Walter Wüllenweber: »Der Neue will regelmäßig die Gehwege fegen«, in: *Berliner Zeitung* v. 1.6.1994

211 *Süddeutsche Zeitung* v. 3.11.1999

212 Vgl. Anton Maegerle: »Junge Freiheit-Autoren und ihr politisches Umfeld«, auf: www.aktiv-gegen-rechts.de/jf.htm, gefunden am 6.8. 2005; Jürgen Elsässer: »Die PDS wird Rep-tilisiert«, in: *konkret* 7/1996. Siegfried Heimann: »Die ›Junge Freiheit‹ und die ›Türöffner‹ nach rechts«, in: Informations- und Dokumentationsstelle gegen Gewalt, Rechtsextremismus und Ausländerfeindlichkeit in Nordrhein-Westfalen (IDA-NRW): »›Neue Rechte‹ – was steckt dahinter?«, Materialien zum Rechtsextremismus, Band 1, Düsseldorf 2000, S. 37 (mit Unterstützung der Landeszentrale für politische Bildung Nordrhein-Westfalen und des Ministeriums für Frauen, Jugend, Familie und Gesundheit Nordrhein-Westfalen), auf: www.ida-nrw.de/html/NeueRechte.pdf, gefunden am 2.3.2009

213 Ivo Bozic: »Soziale Unsicherheit als Freibrief«, in: *die tageszeitung* v. 2.11.1998; vgl. Wolfgang Gast: »Symbolische Politik gegen Rechts. Alibi für generelle Strafrechtsverschärfungen«, in: *Bürgerrechte & Polizei/CILIP* 44, 1/1993, auf: www.cilip.de/ausgabe/44/gast.htm, gefunden am 24.2.2009

214 Christine Ostrowski: »Der richtige Dampfer?«, in: *Neues Deutschland* v. 30.4.1998; Ivo Bozic, a. a. O.

215 Forschungsgruppe Wahlen e.V.: *Wahl in Sachsen-Anhalt,* Mannheim, Bericht Nr. 89 v. 29.4.1998; Thomas Emmert/Dieter Roth: »Jung, männlich, ängstlich und ohne Ideologie«, in: *Die Zeit* 19/1998

216 Vgl. Die Linke/PDS: »Wahlprogramm-Entwurf« (Juli 2005). Im Wahlmanifest der WASG v. 3.7.2005 wird der Begriff »leistungsloses Einkommen« z. B. für Zinsen und Aktiendividenden verwendet. Dieser Kategorie lassen sich Bezüge zu der völkisch-antisemitischen Ideologie Silvio Gesells entnehmen, dessen Texte gelegentlich auch auf Büchertischen von Attac zu finden sind. Eine grundlegende Auseinandersetzung mit Gesell in: Jutta Ditfurth: »›Der wahrhaft völkischgesinnte Mensch hasst den Klassengeist und möchte ein schönes Volksleben. Völkisches Empfinden duldet keine Zinsknechtung‹. Silvio Gesell, die Freiwirtschaftlehre und ihre AnhängerInnen«, in: *Entspannt in die Barbarei – Esoterik, (Öko-)Faschismus und Biozentrismus* (1. Aufl. 1996), Hamburg: Konkret Literatur Verlag 2003 (Neuaufl.), S. 74–115

217 Brigitte Fehrle: »Mitten im Leben«, in: *Berliner Zeitung* v. 3.12.1999

218 Ebd.

219 Ebd.

220 Gerhard Bartels, interviewt von Andreas Grünwald, in: *junge Welt* v. 31.7.2007

221 Holger Kulick: »Gysi umwirbt die CDU«, in: *Spiegel online,* auf www.spiegel.de/politik/deutschland/0,1518,43517,00.html, gefunden am 22.1.2009; *Der Spiegel* Nr. 42 v. 18.10.1999

222 Interview mit Gregor Gysi in: *Die Welt* v. 29.12.1999; fast wortgleich im *Tagesspiegel:* Es gebe »zum ersten Mal in der Geschichte der Bundesrepublik ein gemeinsames Ziel von Konservativen und Linken: die Herstellung der inneren deutschen Einheit, wenngleich das Motiv bei uns sozialer, bei den Konservativen nationaler Natur ist.« Gregor Gysi, interviewt von Andrea Dernbach und Matthias Meisner, in: *Tagesspiegel* v. 26.12.1999

223 *Tagesspiegel* v. 21.11.1999

224 *die tageszeitung* v. 12.10.1999

225 *Die Welt* v. 31.1.2008

226 Interview mit Wulf Gallert, in: *Neues Deutschland* v. 23./24.8.2008

227 Ulrike Donat: »Sondereinheit für das Spezielle. Zur Rolle der Besonderen Aufbauorganisation Kavala«, in: Republikanischer Anwältinnen- und Anwälteverein (RAV) – Legal Team (Hrsg.): *Feindbild Demonstrant. Polizeigewalt, Militäreinsatz, Medienmanipulation. Der G8-Gipfel aus Sicht des Anwaltlichen Notdienstes,* Berlin/Hamburg: Assoziation A 2008, S. 45/46

228 Zit. nach: Manuela Pfohl: »Es ging ums nackte Überleben«, in: *stern* v. 27.8.2007, auf: www.stern.de/politik/deutschland/596228.html, gefunden am 24.2.2009

229 Der vollständige Brief von Raul Zelik an Peter Wahl v. 5.6.2007 auf: www.gipfelsoli.org/Texte/2824.html, gefunden am 24.2.2009

230 Vgl. *Focus online,* Meldung v. 12.6.2007, auf: www.focus.de/politik/deutschland/g8-gipfel/g8-gipfel_aid_63154.html, gefunden am 24.2.2009; Vgl. *Spiegel online,* Meldung v. 13.6.2007, auf: www.spiegel.de/politik/deutschland/0,1518,488324,00.html, gefunden am 24.2.2009

231 Helmut Lorscheid: »Künftig Bundeswehr im Innern«, 7.10.2008, auf: www.hintergrund.de/content/view/271/63/, gefunden am 24.2.2009

232 Vgl. Ulrike Donat, a. a. O., S. 49

233 Vgl. *Die Welt* v. 7.7.2005; vgl. *die tageszeitung* v. 13.7.2005

234 Ulrike Donat, a. a. O., S. 49, dort: Anm. 4

235 Zit. nach: Winfried Wolf: »Warum ich aus der PDS austrete«, Erklärung v. 21.5.2004, auf: http://de.indymedia.org/2004/05/84222.shtml, gefunden am 24.2.2009

236 Gregor Gysi: »Weit entfernt von jeder Art des Selbstzweifels«, Antwort des Chefs der PDS-Bundestagsgruppe auf den offenen Brief Gerhard Branstners an den PDS-Bundesvorstand, in: *junge Welt* v. 16.10.1996

237 Zitat aus: *die tageszeitung* v. 30.11.1999; vgl. auch: *Berliner Zeitung* v. 29.11.1999

238 Interview mit Gregor Gysi, in: *Die Woche* v. 29.6.2001

239 Gregor Gysi, interviewt von Andrea Dernbach und Matthias Meisner, in: *Tagesspiegel* v. 26.12.1999

240 Ebd.

241 Der folgende Abschnitt stammt, mit kleinen Änderungen, aus: Jutta Ditfurth: *Das waren die Grünen,* a.a.O., S. 277/278

242 *Der Spiegel* 1/2000

243 Ebd.

244 Ebd.

245 *Frankfurter Allgemeine Zeitung* v. 15.7.2000

246 Oskar Lafontaine: »Integration der PDS ist nicht mehr aufzuhalten«, in: *Die Welt* v. 24.6.2001

247 Parteiprogramm der PDS, beschlossen auf dem Parteitag am 26. Oktober 2003 in Chemnitz, S. 6

248 *Spiegel online* v. 26.10.2003, auf: www.spiegel.de/politik/deutschland/0,1518,druck-271458,00.html, gefunden am 24.2.2009

249 Mit vollem Namen: Gesetz zur Umsetzung eines Maßnahmenpakets zur Stabilisierung des Finanzmarktes (FMStG)

250 Carola Bluhm, Fraktionsvorsitzende Die Linke im Berliner Abgeordnetenhaus am 16. Oktober 2008 im Abgeordnetenhaus. Zit. nach: Marianna Schauzu: »Gebremste Kraft«, in: *junge Welt* v. 18.11.2008

251 Vgl. Ralf Schönball: »Wohnhäuser in Berlin für eine Milliarde gesucht«, in: *Tagesspiegel* v. 15.3.2006

252 Vgl. IHK Newsletter *Bau- und Immobilienwirtschaft* Nr. 7 v. 9.9.2008, auf: www.berlin.ihk24.de/servicemarken/branchen/bauwirt/news/Archiv/2008/IHK-Newsletter_Nr._7_vom_09.09.jsp, gefunden am 24.2.2009

253 Andrej Holm: »Mythologie der Privatisierung«, in: *MieterEcho* 321/April 2007, auf: www.bmgev.de/mieterecho/321/05-privatisierung-ah.html, gefunden am 24.2.2009

254 Laut Information von Andrej Holm via E-Mail am 30.1.2009. Vgl. auch: www.bmgev.de/privatisierung/konferenz-dokumentation/praesentationen/praesentation-andrej-holm.pdf, gefunden am 24.2.2009

255 »Linke diskutiert über Fraktionsausschluss von Ronald Weckesser«, auf: www.dresden-fernsehen.de/default.aspx?ID=1988&showNews=279037, gefunden am 30.1.2009

256 *junge Welt* v. 11.12.1980

257 Zum Beispiel: Betriebsrat (Hrsg.): *Atlantis. Zeitung für alle Kolleginnen und Kollegen bei Vivantes,* März 2006, S. 12 ff., auf: www.ungesundleben.de/privatisierung/images/atlantis0306.pdf, gefunden am 24.2.2009

258 *Berliner Zeitung* v. 19.2.2002 und v. 5.10.2002

259 Interview mit Gregor Gysi, in: *Die Woche* v. 18.1.2002; vgl. PDS Berlin: »Warum wir für einen Solidarpakt im öffentlichen Dienst eintreten« v. 26.11.2002, in: www.pds-berlin.de, gefunden am 30.6.2005

260 Vgl. »Bankgesellschaft vorläufig gerettet«, *Spiegel online* v. 9.4.2002, auf: www.spiegel.de/wirtschaft/0,1518191076,00.html, gefunden am 2.3.2009, vgl. http//:de.wikipedia.org/wiki/Berliner_Bankenskandal, gefunden am 2.3.2009

261 Darunter deutsche Insassen von ausländischen Gefängnissen, Opfer der Nazi-Diktatur und Patienten, die in ausländischen Krankenhäusern behandelt werden

262 Vgl. Tim Fiege: »Sozialhilfe unter Palmen«, in: *Neues Deutschland* v. 14.8.2008

263 Winfried Wolf: »Wird die Chance verspielt?«, in: *junge Welt* v. 11.6.2005

264 Interview mit Gregor Gysi, in: *Volksstimme* v. 12.2.2003, zit. nach: Winfried Wolf: »Warum ich aus der PDS austrete«, Erklärung v. 21.5.2004, http://de.indymedia.org/2004/05/84222.shtml, gefunden am 24.2.2009

265 Rainer Balcerowiak: »Klare Sache«, in: *junge Welt* v. 29.6.2007

266 Vgl. www.berliner-wassertisch.net/index.php?id=87, gefunden am 24.2.2009

267 Vgl. Rainer Balcerowiak: »Demokratie – nein danke«, in: *junge Welt* v. 16./17.8.2008

268 Siehe auch: www.ms-versenken.org/

269 »Ein Deutschland, das Nein sagen kann«, Gespräch mit Egon Bahr, in: *Blätter für deutsche und internationale Politik,* 11/1999, S. 1312

270 Vgl. *Frankfurter Allgemeine Zeitung* v. 2.11.1999; *Berliner Zeitung* v. 29.2.2000

271 *junge Welt* v. 18.11.1999

272 *Die Welt* v. 2.12.1999

273 Vgl. auch: Lothar Bisky und Gregor Gysi: »Die Charta der Vereinten Nationen und die PDS«, Brief an die Mitglieder der PDS, 8.11.1999, in: *PDS Pressedienst* Nr. 45/99 v. 12.11.1999, S. 3

274 Zit. nach: Winfried Wolf: »PDS-Parteitag in Münster. Zum dritten Mal Nein zu UNO-Kampfeinsätzen«, *SoZ – Sozialistische Zeitung* Nr. 8 v. 14.3.2000, auf: www.vsp-vernetzt.de/soz/000806.htm, gefunden am 26.1.2009

275 Ebd.

276 Jutta Ditfurth im Streitgespräch mit Oskar Lafontaine, in: *Der Spiegel* v. 2.2.1987

277 »Lafontaine ein Linker? Käse, alles Käse!«, Interview mit Jutta Ditfurth, in: dies.: *Träumen. Kämpfen. Verwirklichen. Politische Texte bis*

1987, unter red. Mitarbeit v. Manfred Zieran, Köln: Verlag Kiepenheuer & Witsch 1988, S. 281 und 283; Olaf von Hostenbach: »Oskar. König von Deutschland«, in: *Voyeur* 3/1987

278 Oskar Lafontaine: »Die Integration der PDS ist nicht mehr aufzuhalten«, in: *Welt am Sonntag* v. 24.6.2001

279 Interview mit Gregor Gysi, in: *Berliner Zeitung* v. 17.9.2001; vgl. Jens König: »Schnauze halten für den Frieden«, in: *die tageszeitung* v. 19.9.2001; vgl. Rainer Rupp: »Rechtsschwenk. Die Berlin-Wahlen, die PDS und ihr Spitzenkandidat: Keine leichte Entscheidung«, in: *junge Welt* v. 19.10.2001; vgl. Wolf Reinhardt: »PDS-Vorstand: Jein zur NATO. Sozialisten sollen künftig zwischen NATO-Strategie und NATO fein unterscheiden«, in: *junge Welt* v. 16.3.2002

280 Uwe-Jens Heuer: »Gysi/Brie-Brief an Lafontaine: Abschreckung für PDS-Wähler?«, in: *junge Welt* v. 5.9.2002; »Wir möchten uns für einen linken Aufbruch engagieren«, Brief von Gregor Gysi und André Brie an Oskar Lafontaine, in: *PDS Pressedienst* Nr. 37/2002 v. 13.9.2002, S. 7

281 Zitat aus der Präambel des Koalitionsvertrages zwischen SPD und Linkspartei in Berlin: »Berlin repräsentiert eine der führenden Industrienationen der Welt, die in die westliche Wertegemeinschaft eingebunden ist, die der Organisation der Vereinten Nationen und dem nordatlantischen Bündnis angehört, die die Erweiterung der Europäischen Union anstrebt und zahlreiche weitere internationale Verpflichtungen erfüllt. In Berlin ist aufgrund seiner Erfahrung mit Teilung und Wiedervereinigung das Bewusstsein über die Bedeutung dieser Bindungen besonders hoch. Die Koalition wird den Verpflichtungen und Erwartungen, die aus der Funktion Berlins als Hauptstadt Deutschlands resultieren, daher nachkommen.«

282 PDS-Grundsatzprogramm beschlossen auf dem 8. Parteitag am 25./26.10.2003 in Chemnitz, S. 16 f.

283 »Plädoyer für Fairplay«, Gabi Zimmer interviewt von Lutz Herden, in: *Freitag* v. 2.2.2001; »Es gibt keinen Machtkampf«, Gabi Zimmer interviewt von Holger Kulick, in: *Spiegel online* v. 21.1.2001, auf: www.spiegel.de/politik/deutschland/0,1518,111888,00.html, gefunden am 24.2.2009

284 Vgl. Winfried Wolf: »Wird die Chance verspielt?«, in: *junge Welt* v. 11.6.2005; *die tageszeitung* v. 28.5.2005

285 *Rheinische Post* v. 12.08.2008

286 Der Entwurf für eine EU-Verfassung wurde 2003 erarbeitet und 2004 unterzeichnet, aber nicht ratifiziert, weil Volksabstimmungen in Frankreich (2005) und in den Niederlanden (2005) ihn ablehnten. Daraufhin sagten u. a. alle anderen Länder, in denen es nach nationalen Gesetzen auch Referenden hätte geben müssen, die Abstimmung

ab: Dänemark, Irland, Polen, Portugal, Tschechien und Großbritannien. In den meisten europäischen Staaten gab es erst gar keine Volksabstimmungen, so auch nicht in der Bundesrepublik Deutschland. Mit dem Vertrag von Lissabon sollte ersatzweise ein Großteil der Inhalte des Verfassungsvertrages in die grundlegenden Verträge eingearbeitet werden. Dafür war in Irland eine Volksabstimmung nötig, in der der Vertrag durchfiel, womit er nicht in Kraft treten kann.

287 Vgl. Gerald Oberansmayr: *Auf dem Weg zur Supermacht – Die Militarisierung der Europäischen Union,* Wien: ProMedia 2004, zit. nach: www.uni-kassel.de/fb5/frieden/themen/Europa/oberansmayr.html, gefunden am 24.2.2009

288 Vgl. *Nationalzeitung* (DDR) v. 14.12.1989, zit. nach: Winfried Wolf: »Warum ich aus der PDS austrete«, a. a. O.

289 *Süddeutsche Zeitung* v. 28.8.2002

290 Warren E. Buffett: »There's class warfare, all right, but it's my class, the rich class, that's making war, and we're winning«, zit. nach: Ben Stein: »In Class Warfare, Guess Which Class Is Winning«, in: *New York Times* v. 26.11.2006, auf: http://www.nytimes.com, gefunden am 31.1.2009. Warren Buffett besitzt etwa 62 Milliarden US-Dollar.

291 Christoph Huber: »Warren Buffett: USA befindet sich in Konjunktur-›Pearl Harbor‹«, 19.1.2009, auf: www.godmode-trader.de/de/aktie-nachricht/Warren-Buffett-USA-befindet-sich-in-Konjunktur-Pearl-Harbor,a1108811.html, gefunden am 31.1.2009

292 Vgl. Stephen Mihm: »Dr. Doom«, in: *The New York Times online* v. 15.8. 2008, auf: www.nytimes.com/2008/08/17/magazine/17pessi mist-t.html?pagewanted=all, gefunden am 25.2.2009; vgl. Nikolaus Piper: »Der Prophet des Untergangs«, in: *Süddeutsche Zeitung* v. 29.1.2009; vgl. Emma Brockes: »He told us so«, in: *The Guardian* v. 24.1.2009, auf: www.guardian.co.uk/business/2009/jan/24/nouriel-roubini-credit-crunch/print, gefunden am 25.2.2009

293 »Roubini kehrt nach Davos als Star zurück, sieht weiteres Unheil«, Meldung v. 30.1.2009, auf: www.boerse-express.com/pages/742884/print, gefunden am 25.2.2009

294 Interview mit Josef Ackermann, in: *Frankfurter Allgemeine Sonntagszeitung* v. 18.5.2008

295 Nikolaus Piper, a. a. O.

296 Russland ist mit einem Wirtschaftswachstum von 8,7 Prozent im Jahr 2007 zur elftgrößten Wirtschaftsmacht der Welt aufgestiegen. Vgl. Martin Hantke: »Nadelstiche gegen Rußland«, in: *junge Welt* v. 18.9.2008

297 Vgl. *Frankfurter Allgemeine Zeitung* v. 26.9.2008 und v. 27.10.2008

298 Zu Russland: Jean Radvanyi: »Das Spiel der Großen im Kaukasus«, in: *Le Monde diplomatique* Nr. 8682, in: *die tageszeitung* v. 12.9.2008;

Die Zeit Nr. 34 v. 14.8.2008; »Russisches Parlament fordert Unabhängigkeit für Südossetien«, *Spiegel online* Meldung v. 25.8.2008, auf: www.spiegel.de/politik/ausland/0,1518,574121,00.html, gefunden am 29.11.2008, »Die Schuldfrage«, Meldung v. 11.11.2008, auf: www.german-foreign-policy.com, gefunden am 13.11.2008; Condoleezza Rice: »Transatlantische Einigkeit gegenüber Russland«, in: *Frankfurter Allgemeine Zeitung* v. 24.9.2008; »Außer Kontrolle«, Meldung v. 29.8.2008, auf: www.german-foreign-policy.com, gefunden am 17.10.2008

299 Zur allgemeinen Lage der Frauen: Elaheh Rostami-Povey: »Die Besatzung lässt die Zeit für Afghaninnen stillstehen« (Stand: 16.12.2008), auf: www.uni-kassel.de/fb5/frieden/regionen/Iran/rostamy.html, gefunden am 25.2.2009; Meena Nanji: »Afghanistans Frauen nach der ›Befreiung‹ – ›Bis wann sollen wir denn still sein?‹«, in: *SoZ – Sozialistische Zeitung,* Feb. 2004, auf: http://www.vsp-vernetzt.de/soz/040214.htm

300 Karl Marx: *Das Kapital. Kritik der politischen Ökonomie,* Erster Band (1867), MEW, Band 23, Berlin (DDR): Dietz Verlag 1988 (17. Aufl.), S. 448/449

301 Fritz Bauer: »Ungehorsam und Widerstand in Geschichte und Gegenwart«, Vortrag in der Vortragsreihe der Humanistischen Union »Evolution oder Revolution?« in der Münchener Universität am 21.6.1968, letzter veröffentlichter Text des hessischen Generalstaatsanwalts und Vorstandsmitglieds der Humanistischen Union, in: *vorgänge* Nr. 8–9/1968, S. 286–292

302 Ebd.

303 Herbert Marcuse kam im Juli 1967 auf Einladung des SDS für die viertägige Vorlesung »Das Ende der Utopie« nach Westberlin. Kurz zuvor war der Student Benno Ohnesorg von einem Polizisten erschossen worden. Vgl. Herbert Marcuse: *Das Ende der Utopie. Herbert Marcuse diskutiert mit Studenten und Professoren Westberlins an der Freien Universität Berlin über die Möglichkeiten und Chancen einer politischen Opposition in den Metropolen in Zusammenhang mit den Befreiungsbewegungen in den Ländern der Dritten Welt,* Berlin: Verlag v. Maikowski 1967

Marcuse war damals Professor an der University of California, San Diego, in La Jolla/Kalifornien und bis dahin in Deutschland weitgehend unbekannt. Er stammte aus einer großbürgerlichen jüdischen Berliner Familie, wurde 1918 Mitglied eines revolutionären Soldatenrats in Berlin-Reinickendorf, aus dem er austrat, »als man anfing, die früheren Offiziere ohne weiteres hineinzuwählen. Dann habe ich die Niederlage der Revolution in Berlin erlebt, teils war es Verrat, teils Niederschlagung.« 1933 gründete Marcuse gemeinsam mit Theodor W. Adorno und Max Horkheimer das Institut für Sozialforschung in

Frankfurt am Main. Noch im selben Jahr floh er in die Schweiz, 1934 in die USA. Erst etwa 30 Jahre nach seiner Flucht wurden seine Bücher in Deutschland gelesen. Vgl. Jutta Ditfurth: *Rudi und Ulrike. Geschichte einer Freundschaft,* München: Droemer 2008, Kapitel 2, 6 und 10

304 Herbert Marcuse: »Repressive Toleranz«, in: Robert Paul Wolff/Barrington Moore/Herbert Marcuse: *Kritik der reinen Toleranz* (dt. Erstausgabe: 1966, US-Originalausgabe 1964), Frankfurt/Main: Suhrkamp Verlag 1970, S. 94

305 Ebd., S. 127 f.

306 Fritz Bauer, ebd.

307 Jürg Altwegg: »Benedikt und die Brandstifter«, in: *Frankfurter Allgemeine Zeitung* v. 30.1.2009

308 Götz Aly: *Unser Kampf,* Frankfurt/Main: S. Fischer Verlag 2008
Die Kampagne gegen die APO begann mit dem vierseitigen Götz-Aly-Text: »Die Väter der 68er« in der *Frankfurter Rundschau* v. 30.1.2008, S. 19–22. Aly versucht nachzuweisen, wie ähnlich sich die NS-Studentenbewegung und die APO gewesen seien. Die *Frankfurter Rundschau* bebilderte seinen Beitrag auf der ersten Seite mit dem Farbbild eines strammen »arischen« Studenten vom Nationalsozialistischen Deutschen Studentenbund. Die darauffolgende Doppelseite zeigte das Farbfoto einer Bücherverbrennung. Bildunterschrift: »Schlechtes Vorbild? Studenten und andere Nationalsozialisten verbrennen am 10. Mai 1933 in Berlin verfemte Bücher. 1968 richtete sich die Wut der Studenten gegen die Springerpresse.«
Das Fragezeichen macht die Gleichsetzung nicht weniger infam. Nicht nur weil auf diese Weise die Werke der geächteten und verfolgten jüdischen, sozialistischen und kommunistischen und antifaschistischen Schriftsteller mit den Machwerken der Springerpresse verglichen werden.
Die vierte und letzte Seite des Beitrages von Aly schmückten zwei Fotos. Das obere zeigte eine Kundgebung des NS-faschistischen Studentenbundes. Bildunterschrift: »Für andere Hochschulen: Kundgebung von NS-Studenten vor der Universität Berlin.« Das untere Foto ist wahrscheinlich bei der internationalen Demonstration gegen den Vietnamkrieg am 18. Februar 1968 in Westberlin aufgenommen worden. Es zeigt den ins englische Exil geflohenen jüdischen Lyriker Erich Fried, den chilenischen Exilanten Gaston Salvatore, einen Neffen des später ermordeten chilenischen Staatspräsidenten Salvador Allende, und Rudi Dutschke (dem wenige Wochen später ein rechtsextremer Hilfsarbeiter zwei Kugeln in den Kopf schießt. An den Folgen des Attentats starb Rudi Dutschke 1979). Unter dieses Foto plazierte die *FR* eine so widerwärtige Bildunterschrift, dass einem der Atem stockt. Mit Verweis auf das darüber plazierte Foto der Nazi-

studenten steht da: »Ähnliche Ziele: Rudi Dutschke (Mitte) bei einer Demonstration im Februar 1968«.

309 Jutta Brückner: *Bräute des Nichts,* Berlin: Theater der Zeit 2008. Aus dem Begleittext: »Zwei deutsche Traumata, der Nationalsozialismus und die RAF, sind untergründig miteinander verwoben. In beiden hat der weibliche Fanatismus eine besondere Rolle gespielt. Weil im 20. Jahrhundert die Frauen zusammen mit den Massen zu politischen Subjekten werden, vollzieht sich ein Umbau nicht nur der traditionellen Geschlechterrollen, sondern auch des Politischen selbst. Triebe werden zu politischen Faktoren. Jutta Brückner entdeckt in den Seelenbiografien von Ulrike Meinhof und Magda Goebbels den gemeinsamen Bodensatz: einen romantischen Fanatismus, in dem Politik als Religion gelebt wird und Erlösung garantieren muss, bis hin zu einem Sado-Masochismus, der in der Destruktion mündet.« Die Akademie der Künste (Berlin) erklärte: »Das Projekt ist Teil des Programms Kunst und Revolte, in dessen Rahmen sich die Akademie der Künste mit dem Erbe der 68er im Spannungsfeld von Ästhetik und Politik befasst.«
Vgl. zu Meinhof: Jutta Ditfurth: *Ulrike Meinhof. Die Biografie,* Berlin: Ullstein 2007

310 Interview mit Josef Ackermann, a. a. O.

311 General von Pape schrieb am 26.4.1871 nach Berlin, in: Helmut Swoboda (Hrsg.): *Die Pariser Kommune 1871,* München: dtv dokumente 1972, S. 198/199

312 Karl Marx: »Der Bürgerkrieg in Frankreich. Adresse des Generalrats der Internationalen Arbeiterassoziation«, in: MEW, Band 17, Berlin (DDR): Dietz Verlag 1983, S. 360/361

313 Sammelquelle zur Pariser Kommune (Auswahl): Karl Marx: »Der Bürgerkrieg in Frankreich«, a. a. O., S. 313–365; Prosper Lissagaray: *Geschichte der Kommune von 1871,* Frankfurt/Main: edition suhrkamp 1971; Helmut Swoboda (Hrsg.): *Die Pariser Kommune 1871,* München: dtv dokumente 1972; Steward Edwards (Hrsg.): *The Communards of Paris – 1871,* New York: Cornell University Press 1973; P. L. Lavrov: *Die Pariser Kommune vom 18. März 1871,* Berlin: Rotbuch Verlag 1971; Alistair Horne: *The Fall of Paris. The Siege and the Kommune 1870–71,* New York: St. Martin's Press 1966; Sebastian Haffner: »Die Pariser Kommune. Ein Prolog zum 20. Jahrhundert«, in: ders./Stephan Hermlin/Kurt Tucholsky u. a.: *Zwecklegenden. Die SPD und das Scheitern der Arbeiterbewegung,* Berlin: Verlag 1900 1996

314 »Es ist Aufgabe einer sozialistischen Partei, diese Elemente zu stabilisieren gegen neoliberale Angriffe, sie auszubauen, bis an die Stelle der Dominanz der Kapitalverwertungsinteressen die Dominanz der sozialen Interessen der Menschen tritt. Es darf also Kapitalverwertungsin-

teressen geben, sie dürfen nur nicht dominieren.« Gregor Gysi, interviewt von Andrea Dernbach und Matthias Meisner, in: *Tagesspiegel* v. 26.12.1999

315 »Schreiben, wie die Welt sein sollte«, Interview mit Dietmar Dath, in: *Der Spiegel* 5/2009

316 Ebd.

317 Fritz Bauer, ebd.

318 Es gibt unterschiedliche Zahlen: Anfang der 1970er Jahre waren mehr als 90 Atomkraftwerke geplant. Karl Winnacker, Präsident des Deutschen Atomforums, berechnete 1965 für 1980 einen Bedarf von 90 und für 1985 von 128 Atomkraftwerken. Die Fortschreibung des Energieprogramms der Bundesregierung sah 1974 vor, dass bis 1985, in einem ersten Schritt, 50 AKWs gebaut werden sollten. Andere Pläne gingen Anfang der siebziger Jahre von langfristig mehr als 400 Atomkraftwerken aus. Eine Studie der Kernforschungsanlage Jülich vom Juli 1975 (im Auftrag des Bundesinnenministeriums) sah einen steilen Anstieg von bis zu 598 Atomreaktoren im Jahr 2050 vor. Rund 350 AKWs hätten wir nach diesem Plan im Jahr 2000 gehabt. Wolfgang Häfele, ehemaliger Propagandist des Schnellen Brüters in Kalkar, wollte weltweit 2000 neue Atomkraftwerke bauen. – Heute laufen in der BRD 17 Atomkraftwerke – 17 zu viel.
Vgl. Jutta Ditfurth: *Das waren die Grünen,* a. a. O., S. 56/57

319 Karl Marx: »Kritik des Gothaer Programms«, in: MEW, Band 19, Berlin (DDR): Dietz Verlag 1987 (9. Aufl.), S. 11–32

320 Karl Marx/Friedrich Engels: »Vorwort zum Manifest der Kommunistischen Partei« (24.6.1872), in: MEW, Band 18, Berlin (DDR): Dietz Verlag 1989 (8. Aufl.), S. 96

In einem Brief an Ludwig Kugelmann schreibt Marx im April 1871, noch während der Kommune: »Wenn Du das letzte Kapitel meines ›Achtzehnten Brumaire‹ nachsiehst, wirst Du finden, daß ich als nächsten Versuch der französischen Revolution ausspreche, nicht mehr wie bisher die bürokratisch-militärische Maschinerie aus einer Hand in die andere zu übertragen, sondern sie zu *zerbrechen,* und dies ist die Vorbedingung jeder wirklichen Volksrevolution auf dem Kontinent. Dies ist auch der Versuch unsrer heroischen Pariser Parteigenossen« [Hervorhebg. im Original]. Karl Marx (London) an Ludwig Kugelmann (Hannover), Brief v. 12.4.1871, in: MEW, Band 33, Berlin (DDR): Dietz Verlag 1984 (4. Aufl.), S. 205

321 Vgl. »Revolte in Griechenland. Hintergründe zum Aufstand der Deklassierten«, in: *ak* 535 v. 16.1.2009

322 Karl Marx an Ludwig Kugelmann, Brief v. 17.4.1871, in: MEW, Band 33, Berlin (DDR): Dietz Verlag 1984 (4. Aufl.), S. 209

ZUR AUTORIN

Jutta Ditfurth, Soziologin und Autorin, lebte auch in Großbritannien und in den USA. Sie studierte Soziologie, Politik, Wirtschaftsgeschichte und Kunstgeschichte in Heidelberg, Hamburg, Freiburg, Bielefeld, Glasgow und Detroit. Sie arbeitete als Soziologin in Forschung und Lehre an verschiedenen Hochschulen. Ditfurth schrieb als Auslandsreporterin u. a. über die Sowjetunion, China, die Westsahara und Kuba. Seit 1970 ist sie aktiv in der außerparlamentarischen Linken, darunter der §-218-Bewegung und ab 1975 der Anti-AKW-Bewegung. Sie war 1980 Mitgründerin der Grünen und deren Bundesvorsitzende (1984–1988). 1991 trat sie wegen der Rechtsentwicklung der Grünen aus der Partei aus. Von 1989 bis 1995 war sie Mitglied im Bundesvorstand der Deutschen Journalistenunion (dju)/IG Medien, dann deren Bundesvorsitzende und Mitglied im Hauptvorstand der IG Medien (1992–1995). Von 1991 bis 1999 war sie Herausgeberin der Zeitschrift *ÖkoLinX*. Bei den Europawahlen 1999 war Ditfurth Kandidatin des linken Bündnisses (NAR) in Griechenland. Von 2001 bis 2008 Stadtverordnete für die Wählervereinigung ÖkoLinX-Antirassistische Liste im Römer (dem Frankfurter Stadtparlament).

Ditfurth schreibt Sachbücher, Romane und Drehbücher. Sie lebt in Frankfurt/Main.

BÜCHER DER AUTORIN

Die tägliche legale Verseuchung unserer Flüsse und wie wir uns dagegen wehren können. Ein Handbuch mit Aktionsteil (hrsg. mit R. Glaser), Hamburg: Rasch & Röhring 1987

Träumen Kämpfen Verwirklichen. Politische Texte bis 1987
Köln: Kiepenheuer & Witsch Verlag 1988

Lebe wild und gefährlich. Radikalökologische Perspektiven
Köln: Kiepenheuer & Witsch Verlag 1991

Was ich denke. Anders oder Gleich. Über die Entwertung des Menschen
München: Goldmann Verlag 1995

Blavatzkys Kinder
Krimi. Bergisch Gladbach: Bastei Lübbe Verlag 1995

Entspannt in die Barbarei. Esoterik, (Öko-)Faschismus und Biozentrismus
Hamburg: Konkret Literatur Verlag 2003 (3. unveränderte Auflage; 1. Aufl. 1997)

Feuer in die Herzen. Gegen die Entwertung des Menschen
Hamburg: Konkret Literatur Verlag 1997 (3. erweiterte und vollständig überarbeitete Neuausgabe; 1. Aufl. 1992)

Die Himmelsstürmerin
Roman. München: Ullstein Taschenbuch Verlag 2001 (Originalausgabe: München: Marion von Schröder Verlag 1998)

Das waren die Grünen. Abschied von einer Hoffnung
München: Econ Taschenbuch Verlag 2000 (3. Aufl. 2001)

Durch unsichtbare Mauern. Wie wird so eine links?
Köln: Kiepenheuer & Witsch Verlag 2002 (3. Aufl. 2003)

Ulrike Meinhof. Die Biografie
Berlin: Ullstein 2007 (2. Aufl.)

Rudi und Ulrike. Die Geschichte einer Freundschaft
München: Droemer 2008

DANKSAGUNG & KONTAKT

Bedanken möchte ich mich herzlich bei den Menschen, mit denen ich diskutiert habe und die zu diesem Buch ihr Wissen und ihre Erfahrungen beisteuerten.

Ich freue mich über Kritik und Anregungen, auch wenn ich nicht versprechen kann, jedes Schreiben zu beantworten.

Kontakt:
E-Mail-Adresse: jutta.ditfurth@t-online.de
Postanschrift: Jutta Ditfurth, c/o ÖkoLinX-ARL im Römer, Bethmannstr. 3, 60311 Frankfurt/Main

Weitere Informationen über meine Bücher und Texte, mich, das Ulrike-Meinhof-Archiv sowie die Termine meiner Vorträge und Lesungen auf: www.jutta-ditfurth.de

Jutta Ditfurth, im Februar 2009

Jutta Ditfurth

RUDI UND ULRIKE

GESCHICHTE EINER FREUNDSCHAFT

Eine Freundschaft, die die Republik veränderte

Nur zwei Jahre lang, von 1967 bis 1969, verliefen die Wege von Ulrike Meinhof und Rudi Dutschke parallel. Sie wurden Freunde, davon handelt diese Geschichte. Es ist eine Geschichte über eine Zeit, in der viele Linke sich wie »Freiwild« vorkamen und deshalb beschlossen, sich zu wehren – notfalls auch mit Waffengewalt. Über den Weg in die Illegalität dachte Rudi Dutschke noch 1969 nach – ein Jahr nachdem ein Attentäter ihn mit drei Schüssen schwer verletzt hatte und ein Jahr bevor Ulrike Meinhof sich für den »bewaffneten Kampf« entschied.

»Ist es ein Wunder, dass sie ausgerechnet auf ihn geschossen haben? Den mir liebsten unter meinen politischen Freunden.«

Ulrike Meinhof im April 1968

Jutta Ditfurth zeichnet die politischen Biografien und die privaten Hintergründe der beiden Hauptakteure akribisch und detailfreudig nach. (...) Der kurzweilige Reportagestil und die material- und kenntnisreiche Verknüpfung von Zeitgeschichte und Personenportraits verdichten sich in Ditfurths Buch zu einer Nahsicht auf die reformerischen und revolutionären Kräfte der Bundesrepublik der 60er Jahre.

Deutschlandradio Kultur

KNAUR TASCHENBUCH VERLAG

Birand Bingül

KEIN VATERLAND, NIRGENDS

»Wir produzieren Verlierer am laufenden Band. Ob Alte oder Jugendliche, ob Frauen, Ausländer oder Arbeitslose – immer mehr Menschen werden abgewertet. Wir haben soviel Abstiegsangst wie nie zuvor. Die Ausgrenzung trifft Deutschland ins Herz.«

Der soziale Kitt ist brüchig, der unser Land zusammenhält. Ob Alte oder Jugendliche, ob Frauen, Ausländer oder Arbeitslose – immer mehr Menschen werden abgewertet, immer mehr Gruppen aus der Mitte der Gesellschaft an den Rand gedrängt. Was geschieht da? Und mit welchen Konsequenzen?
Birand Bingül hält unserem Land den Spiegel vor: Wir haben uns immer über Ausgrenzung definiert, haben Ausländer ausgegrenzt, sozial Schwache, ältere Menschen, Hauptschüler, kinderreiche Familien. Motto: Hauptsache, uns geht's gut. Doch seit geraumer Zeit funktioniert das Prinzip Ausgrenzung nicht mehr; anstatt die Gesellschaft zu stabilisieren, zieht es ihr den Boden unter den Füßen weg.
Mitten durchs Land geht ein Riss, und der wird immer tiefer. Wir aber reden von Integration und meinen immer nur die Zuwanderer. Dabei ist es höchste Zeit, von uns allen zu sprechen. Ein überfälliger Weckruf, der die viel zu lange verdrängte Frage nach unserer Identität stellt: Was ist unser Vaterland?

KNAUR TASCHENBUCH VERLAG